杨光 著

区域整合与公共治理

REGIONAL INTEGRATION AND PUBLIC GOVERNANCE

社会科学文献出版社
SOCIAL SCIENCES ACADEMIC PRESS (CHINA)

目　录

前　言

党的十八届三中全会提出："全面深化改革的总目标是完善和发展中国特色社会主义制度，推进国家治理体系和治理能力现代化。"[①] 十九届四中全会审议通过的《中共中央关于坚持和完善中国特色社会主义制度、推进国家治理体系和治理能力现代化若干重大问题的决定》是对"全面深化改革""推进国家治理体系和治理能力现代化"的具体化和升级。推进国家治理体系和治理能力现代化，将极大推动中国社会经济转型，是中华民族复兴的一个关键。

在这一背景下，笔者在国际视域下，在全球大变革时期，在中国社会经济向现代化转型和中华民族复兴的进程中，探讨区域层面的公共治理现代化的核心要义，以及其对于推进国家治理体系和治理能力现代化的重要性。本书旨在说明在全球大变革时期，区域层面的公共治理现代化是推动中国现代化转型和民族复兴的关键之一。

区域公共治理现代化是国家治理体系现代化的重要内容。在国家治理体系框架下，区域公共治理承上启下，是国家治理体系的重要空间单元。作为中观层面的区域公共治理，它是一个基于行政区划又区别于国家和地方行政区划治理的空间概念。它既具有现代国家公共治理的基本特征，又在经济发展和社会治理等方面具有空间上的独特性。这提升了区域公共治理现代化的迫切性，也对以往以行政区划为单位的公共治理理念和方式产生了挑战。

在全球化背景下，在地方、国家和全球三个层面互动中，地方的重要性日益增强。以全球价值链为例，一个地区通过参与全球价值链等活动，嵌入全球技术、人才和资本体系，与国内国外市场紧密相连。一个区域的

① 《十八大以来重要文献选编》上，中央文献出版社，2014，第512页。

产业和经济活动通过空间集聚形成其独特的生态系统，为其创造植入性的竞争优势。

随着我国区域协同发展重要性的增强，区域公共治理在地方社会经济发展中也日益被摆在更加突出的位置。目前，国家已经制定出台了包括京津冀协同发展、长三角区域一体化、粤港澳大湾区以及以流域为基础的黄河流域生态保护和高质量发展、长江流域经济带等在内的各种区域发展战略。在新发展格局下，区域层面的公共治理对推动这些区域协同发展战略的实施和各项协同措施的落地，消除地区内部差距，引领未来地区经济社会发展具有十分重要的现实和战略意义。

区域公共治理对于国家治理现代化的意义在于，它将地方层面的公共治理放在一个更大的同质性空间，使得公共治理的效能有了规模经济的属性；并且可以从实践的角度推动转型期在应对公共治理的不确定性方面的实验性的提升，从而以较低的社会成本，开发与创新有效的公共治理新模式，并示范推广。

在这一过程中，地方治理主体在区域整合与发展中将需担负更为重要的责任和使命。在中央指导下，在区域层面通过公共治理推动区域整合与发展，这既是挑战，更是机遇。中央和地方可以充分利用区域空间这个中观平台，实现宏观战略指导、方向把握与微观实施行动的有效衔接。区域治理质量高低和先进程度在很大程度上决定了国家治理现代化和治理能力建设的落实情况和纵深推进程度，是国家治理体系现代化的一个重要衡量标准。

本书围绕这一主旨，从以人为本的角度，通过两条逻辑主线展开对问题的讨论。第一条逻辑主线是区域层面的以人为本、以法治化为基础的区域公共治理核心价值再塑。第二条主线为区域整合和发展背景下的效率与公平问题。围绕这两条逻辑主线，在国际视域下，从区域整合与公共治理的诸多方面探讨区域公共治理的现代化，包括区域整合与公共治理的时代背景、西方国家公共治理的异质性、现代区域公共治理的主要特征、区域可持续发展、区域公共服务一体化、区域公共危机与风险协同管理以及区域数字化公共治理等。本书将理论研究与现实区域社会经济治理问题紧密结合，以期丰富目前关于国家治理体系和治理能力现代化建设的讨论。

第一章　西方国家公共治理的异质性对中国的启示

西方是我们在谈到以英美为代表的西方发达国家的一个总体性用词，它既意味着制度区别，即中国实行的是社会主义制度，西方发达国家实行的则是资本主义制度；也意味着发展程度的区别，与西方发达国家相比，中国虽已经取得长足发展，国力强盛，人民生活水平大大提高，但中国总体上仍是一个发展中国家。这种总体性的对西方的理解，有助于我们提升国力，建设有中国特色的社会主义强国。

西方国家由于文化、国体和政体的不同，在公共治理方面，呈现很大的异质性。这对于我们批判性地、比较性地借鉴和吸收西方国家的治理理念和经验大有益处。经过改革开放四十余年的发展，我们对西方的了解逐渐加深，这更有利于我们将西方发达国家现代化建设的经验拿来参考，批判性地应用到我国向现代化的转型过程中，在全球大变革中充分把握住时代赋予的机遇，实现中华民族的全面复兴。

西方国家的公共治理体系，虽然有一定的相似性，但从来都不是一个模式，它们都是依据各自国家的国情和时代而产生、调整和演变，以应对本国日益复杂的公共治理问题。其公共治理的模式在产生背景、理论基础、核心理念、人性假设、政府角色、治理目标、组织结构、价值取向等方面既有相同点也存在很大的异质性。

这些治理体系依赖于基于国家自身的社会经济特点而逐渐形成的治国理念，从实践中摸索，加之理论的推动，使价值理性与工具理性融合，适应时代背景，并以问题为导向，从组织结构、政府角色、治理方式、治理目标、价值取向等方面做出变革。本章对此做一梳理，希望对我国公共治理现代化，特别是区域层面的公共治理探索与实践有所启示。

第一节　西方国家公共治理价值理性和工具理性的异质性

一　公共治理的价值理性和工具理性

（一）价值理性的精神价值与价值正确

价值理性和工具理性最初由德国社会学家马克斯·韦伯（Max Weber）提出，用于描述人的理性行为，后用来分析社会和组织的合理性。韦伯认为，人的理性可以分成两种不同类型，一种是价值理性，另外一种是工具理性。两者都是人或社会理性不可或缺的重要方面。

价值理性重视人的情感与精神价值，强调行为的价值正确与否，也就是说注重行为的动机和手段是否正确，而非行为的结果如何。德国哲学家舍勒（Max Scheler）指出："每次理性认识活动之前，都有一个评价的情感活动。因为只有注意到对象的价值，对象才表现为值得研究和有意义的东西。"[①] 价值理性基于主体对客观事物及其环境的先验性认识和判断，形成主体探寻未知问题和了解未知事物的精神动力。

价值理性是公共治理的基石。它是指一个社会所奉行的主导价值，是出于伦理的、审美的、宗教的、政治的或其他行动方式的考虑，是在长期发展中形成的对国家未来发展趋势和发展道路的判断。价值理性集中体现在这个国家的国体，即国家的性质上，也就是说体现在社会各阶级在国家中所处的地位上。它反映在具体表述上，也就是宪法的原则和价值。

（二）价值理性引导下的工具理性的科学性

在价值理性引导下，工具理性关注问题的解决，强调结果的实现与效果最大化。作为一种理性判断能力，工具理性是一种以技术、工具、机制和程序等手段来计算或者预测后果从而实现目的的能力。它是由对处于周围和他人环境中的客体行为的期待所决定的行动。

工具理性侧重治理的成效，也就是通过公共治理工具的选择和对所要采取行动的收益和成本分析，使其匹配最优，收益最大化。它建立在价值

---

① MBA 智库·百科，https：//wiki. mbalib. com/woki/实质理性，最后访问日期：2021 年 6 月 22 日。

理性基础上，服务于国家社会经济发展的总体目标。工具理性既推动价值理性的落地，又推动其丰富和完善，实现价值理性的升华。

工具理性为价值理性找到实现其价值正确的现实路径。没有工具理性的可操作性，价值理性就属于空中楼阁，失去了其经世致用的实践意义。在价值理性的框架下，基于主体对思维客体规律性的认知和驾驭，如基础科学、应用科学和社会科学等，工具理性对课题进行科学化的分析和判断，选择并采用治理效能最大化的路径和手段。

工具理性的实践性也是对价值理性的开拓和升华。价值理性从自发状态走到自觉状态是通过工具理性在实践中完成的。盘古开天，体现了人们对世界混沌的认知，延绵不绝的社会制度变迁，使人们在实践中建立了复杂多样的价值体系。实践的过程拓宽和丰富了主体对事物和周围环境及其未来发展愿景的感知和认识，有助于推动价值理性的改进和完善，实现价值理性的升华。

（三）良治是价值理性和工具理性的有机结合

公共治理是价值理性和工具理性的结合。良好的公共治理或者良治，应当在价值理性的基础上，充分做好价值理性与工具理性的平衡，在价值正确的指导框架下，通过科学化地比较计算，选择最优的治理工具与治理行动组合，以实现制度内的公共治理效能最大化，同时推动价值理性的继承和传扬。

制度从无到有，从粗疏到丰富，是深入整合价值理性与工具理性的结果。人类在应对周围环境与发展的不确定性时所创设的制度是一种价值体系的反映。制度并不是一成不变的。随着时代的发展变化，人们依据自己的价值判断、传统习俗和可接受的行为模式，对原有的制度进行修正和完善，丰富了原有的制度体系，形成更高级的价值理性与工具理性的统一。

在社会大变革的环境下，要更加注意价值理性和工具理性的有机结合，特别是通过对价值理性的完善，更有效地指导工具理性的实践性。在大变革时期，很多公共治理问题的解决不仅需要具有科学性的工具理性，更需要价值判断，以决定未来发展的总体方向、目标以及方法的价值正确性。过分强调工具理性的实践性，会在大变革时期忽视价值理性重要的指导意义，容易在细枝末节的纠偏中迷失发展方向，导致更多深层次问题发生。

二 公共治理价值理性的异质性

西方发达国家包括东方的日本，其公共治理的价值理性最直接的体现是其执政党对公共治理的上层统筹。它将自身党派的价值正确性，具体化为自己的政治主张，决定和指导自己的执政原则、方针和施政方向。在党派内部，也有基于不同价值取向而形成的不同利益集团。执政党的价值观和偏好决定着公共治理的内容，也决定着治理方式及治理工具的选择。

依据其自身文化的特点、社会发展特征、国体和政体的不同，以及其所代表的社会群体的异质性，这些国家的执政党派逐渐形成了自己独特的价值理性以及相应的治理文化，具有公共治理价值理性异质性表征。这些党派在执政时期，又将自己基于价值正确的政治主张，具体化为公共治理的总体纲领、组织架构和具体准则，指导和规范工具理性的实践性。

（一）君主立宪制下英国主要政党的价值理性

1. 英国保守与统一党（Conservative and Unionist Party）

英国保守与统一党，简称保守党（Conservative Party），是英国议会第一大党，其前身为1679年成立的托利党（the Tories），1833年改称保守党。保守党在20世纪，特别是二战以后与工党交替执政，曾在1979~1997年连续执政18年。2010年重新赢得英国大选，执政至今。

保守党派在18世纪中叶以前以土地贵族和英国国教（Anglican Church或Episcopal Church）上层教徒为核心，代表英国贵族、地主和英国国教上层教徒的利益。18世纪60年代工业革命开始以后，保守党派逐渐从代表皇族派转向代表资本主义保守派，其支持者的构成也随之改变，以来自企业界和富裕阶层的民众为主。

保守党主要奉行自由资本主义制度，强调民主、个人自由和公民自由，强调政府功能的有限性，主张小政府、大市场，实行“有竞争的市场经济”，支持经济全球化进程。保守党内部的主要分支，包括保守主义、一国保守主义和传统主义者，各个派系虽然有自己的价值判断，但其冲突与合作都是以坚持保守党的核心价值为前提，是保守党价值理性的细化。

保守主义（Conservatism）以英国前首相撒切尔夫人为代表，坚持新自由主义的市场经济理论，强调经济自由主义，主张降低直接税税率，将国有企业和公共服务私有化，反对福利国家。在社会政策方面，保守主义没有明确的立场，但强调新古典自由主义的事实加剧了社会的不平等。

一国保守主义（One-nation Conservatism）是保守党内一种务实的政治派别，以英国前首相鲍德温、麦美伦和希思等为代表。它强调社会的凝聚力，支持相关的“社会制度与组织”建设。

传统主义者以基石派（Cornerstone Group）为基础，它重视英国的国家传统以及英国权力的完整性，反对就英国权力做任何形式的分割或妥协，如权力下放或加入欧盟。在社会政策方面，它强调传统的英式家庭和社会价值以及组织架构，反对外来移民的涌入。

2. 工党（Labour Party）

工党是英国政治体系内的第二大政党。1924 年 1 月，工党在自由党的支持下首次组阁，开始与保守党轮流执政。工党执政时间包括 1923~1924 年、1929~1931 年、1945~1951 年、1964~1970 年、1974~1979 年，以及 1997~2010 年。在 2010 年大选败给保守党之前，其执政时间长达 13 年，是工党执政时间最长的纪录。

工党前身是 1900 年成立于伦敦的“劳工代表委员会”，是工会组织与费边社、独立工党和社会民主同盟之间的联盟。工党成立之初是为在英国议会争取独立的劳工代表权。最初工党只有集体党员，1918 年通过《工党与新社会制度》这一新党章以后，开始吸收个人党员。工党的经费主要来自工会，工党党员绝大部分来自工会会员。

工党沿袭成立以来的价值传统，代表劳工利益。其价值理性以费边社会主义（Fabian Socialism）为基础，坚持推行温和的社会改良主义。它将生产、分配和交换手段的社会化列为目标，最初坚持生产资料的国有化。1990 年新的施政大纲对国有化问题做出调整，强调政府仅全面把控教育、运输和通信等方面的市场机制无法解决的问题，其他领域的社会化则交由市场完成。同时，工党关注提升包括住房、失业救济、职工福利与社会保障等在内的社会福利。

（二）美国联邦制下共和党和民主党的价值理性

1. 共和党

共和党（Republican Party）是美国轮流执政的两大政党之一，其前身为

1791 年成立的民主共和党。1860 年共和党首次执政，林肯就任总统。此后至 1933 年，除了 1912~1919 年外，大部分时期都是由共和党执政。1933 年经济危机后，由富兰克林·德拉诺·罗斯福（Franklin Delano Roosevelt）领导的民主党执政，开启了共和党和民主党交替执政的时期。

总体上，共和党的价值理性是，在经济上奉行经济古典自由主义，强调市场经济的重要性，支持自由市场政策，限制政府过多的干预与管制，因此共和党广受大企业和商业组织的欢迎。在社会政策上遵循保守主义信条，强调传统的家庭价值观，反对堕胎，不支持建立全国的社会医疗保障制度和过度介入社会民生问题，强调私人和社会组织（如教会）对解决民生问题的作用。

共和党内有许多分支，包括社会保守主义派、福音教派、自由意志主义派、右派民粹主义派、新保守主义派以及中间温和派。这些分支在坚持经济古典自由主义和社会保守主义的价值理性前提下，有自己所认为的特有的价值正确的政治主张。如社会保守主义派重视家庭和宗教价值观，因此反对堕胎。而右派民粹主义派则强调自由主义与反精英主义的政治哲学，拒绝社会平等，反对社会融合。

2. 民主党

民主党（Democratic Party）是美国另一主要政党，它由第七任美国总统安德鲁·杰克逊（Andrew Jackson）改组成立。1933 年民主党领袖富兰克林·德拉诺·罗斯福上台执政，民主党开始与共和党轮流执政。罗斯福上台后坚持政府对经济和社会问题进行干预（如运用财政政策）的价值理性，使美国成功摆脱大萧条，进而在二战后走向黄金时代。这为民主党的价值理性确立了基调。这一价值理性在克林顿上台后由于其走中间路线的策略而有所削弱。

总体上，民主党的价值理性仍强调通过更多的政府干预，解决经济和社会发展中出现的各种问题。它在经济上主张商业管制，对大企业增税，支持最低工资制度；在社会问题上，强调公民不分性别、种族、年龄、性取向和宗教信仰等都应享有平等的受教育和就业的机会，并主张建立全国性的社会保障制度；在环境问题上，强调生态环境保护和加强污染治理等。

（三）单一制下法国主要党派的价值理性

1. 共和国前进党

共和国前进党（La République en Marche!）是法国主要党派之一，其前身为埃马纽埃尔·马克龙（Emmanuel Macron）于2016年4月领导创建的“前进”运动（En March!），它于2017年5月更名为共和国前进党，6月赢得立法选举，取得对国民议会的绝对控制权。共和国前进党成员除了来自社会党改革派和民间社会外，也包括不少右翼温和派和中间派等其他派别成员。

共和国前进党具有一般年轻党派的指征，其价值理性强调政治多元化、跨越党派差别，主张兼顾平等与经济复苏，是经济的自由主义和社会的保守主义的结合。一方面，它在经济上奉行自由主义，主张通过改革创新，减轻税负，增强市场活力，促进就业；另一方面，在社会政策上重视社会民生问题，包括教育和社会公平正义。

2. 共和党

法国共和党（Les Républicains）前身为法国前总统雅克·勒内·希拉克（Jacques René Chirac）于2002年创立的人民运动联盟，后由原党主席尼古拉·萨科齐（Nicolas Sarkozy）于2015年5月改为现名。法国共和党主要成员涵盖的范围较为广泛，包括商人、职员、官员、农民、工人和自由职业者等。希拉克率领人民运动联盟于1995~2007年赢得大选，执政法国，萨科齐则于2007~2012年执政。

与美国共和党的立场相似，法国共和党的价值理性总体上是在经济上强调自由主义，反对政府过多干预市场，在社会政策上则强调法兰西民族身份的认同，收紧移民政策。如希拉克任总统期间，主张提高工资和退休金的标准，减轻企业社会负担，改革企业税制，减免企业转移税。在移民问题上，萨科齐就任总统期间主张减少非法移民数量，实行选择性的移民政策，并设立专门的移民和国民身份认证机构，推动法兰西民族身份认同。

3. 社会党

法国社会党（Parti Socialiste）相对于共和国前进党和法国共和党历史较长，其前身为1905年成立的“工人国际法国支部”，1969年改组成立新社会党，1971年与弗朗索瓦·密特朗（François Mitterrand）领导的“共和体制协议会”合并，更为现名。法国社会党成员主要是公职人员和知识分子。密特朗率领的社会党于1981~1995年执政。弗朗索瓦·热拉尔·乔治·尼古拉·奥朗德（François Gérard Georges Nicolas Hollande）于2012~2017年代表社会党执政。

法国社会党直译为社会主义党，在价值理性上具有强烈的社会关怀倾向。在经济上，不主张经济自由主义，而是依据客观情况而定。如奥朗德执政期间，为解决预算赤字问题而采取了激进增税政策，中后期则逐渐转向更加亲自由市场的立场。在社会政策上，重视社会公平与正义，强调社会劳动成果的共享。密特朗执政期间，采取了一系列增加社会福利的措施，包括提高工资和降低退休年龄等。在移民政策上，主张通过积极的移民政策，加快其在法国社会的经济和文化融入等。

（四）德国主要党派的价值理性

1. 社会民主党

德国社会民主党（Sozialdemokratische Partei Deutschlands）是德国两大社会政党之一，简称社民党，它始建于1863年，是德国现存历史最悠久的政党。1966年，社民党与基民盟合组大联合政府，1969年与自由民主党结盟首度取得执政权，由维利·勃兰特（Willy Brandt）出任总理。1998年社民党与绿党结盟，格哈特·施罗德（Gerhard Schroder）代表社民党出任联邦总理。2005年，社民党与基民盟、基社盟共组大联合政府。

在执政的价值理性上，社民党奉行社会公平正义，从最初源于工人运动的社会主义性质，到社会公平正义与新自由主义的结合，寻求德国的"第三条道路"，社民党在不断改进其对社会福利的价值判断。在经济政策上，社民党通过税收实现利益的公平分配；在社会政策上，重视提高社会福利，包括保护弱势群体的权利等。施罗德在执政期间，奉行"新中间派政策"，尽量在刺激增长与稳定社会福利之间做到有效平衡。

2. 基督教民主联盟

基督教民主联盟（Christlich Demokratische Union Deutschlands）是德国基督教保守主义政党，是德国的另一主要政党，简称基民盟。它在联邦议院与德国基督教社会联盟（Christian Social Union，简称基社盟）组成"德国联盟党"议会党团。基民盟传统上是一个天主教政党，于1945年成立。它以基督教民主主义为指导，党派成员主要由商人、白领、知识分子、农场主和小业主等构成。基民盟曾于1949~1969年、1982~1998年执政，在2004~2012年为主要执政党。

在价值理性上，基民盟奉行基督教民主主义和社会保守主义。基督教民主主义认为基督教及其道德是社会进步的主要动力，主张把基督教的"博爱"

"互济"等社会原则运用到现代工业生活中，包括建立合作社和实现劳工选举权等。在经济上，与基社盟组成的联盟党主张通过鼓励企业主不断扩大投资来推动经济发展。在社会政策上，基民盟奉行基督教的价值观，保留传统和自然的事物等，注重家庭、教育、农业保护与环保等。

（五）日本主要政党的价值理性

1. 自由民主党

日本自由民主党（じゆうみんしゅとう，Liberal Democratic Party of Japan）成立于1955年，由原自由党和民主党合并而成，简称自民党，代表日本垄断集团的利益。自民党自1955年组成日本第一个保守政府至1993年长达38年的时间里，一党独大。2000年4月起与公明党、保守党联合执政。2003年11月，在吸收保守新党后，自民党与公明党联合执政。2012年12月重新执政至今。

在价值理性上，自民党属于保守派，与英国保守党和美国共和党一样，在私营经济及政治上奉行保守自由主义（Conservative Liberalism）。在经济上，它坚持自由市场经济，反对政府过多干预市场，坚持自由主义的经济政策。在社会问题上，重视传统社会价值，奉行以自助为本、以互助及公助为辅的理念。

2. 国民民主党

日本国民民主党（こくみんみんしゅとう，Democratic Party for the People）的发展较为复杂。它由原民进党成员和大部分希望之党成员组成，于2018年5月7日成立。日本民进党则成立于2016年3月14日，由原日本民主党与日本维新党合并组建。2019年，合并自由党至国民民主党。2020年8月19日，日本国民民主党在东京举行两院议员总会，决定与立宪民主党合并组建新党。

在执政历史上，鸠山由纪夫于2009年9月16日至2010年6月2日作为民主党代表出任日本首相。菅直人代表民主党于2010年6月8日至2011年8月26日执政，野田佳彦代表民主党于2011年9月2日至2012年12月26日执政。在价值理性上，与自民党相反，国民民主党宣称代表普通劳动者和消费者的利益，展开以国民为视角的改革，并主张捍卫国民主权和基本人权，实现稳健保守与自由主义之间的平衡。

三　公共治理工具理性的异质性

西方发达国家依据自身执政党价值理性的不同，在公共治理工具和程序等选择上也呈现不同的特点。这从它们公共治理的一些总体性指标上可以看出来。以公共支出占国民生产总值的比例为例，欧洲大陆国家在经济合作与发展组织（OECD）成员国中明显投入较高，这些国家对借助公共治理推动社会经济发展的作用明显更为看重。

在这一指标上，2017 年位居前十的，从高至低依次是法国、芬兰、比利时、丹麦、挪威、瑞典、奥地利、意大利、希腊和匈牙利。其中，以法国为最高，达到 56.5%；德国为 43.9%，排在第 12 位；英国为 41%，在有数据的 OECD 统计的 36 个国家中排在第 21 位。美国为 38%，在发达国家中处于下游位置，排在第 28 位（见图 1-1）。

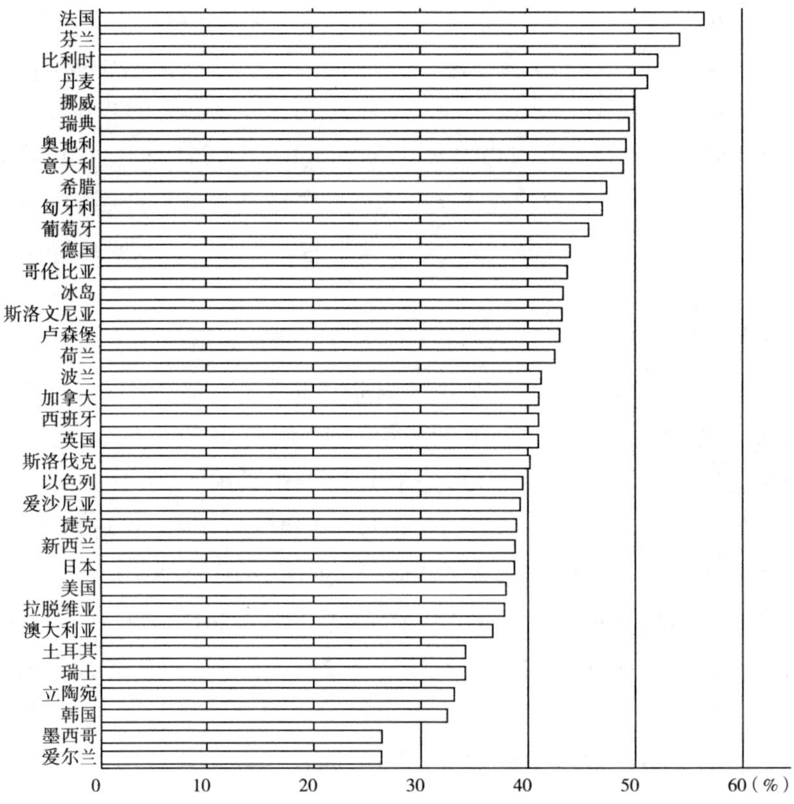

图 1-1　2017 年经合组织主要成员国公共支出占国民生产总值百分比

资料来源：经合组织（OECD）。

另外，从监管治理的一些具体制度，包括监管影响评估、利益相关方参与和事后监督等，以及主体法和从属法规等视角来看，西方发达国家的工具理性也呈现不同的特征。

在监管影响评估方面，除了美国之外，西方主要发达国家都有明确的主体法来指导从属法规。在主体法的具体内容上，英国在监管影响评估方法、监督、系统采用和透明方面都有明确规定，总体评分最高。德国则更侧重于监管影响评估系统采用和透明，法国和日本则仅仅更多集中在监管影响评估系统采用（见表 1-1）。

表 1-1　西方主要发达国家监管影响评估主体法评分

单位：分

国家	主体法				
	监管影响评估	监管影响评估方法	监管影响评估监督	监管影响评估系统采用	监管影响评估透明
澳大利亚	2.84	0.82	0.53	0.90	0.60
法国	2.22	0.66	0.47	0.83	0.25
德国	2.98	0.66	0.63	0.83	0.85
意大利	2.49	0.66	0.62	0.90	0.31
日本	2.16	0.59	0.37	0.90	0.30
韩国	1.65	0.46	0.54	0.50	0.14
新西兰	2.21	0.62	0.26	0.83	0.50
瑞典	2.11	0.71	0.53	0.63	0.24
英国	3.60	0.96	0.80	1.00	0.84
美国	—	—	—	—	—

资料来源：经合组织（OECD）。

在监管影响评估的从属法规方面，与主体法一致，英国评分最高。美国虽然无主体法，但从属法规相对发达，在监管影响评估方法、监督、系统采用和透明方面都相对均衡，总体评分较高。澳大利亚总体评分也较高，但在监管影响评估方法和系统采用方面更为突出。德国、日本和新西兰则多集中在监管影响评估系统采用上（见表 1-2）。

表 1-2 西方主要发达国家监管影响评估从属法规评分

单位：分

国家	从属法规				
	监管影响评估	监管影响评估方法	监管影响评估监督	监管影响评估系统采用	监管影响评估透明
澳大利亚	2.81	0.80	0.53	0.90	0.58
法国	1.97	0.55	0.40	0.60	0.42
德国	2.73	0.66	0.56	0.83	0.67
意大利	2.30	0.66	0.62	0.73	0.29
日本	2.00	0.51	0.37	0.90	0.22
韩国	1.44	0.36	0.54	0.43	0.10
新西兰	2.14	0.63	0.26	0.83	0.42
瑞典	2.12	0.70	0.53	0.63	0.26
英国	3.57	0.96	0.80	1.00	0.81
美国	2.93	0.78	0.66	0.77	0.73

资料来源：经合组织（OECD）。

在利益相关方参与方面，除了美国之外，西方主要发达国家都有明确的主体法来指导从属法规。在主体法的具体内容上，英国在利益相关方参与方法、监管、系统采用和透明方面都有明确规定，总体评分最高。澳大利亚和意大利评分在西方主要发达国家中相对较高，特别是在利益相关方参与系统采用方面十分突出。瑞典在利益相关方参与系统采用方面也十分突出，但其他方面较弱（见表 1-3）。

表 1-3 西方主要发达国家利益相关方参与主体法评分

单位：分

国家	主体法				
	利益相关方参与	利益相关方参与方法	利益相关方参与监管	利益相关方参与系统采用	利益相关方参与透明
澳大利亚	2.79	0.76	0.50	0.96	0.58
法国	1.91	0.51	0.53	0.47	0.40
德国	1.78	0.44	0.25	0.69	0.40
意大利	2.57	0.69	0.50	0.80	0.58

续表

国家	主体法				
	利益相关方参与	利益相关方参与方法	利益相关方参与监管	利益相关方参与系统采用	利益相关方参与透明
日本	0.70	0.00	0.44	0.11	0.15
韩国	2.66	0.66	0.75	0.69	0.56
新西兰	1.74	0.46	0.25	0.53	0.50
瑞典	2.00	0.59	0.25	0.80	0.36
英国	3.24	0.81	0.71	1.00	0.71
美国	—	—	—	—	—

资料来源：经合组织（OECD）。

在利益相关方参与的从属法规方面，美国超越英国总体评分最高，反映了美国在这方面对工具理性的重视程度。澳大利亚总体评分也较高，在利益相关方参与方法和系统采用方面更为突出。法国关于利益相关方参与方法的从属法规较为发达，但在监督、系统采用和透明方面表现一般。德国在这些国家中间总体评分最低，显示出德国在利益相关方参与的工具理性方面，还不够发达（见表1-4）。

表1-4　西方主要发达国家利益相关方参与从属法规评分

单位：分

国家	从属法规				
	利益相关方参与	利益相关方参与方法	利益相关方参与监管	利益相关方参与系统采用	利益相关方参与透明
澳大利亚	2.55	0.70	0.50	0.80	0.55
法国	2.21	0.70	0.53	0.51	0.47
德国	1.74	0.50	0.25	0.69	0.30
意大利	2.46	0.64	0.50	0.80	0.52
日本	2.07	0.56	0.44	0.42	0.65
韩国	2.57	0.57	0.75	0.69	0.56
新西兰	1.84	0.56	0.25	0.53	0.50
瑞典	1.90	0.56	0.25	0.73	0.36

续表

国家	从属法规				
	利益相关方参与	利益相关方参与方法	利益相关方参与监管	利益相关方参与系统采用	利益相关方参与透明
英国	2.87	0.64	0.71	0.80	0.71
美国	3.10	0.83	0.59	0.80	0.89

资料来源：经合组织（OECD）。

在事后监督的主体法方面，澳大利亚在方法、监管、系统采用和透明方面都十分突出，总体评分最高。意大利总体评分较高，在事后监督监管方面尤为突出。德国总体评分低于意大利，但在这些国家中总体评分也较高，在事后监督系统采用和透明方面尤为突出。瑞典在事后监督透明方面较为突出。美国和新西兰总体评分较低，显示了两国不看重事后监督的主体法（见表 1-5）。

表 1-5　西方主要发达国家事后监督主体法评分

单位：分

国家	主体法				
	事后监督	事后监督方法	事后监督监管	事后监督系统采用	事后监督透明
澳大利亚	3.67	0.82	1.00	0.91	0.93
法国	2.14	0.45	0.33	0.62	0.73
德国	2.83	0.70	0.50	0.83	0.80
意大利	2.98	0.86	0.83	0.62	0.67
日本	2.36	0.69	0.50	0.64	0.53
韩国	1.72	0.31	0.00	0.68	0.73
新西兰	0.93	0.07	0.17	0.36	0.33
瑞典	2.00	0.70	0.13	0.30	0.87
英国	3.43	0.74	0.83	0.86	1.00
美国	0.89	0.00	0.33	0.15	0.40

资料来源：经合组织（OECD）。

在事后监督的从属法规方面，与事后监督的主体法评分一致，澳大利亚总体评分最高。英国与澳大利亚的评分接近，在各方面都十分突出。德国和意大利属于第二梯队，但德国在事后监督系统采用和透明方面更为突出，而意大利则在事后监督方法和监管上更为突出。与事后监督的主体法评分类似，新西兰总体评分与其他国家差距较大，显示出其不看重事后监督从属法规的应用（见表 1-6）。

表 1-6　西方主要发达国家事后监督从属法规评分

单位：分

国家	从属法规				
	事后监督	事后监督方法	事后监督监管	事后监督系统采用	事后监督透明
澳大利亚	3.68	0.82	1.00	0.92	0.93
法国	1.75	0.40	0.33	0.62	0.40
德国	2.83	0.70	0.50	0.83	0.80
意大利	2.98	0.86	0.83	0.62	0.67
日本	2.33	0.69	0.50	0.60	0.53
韩国	1.57	0.28	0.00	0.56	0.73
新西兰	0.95	0.17	0.17	0.28	0.33
瑞典	2.00	0.70	0.13	0.30	0.87
英国	3.55	0.74	0.83	0.97	1.00
美国	2.38	0.69	0.57	0.39	0.73

资料来源：经合组织（OECD）。

第二节　西方公共治理依据时代需求不同不断演化与发展

一　在价值理性基础上通过治理工具选择寻求问题的解决

总体上，无论具体治理架构和实践形式如何，西方国家的公共治理都是以各自的价值理性为基础，通过治理工具的选择寻求问题的解决，它普遍强调实用性，重在问题的解决。西方公共治理的实践与理论在其百余年的发展与演变历程中经历了从公共行政学到新公共管理的转变，其后是“百花齐放”。在这一过程中，公共治理的实践与理论探讨相互交叉和推动，公共治理的对象、范围、主题、方法和理论形态不断演化。

（一）公共行政

19 世纪 70 年代到 20 世纪初，以电能的突破、应用以及内燃机的出现为标志，美国和德国发生了世界近代史上第二次科技革命。科技革命极大带动了工业变革，石油、电气、化工、汽车、航空等新兴工业部门的出现使整个工业呈现全新的面貌，西方发达国家生产和资本高度集中，垄断集团出现。在此期间，技术和工业发生变革，急速发展，社会结构发生重大变化，社会关系也日益复杂化。

随着经济结构的日益复杂，社会分工日益细化，原有的简单和粗疏的政府行政管理体制，包括公共财政体制、人事制度、行政组织结构、行政方法和行政手段等已不能适应现实需求。加快推进政府管理的进步与完善，特别是加强专业化的政府组织机构建设，并使各个行政机构各负其责成为时代所需。公共行政就在这种背景下应运而生。

改革以后的管理模式，也就是现在所说的传统的公共行政模式，在德国社会学家马克斯·韦伯对官僚主义本质的阐述中体现出来。韦伯强调从上到下指令性的管理结构形式，也就是说，在这个控制系统内，政策是由顶层设计的，其执行是通过一系列的政府办公单元，每个主体向其上级报告，上级对其行为负责。

韦伯的官僚主义理论框架下的官僚体制建立在一套公法规则的基础上。它假定控制制度具有合理性和合法性。行政官僚严格地服从选举出来的上级。传统的公共管理模式在工业化国家广泛传播，并推动了现代工业化经济体的相对成功。其主要特点包括：非政治化的公务员制度；层级和规则分明；相对持久和稳定；内部监管。

韦伯将官僚组织与魅力型和传统的组织模式进行比较，认为官僚制能够比之前的统治模式更有效地把大规模的政府活动组织起来。如果一个人想要在任何复杂的工作中协调成百上千人的行动（比如政府所承担的工作），除了官僚组织，没有其他现实的选择。如果一个大型企业要长期存在，从几年到几十年，就必须以官僚主义的方式组织。这并不意味着每个大型组织的所有要素都必须遵循韦伯的理想类型标准，但总体轮廓必须存在层级、连续性和文档管理等。

在 20 世纪的大部分时间里，公共行政的实践从本质上讲，是实用主义和规范性的。传统的公共行政理论与实践建立在这样一个前提之上，即行政只是执行由他人决定的公共政策。根据这一观点，管理者应该追求效率最大化，且应该在价值观和目标上保持中立。

（二）新公共行政

20 世纪 30 年代以来，人们越来越关注政策的制定过程和改进政策决策的技术的发展。在 20 世纪 30 年代的大萧条期间，很多来源于政府的新政策都隐含价值判断，这已经变得越来越明显。许多行政官员都忙于具体行政管理工作之外的事务，二战期间更是如此。而且，只要是有争议的公共政策，行政管理人员在执行过程中都不可避免地介入政治中。所谓的行政独立于政策和政治之外已经被认为是一种幻想。

20 世纪 60 年代至 70 年代初，美国社会动荡不安，越南战争、公民权运动、水门事件、能源危机带来的社会政治问题，使公众对政府丧失了信心。与此同时，英美国家的经济亦陷入“滞胀”困境中，经济低速增长与通货膨胀并存。政府管理也危机四伏，政府职能扩张、机构臃肿、效率低下，政策失效，甚至出现政府失灵。

这都对公共行政学实践与理论提出了挑战。其早期教条式地追求经济增长和效率最大化被认为是不充分和不完整的行政目标。人们逐渐意识到效率并不是公共行政的全部，人是所有管理活动的中心，不能受到效率的简单桎梏，行政管理对人的影响比行政管理的效率和经济性更重要。因为某些人类价值要在社会中推广，所以公共行政应该具有价值导向，而不是无价值的。

一批美国青年行政学者因此发起“新公共行政学”运动，强调作为应用型学科的公共行政学不能脱离时代，逃避重大现实问题。戈伦比威斯基（Robert T. Golenbiewski）提出了新公共行政的三个“反目标”（Anti-goals）（即反对的目标）和五个“目标”（即希望实现的目标）。

这三个“反目标”一是新公共行政是反实证主义的，即拒绝将公共行政定义为“无价值判断”的管理活动，拒绝理性主义或确定性的人类观点，反对没有适当参与政策的任何关于公共行政的定义；二是新的公共行政是反技术的，这意味着谴责人为机器和系统的逻辑所做的牺牲；三是新公共行政或多或少是反官僚主义和反等级制度的。

新公共行政的五个“目标”一是人不是静态的生产要素；二是强调个人和组织的价值观或伦理的中心作用，行政努力的结构和程序与其目的和目标之间有一种基本的关系；三是社会公平应成为公共管理的指导因素，公共行政人员应该成为社会弱势群体利益的捍卫者；四是提倡以顾客为中心的方法，去官僚化，在民主决策和行政过程中分权，以便更有效和更人性化地提供公共服务；五是强调创新和变革。

（三）新公共管理

新公共管理是 20 世纪 80 年代出现的一种政府管理尝试。该术语由当时在公共管理领域工作的英国和澳大利亚学者创造。① 新公共管理旨在使公共部门更加商业化和市场化，并借鉴私营部门的理念和管理模式来提高政府的效率。它强调了作为公共部门服务接受者或顾客的公民的中心地位。

新公共管理的出现与 20 世纪 70 年代的两次石油危机引致的西方国家经济的全面衰退有很大关系。石油危机导致油价上涨，从而触发大规模的全球经济危机。以 1973 年石油危机为例，在这场危机期间，美国的工业生产总值下降了 14%，日本的工业生产下降了 20%以上，其他发达国家的经济增长也明显放慢。

石油危机和全面经济衰退使政府的财政收入锐减，从而导致财政危机。与此同时，自罗斯福新政以后，福利服务的扩张导致政府支出占国民生产总值的比例上升。政府处于超负荷运转状态，对政府管理的改革，特别是要求削减财政支出的改革呼声越来越强烈。新公共管理在此背景下应运而生。

在新公共管理实践中，市场化可以有很多形式，它通常通过外包、准市场、消费者选择和管理合同的方式，在公共服务提供中引入激励结构。

外包是指国家在竞争的基础上与私人组织签订合同，让私人组织提供服务。私人组织可以是营利性的，也可以是非营利性的。当各部门能够从几个内部供应商或外部供应商那里购买服务时，就出现了内部准市场。这

① Christopher Hood, “A Public Management for All Seasons?”, *Public Administration*, 69, 1991; Christopher Hood and Michael Jackson, *Administrative Argument*, Aldershot, Dartmouth, UK, 1991.

些供应商作为独立的业务单位相互竞争。管理合同包括根据特定的合同安排将设施（如医疗机构、公共交通、机场或会议中心）的运营移交给私人公司。

市场化的目的是提高公共服务的效率，提高公众对公共服务的责任感，让消费者有更多的选择。例如，在英国，医疗保健服务的提供是由国民保健服务机构和政府资助的全科医生基金持有人分担。在这种情况下，医院需要提供低成本的程序以获得患者和资金，医疗服务效率因此得到提高。

市场化的一个极端方式是私有化。它是指将资产从国家转移到私人部门。它可以通过在证券交易所上市出售各种国有企业，通过管理收购等方式出售给员工，或卖给个别公司或财团。经历大规模私有化的领域包括电信、铁路、电力、水和废物处理，私有化程度较低的涉及酒店、停车设施和会议中心。在这些领域，地方政府出售的可能性与中央政府出售的可能性一样大。这些方式被西方发达国家（如英国和新西兰）在一定程度上采用。

通常，市场化意味着将服务交由私人或半私人的机构提供。新公共管理的支持者提出了各种支持这类机构的理由。他们认为，这样服务提供者就能够集中精力高效地提供高质量的服务，而不必评估可供选择的政策。他们认为，如果决策者不必担心现有的服务提供商，他们可以更加专注和冒险。他们认为，当政府与服务提供商保持不干涉关系时，就有更多机会引入绩效激励机制。

新公共管理将企业管理中的这种绩效激励机制引入政府管理。一般来说，这意味着将私营部门管理的想法和技术应用于公共部门，包括按结果管理、绩效衡量、物有所值和贴近客户，而所有这些都与各种预算改革有关。虽然这些想法和技术都是为了促进公共部门的有效管理，但人们对于什么是有效管理却并没有形成共识。

二　后工业化时代公共治理理念和方式的新探索

在新公共管理运动之后，或是基于社会转型的背景，即全球化、后工业化，或是基于现实的政府改革需要，或是基于科技变革的背景，即信息技术的发展或数字化变革，出现了更多不同形式的治理思路和实践。

这些主要的新公共治理思路和实践包括新公共服务理论、网络化治理、整体性治理、数字化治理和公共价值管理理论等。这些前沿理论和治理实践之间在产生背景、理论基础、核心理念、人性假设、政府角色、治理目标、组织结构以及价值取向等方面不尽相同，却并不绝对排斥。

（一）新公共服务理论

新公共服务理论是相对于传统的公共行政和新公共管理提出的。它由帕特里夏·英格拉姆（Patricia Ingraham）和戴维·罗森布鲁姆（David Bosenbloom）于1989年提出，是“关于公共行政在将公共服务、民主治理和公民参与置于中心地位的治理系统中所扮演角色的一系列思想和理论”[①]。1999年，纽约大学的保罗·C. 莱特（Paul C. Light）概括了新公共服务的特征，将提供新公共服务描述为21世纪政府公务员应具备的典型能力。

2000年，罗伯特·B. 登哈特（Robert B. Denhardt）和珍妮特·V. 登哈特（Janet V. Denhardt）在《公共行政评论》（*Public Administration Review*）上发表了“The New Public Service：Serving Rather than Steering”一文，标志着新公共服务理论的崛起。登哈特夫妇强调公务员的主要角色是帮助公民表达和满足他们的共同利益，而不是试图控制或引导社会。

登哈特夫妇认为“新公共服务”是一场建立在民主公民、社区和社会工作以及组织人本主义和对话基础上的运动，其基本理论内涵包括：服务于公民，而不是服务于顾客；追求公共利益；重视公民权胜过重视企业家精神；思考要具有战略性，行动要具有民主性；承认责任并不简单；服务，而不是掌舵；重视人，而不只是重视生产率。

新公共服务理论更加关注民主价值与公共利益，借助21世纪初民主政治发展的推动受到广泛关注。同时，新公共管理运动带来的问题也日益凸显，如过度理解政府管理行为或将其等同于企业家政府理论，过度强调效率优先而忽视民主与公平，忽视了公共管理中人对公平的要求以及政府管理中的公共政治和道德责任问题。这也是新公共服务理论受到关注的另一个主要原因。

---

① 袁年兴：《公民美德、公民权与公共行政：论新公共服务的范式困境》，《浙江社会科学》2013年第5期。

（二）网络化治理

网络化治理是指在政府、企业、社会组织与公民等多利益主体的参与和合作前提下，通过民主协商，共享资源和信息，以达成公共治理的目标。伊娃·索仑森（Eva Sørensen）指出，网络化治理已经成为时代需求。[①]

网络化治理的兴起是由于全球化和后工业化进程使得社会日益高度复杂化，具有高度不确定性。在这一过程中，信息网络化兴起，市场利益主体需求多样化，需要一种新的治理模式来应对这种复杂化，这是网络化治理兴起的关键因素。同时政府治理碎片化，部门之间以及各利益主体之间缺少必要的沟通与协作，这使得网络化治理成为必然。

斯蒂芬·戈德史密斯（Stephen Goldsmith）和威廉·D. 埃格斯（William D. Eggers）指出，公共服务的提供方式，以及地方和国家政府实现其政策目标的方式，正在发生根本性的但大多是隐性的转变。政府高官们正在重新定义自己的核心职责，即不再是管理员工和直接提供服务，而是建立由公共、私营和非营利组织组成的网络，提供政府曾经自行提供的服务。[②]

在这一转变过程中，除按照传统的自上而下层级结构建立纵向的权力线以外，政府治理还必须依靠各种合作伙伴建立起横向的行动线，更多地依赖各种伙伴关系、协议和同盟所组成的网络来从事并完成公共事业。这是网络化治理的要义。网络化治理强调治理目标的达成是多元行为者之间互动的结果，治理过程充满利益冲突与合作的特质，它建立在信任和互动合作的社会资本基础之上，通过民主协商充分发挥社会公众在治理过程中的作用。

（三）整体性治理

整体性治理是指一种通过协调横向和纵向的思路与行动来实现政府目标的公共治理模式。横向的协调包括不同层级或者同一层级上治理的协调

---

① Eva Sørensen, "Democratic Theory and Network Governance", *Administrative Theory and Praxis*, 24, 2002.

② Stephen Goldsmith and William D. Eggers, *Governing by Network: The New Shape of the Public Sector*, Washington DC: Ash Center and Brookings Institution Press, 2004.

整合，它包括同一机构内不同功能上的整合，也包括不同功能部门之间的协调整合，以及政府部门、私人部门和非营利性机构等利益主体之间的合作。纵向的协调与传统的层级制相似，指的是地方政府、地方和中央政府的代理机构的协调整合，甚至是国际社会范围内全球治理网络的协调整合。

整体性治理的特点是以社会问题和需求为出发点。在这点上，它与传统的公共行政和新公共管理有明显的区别。传统的层级制行政管理和新公共管理都是以解决政府的责任与效率问题为出发点，是从政府管理的需求出发。整体性公共治理则以民众或社会的问题或需求为出发点，通过鼓励各部门协调与合作，解决社会问题，满足公众需求。

整体性治理是西方国家继新公共管理运动之后，于 20 世纪 90 年代中后期开始的第二轮政府改革运动的新举措。1997 年，英国首相布莱尔在公民服务会议上首次提出“整体政府”的施政理念，这是整体性治理理念与实践的开始。此后包括澳大利亚和新西兰，以及加拿大、美国等国在内的公共治理先锋国家先后进行了“整体政府”改革实践。

整体性治理是作为解决部门主义、视野狭隘和各自为政等问题的措施被提出来的。在全球化背景下，社会需求日益复杂化和多元化，特别是随着信息技术的兴起，民众和社会对公共服务（包括电子化政务的）需求增加，整体性治理通过跨越部门边界协调整合资源的工作方式，回应诸多社会问题（如犯罪、环境保护和社会排斥问题）的复杂性和整体性特征。

（四）数字化治理

数字化时代的到来是数字化治理理论与实践出现并流行的主要推动力。新公共管理的式微催生的对新的公共治理理念和方式的讨论也是一个主要原因。总体上，与其说数字化治理是一种治理理念，倒不如说它是探索政府怎样才能更好地利用信息和通信技术、大数据和多媒体等数字技术来更好地执行确定的政府治理原则和实现既定的政策目标的实践。

帕特里克·邓利维（Patrick Dunleavy）等指出，数字化治理可以对公共治理产生三类主要积极影响。

重新整合。利用数字时代的关键机遇将新公共管理中分离出来的许多元素重新整合在一起，为公民、企业和社会组织提供一揽子服务。

基于需求的整体主义。与狭隘的、仅仅面上联合起来的管理变革相反，基于需求的整体改革寻求简化和改变机构与其客户之间的整个关系，从而建设一个更敏捷的政府，这种政府能对社会环境的变化做出迅速和灵活的反应。

广义上讲，数字化变革是为了通过借助 IT 和相关的组织变革提高生产力，这需要从根本上把握数字化转型所带来的机遇，而不再将电子渠道视为传统行政和业务流程的补充。[①]

数字化政府可以使政府更接近公民和企业。今天的技术不仅是提高公共部门效率的战略驱动力，还可以支持政策的有效性，创建更开放、透明、创新和值得信任的政府。然而，技术选择的增加可能带来新的风险和更大的社会期望，而许多政府并未充分准备好解决这些问题，仍然不认为技术是公共治理的一种协作手段。

要想实现数字化治理所带来的益处，公共治理需要建立更为开放、参与性更强的创新型政府，包括利用技术实施政府问责制、提高社会包容性、加强政府与公民和社会的伙伴关系，在公共部门创造一种数据驱动的文化，以确保各个政策领域和各级政府协调一致地使用数字技术，加强数字化治理在更广泛的公共治理过程中的应用，以及建立关于数字安全和隐私问题的风险管理机制等。

（五）公共价值管理理论

随着新公共管理式微，借助新公共服务理论的推动，公共价值管理理论出现。马克·穆尔（Mark Moore）指出，公共价值管理理论的核心理念应是创造公共价值，公共价值不是个体价值的简单叠加或综合，而是一种政府官员和其他利益相关者等多方协商所达成的共识。[②]

公共价值基于公众的个人偏好，也就是公民认为对他们来讲什么是最有价值的。公众的集体偏好形成公共价值。只有以实现公共价值为目标的公共治理才能更有效地处理公众关注的问题，更好地对公众和社会的集体偏好做出回应，并相应地改变公共治理机构和组织的功能与行为，从而创

① Patrick Dunleavy et al.，"New Public Management Is Dead-Long Live Digital-Era Governance"，*Journal of Public Administration Research and Theory*，16，2006.

② Mark Moore，*Creating Public Value*：*Strategic Management in Government Reprint Edition*，Cambridge：Harvard University Press，1995.

造公共价值。公共治理主体在公共价值形成过程中并非处于完全被动的地位，它在公众偏好形成过程中具有重要的引导作用。

贝里·波兹曼（Barry Bozeman）认为公共价值具有多元性，从类型学的角度，可以分为以下几类：与公共部门对社会贡献相关的价值；与社会利益影响公共决策相关的价值；与公共管理者和政治家的关系相关的价值；与公共行政与环境的关系相关的价值；与公共行政内部组织相关的价值；与公共管理者行为相关的价值；与公共行政和公民的关系相关的价值。[①]

鉴于集体偏好的公共价值是公共治理的主旨，公众和社会的参与在公共价值管理中变得十分关键。这需要在公共治理主体和公众、社会之间建立一个良性的、长期稳固的公共服务获取与递送机制或伙伴关系。它应是一种混合制形式，既可以是正式的，也可以是非正式的，既要有一定的规则来约束行为模式，也要有一定的灵活性。其中，公共治理主体要树立公共服务精神，不能限于狭隘的自利思维。

在公共价值管理理念下，公共治理主体的一个重要任务就是使公众参与到关于他们偏好的讨论过程中来，并对具体公共政策选择和整理目标的设定进行商议。这样，通过把公民参与和公民集体偏好置于公共治理的中心，以及以公共价值为核心的公共治理原则和目标的设定与执行，将公众的参与嵌入包括分配和技术输入的整个公共治理过程，使公共治理的公众参与性和效率在事实上完成了根本性统一。

第三节　西方国家公共治理的异质性对中国的启示

西方国家公共治理的异质性在于，它不是一个整体性的概念，而是在不同国家呈现不同的形式。公共治理是一个国家价值理性和工具理性的结合，工具理性以价值理性为基础。治理的本质是在基于价值理性和工具理性寻求社会问题的解决和社会需求的满足。而且，公共治理的模式并不是一成不变的，从传统的公共行政到新公共管理再到新公共服务和整体性治理等，它依据时代需求不断调整，以增强其存在的合理性。

---

① Barry Bozeman, “Public-Value Failure: When Efficient Markets May Not Do”, *Public Administration Review*, 62, 2002.

西方国家公共治理的异质性给我们的启示在于，公共治理的本质是依据国家机器自身的价值判断，解决国家自身发展中存在的问题。因此，要对国家社会经济发展过程中的治理内容进行深入剖析与理解、宏观把握，更为重要的是认识到相应的价值判断是国家治理的逻辑原点。这就要求我们为提升人民福祉水平，必须脚踏实地，走一条有自身特色的现代化公共治理道路，而不是套用一种特定模式。

西方的公共治理实践与理论同时也是中国国家治理现代化过程的重要参考。交流互鉴是文明发展的本质要求，这于国家治理也不例外。特别是在全球化的今天，在坚持文化自信、探索国家治理现代化的同时，要以开放和学习的态度，对西方公共治理理念进行有效扬弃，吸收西方公共治理中代表现代化共性的先进理念与做法，使其为我们所用，这能使我们少走弯路，加快基于中国优秀传统文化的有中国特色的国家治理现代化的步伐。

一　确立适应国情和发展趋势的基本公共治理价值取向

（一）公共价值再塑——社会主义核心价值体系和核心价值观

塑造国家和社会的公共价值是现代化国家治理的基础。2019 年 10 月 31 日，中国共产党第十九届中央委员会第四次全体会议通过《中共中央关于坚持和完善中国特色社会主义制度、推进国家治理体系和治理能力现代化若干重大问题的决定》。习近平指出："推进国家治理体系和治理能力现代化，必须完整理解和把握全面深化改革的总目标，即完善和发展中国特色社会主义制度、推进国家治理体系和治理能力现代化。我们的方向就是中国特色社会主义道路。"①

没有坚定的制度自信就不可能有全面深化改革的勇气，同样，制度自信只有通过不断改革和完善，才可能持久。我国现在成功的国家治理体系，是在我国历史文化传承和经济社会发展的基础上长期发展、逐渐改进和内生性演化的结果。全面深化改革是要使中国特色社会主义制度更好。坚定制度自信不是要故步自封，而是要不断消除体制机制弊端，让制度更加完善和成熟。

① 《习近平谈治国理政》，外文出版社，2014，第 105 页。

习近平指出："推进国家治理体系和治理能力现代化，要大力培育和弘扬社会主义核心价值体系和核心价值观，加快构建充分反映中国特色、民族特性、时代特征的价值体系。"[①] 社会主义核心价值体系和核心价值观是推进国家治理体系和治理能力现代化的基石。充分利用和发挥中国传统文化在社会主义核心价值体系构建中的积极作用，是建设符合中国国情、有中国特色的国家治理体系和治理能力现代化的坚实文化和哲学基础。

社会主义核心价值体系包括四个方面的基本内容，即马克思主义指导思想、中国特色社会主义共同理想、以爱国主义为核心的民族精神和以改革创新为核心的时代精神、社会主义荣辱观。其中，马克思主义指导思想，是社会主义核心价值体系的灵魂。中国特色社会主义共同理想，是社会主义核心价值体系的主题。民族精神和时代精神，是社会主义核心价值体系的精髓。社会主义荣辱观，是社会主义核心价值体系的基础。

社会主义核心价值观是社会主义核心价值体系的内核，体现了社会主义核心价值体系的根本性质和基本特征。其基本内容包括富强、民主、文明、和谐，自由、平等、公正、法治，爱国、敬业、诚信、友善。其中，富强、民主、文明、和谐是国家层面的价值目标，自由、平等、公正、法治是社会层面的价值取向，爱国、敬业、诚信、友善是公民个人层面的价值准则。

文化在建设社会主义价值体系和坚守社会主义核心价值观中发挥着重要的推动作用。民族文化是一个民族赖以生存和发展的精神动力和精神支撑。中国文化是与时俱进的、开放的和包容性的。只有注重对中华优秀传统文化的深入挖掘和阐发，将社会主义价值体系的建设和社会主义核心价值观的坚持与发扬融入文化建设与发展领域，并使之与现代社会的价值取向有机结合起来，才能真正达成政府与公民、社会对公共价值的统一认知。

（二）转型期中国公共治理的独特生态特征

习近平强调："一个国家选择什么样的治理体系，是由这个国家的历史传承、文化传统、经济社会发展水平决定的，是由这个国家的人民决定

---

① 《习近平谈治国理政》，外文出版社，2014，第106页。

的。”① 认识中国公共治理基础的独特性是公共治理体系和治理能力现代化的前提。它既与中国社会经济发展的阶段有关，也与中国独特的文化特征有关。

在全球化背景下，中国处于向全面现代化迈进、从传统农业社会向工业社会以及后工业社会过渡的转型期。转型期出现的社会经济矛盾，既有传统性的，也有现代性的，既有直接的经济矛盾，也有间接的深层次的体制和社会心理矛盾。这种复杂性对中国公共治理提出了巨大挑战。

1. 我国仍是一个发展中国家，需继续奋斗建成社会主义现代化强国

中国作为一个发展中国家，虽然经济总量居世界第二，但人均 GDP 仍然较低，与西方发达国家还有很大差距。特别是在较为落后的中西部和不少农村地区，这种差距更为明显。2020 年全面建成小康社会，仅仅实现了第一个百年奋斗目标，离建成社会主义现代化强国还有较长一段路要走，还需向第二个百年奋斗目标进军。

习近平指出：“综合分析国际国内形势和我国发展条件，从 2020 年到本世纪中叶可以分两个阶段来安排。第一个阶段，从 2020 年到 2035 年，在全面建成小康社会的基础上，再奋斗十五年，基本实现社会主义现代化。第二个阶段，从 2035 年到本世纪中叶，在基本实现现代化的基础上，再奋斗十五年，把我国建成富强民主文明和谐美丽的社会主义现代化强国。”②

与生产力发展阶段相一致，生产关系也处于发展并迈向成熟的转型阶段，社会主义市场经济体制还有待健全和完善。从 20 世纪 70 年代末开始改革开放，到 1993 年 11 月党的十四届三中全会召开，大会通过《中共中央关于建立社会主义市场经济体制若干问题的决定》，勾画出社会主义市场经济体制的基本框架，到如今也仅仅四十多年的发展时间，社会主义市场经济体制仍有待健全，市场（包括价格与竞争）在资源配置中的作用仍需加强。

向高质量发展转型问题决定了我国的公共治理在推动我国社会主义市场经济体制完善以及向社会、经济现代化建设和转型中扮演着重要角色。在经济方面，政府担负着通过国家治理体系现代化建设、理顺政府与市场

① 《习近平关于全面深化改革论述摘编》，中央文献出版社，2014，第 21 页。

② 《习近平谈治国理政》第 3 卷，外文出版社，2020，第 22~23 页。

的关系、提升以市场为基础的资源配置效率、增强市场经济活力的任务。在社会发展方面，政府需通过公共治理现代化加大力度推动以人为本的社会发展。

2. 转型期国家治理现代化的治理基础有待进一步夯实

（1）法治建设与法治意识提升

不同于西方相对健全的法治体系，中国的法治意识有待增强，法律制度有待完善。法治意识和法治建设是现代化国家治理的基础。法治意识是人们对法律发自内心的认可、崇尚、遵守和服从。它是一个国家发达程度的重要标志。国家治理体制的改革首先要以法治化为基础，依托于人们的法治意识。

总体上，我国公民的法治意识仍需加强，需要实现从人治到法治的转变。这除了需要增加法律制度（包括行政法规）的供给外，还需要有效的监督约束机制。通过建立健全法治体系，完善规章制度，增强公民的法治意识。这是一切公共治理改革的前提。缺乏有效的法治基础作支撑，公共治理的改革就属于空中楼阁，就不能真正有效地解决问题。

中国共产党的十八届四中全会通过了《中共中央关于全面推进依法治国若干重大问题的决定》。该决定明确提出法治是中国共产党治国理政的基本方式。党的十八大以来，以习近平同志为核心的党中央多次就全面推进依法治国、建设社会主义法治国家和培育全社会法治意识提出要求，并明确提出全面推进依法治国的总体布局、主要任务和总的要求。法治建设有助于增强全社会的法治意识，夯实现代化国家治理的基础。

2020 年 11 月 16 日至 17 日，中央全面依法治国工作会议在北京召开。会议将习近平法治思想明确为全面依法治国的指导思想。作为习近平新时代中国特色社会主义思想的重要组成部分，习近平总书记关于法治的重要论述着眼于全面建设社会主义现代化国家和实现中华民族伟大复兴的奋斗目标，要求做到“十一个坚持”。其中包括坚持党对全面依法治国的领导，坚持以人民为中心，坚持中国特色社会主义法治道路，坚持依法治国、依法执政、依法行政共同推进等。

（2）官本位意识与公众参与

我国的公共治理在很大程度上仍然受到传统的官本位思想的束缚。“官本位”意识强调的是一种以官为本和以官为尊的社会价值和治理价值观。

它源于封建时期从县、郡、州到中央的通过官来集权的中央集权制。在中国传统的官僚体制下，权力过度集中于个人，从而导致个人专断或少数人说了算，管理形式上则看重管制审批，轻视公共服务。它同现代社会“民本位”和公共价值的治理理念相违背。

这种官本位意识在有些地方依旧存在。一些领导者以我为尊，服务意识淡薄。治理往往从上而下，忽略了对公众需求和社会问题的把握。一些治理行动以个人升迁为目的或只考虑特殊利益集团的利益，违背了基本的治理逻辑。此外，公共治理中的人格化倾向严重，制度意识淡薄。在一些治理过程中，人情伦理占了支配地位，关系和人情代替了制度和规则，这往往导致组织活动的非理性和缺乏效率，往往发生行政违法行为。

在官本位思想下，不仅一些政府官员的家长制作风严重，部分公众也深受官本位思想的影响，把行政长官当作自己的父母官，行使自身公民权利和履行义务的意识薄弱，这导致公民对政府依赖性强，自主活动的能力弱和参与公共治理的意识不强。社会主体间未能形成以社会网络、规范、信任、共识以及社会道德为纽带的紧密联系。这些都会阻碍国家治理现代化建设的步伐。

（三）现代社会公共治理内容的共性

1. 现代化国家治理的一些共性

现代化是一个综合性概念，不管在中国还是西方发达国家，现代化的共同特征是以高度发达的工业化为基础，它意味着从工业经济向知识经济、从工业文明向知识文明和科技文明、从物质文明向生态文明的转变。高度发达的工业化包含科学技术的大变革、高度信息化、农业现代化、城镇空间结构更加扁平化、高度社会流动性以及高度社会民主化等。有些学者将这些后工业社会的特征称为后现代化，以与从农业社会向工业社会转型相区别。

沿着中国特色社会主义道路，集中力量进行社会主义现代化建设是我国社会主义市场经济时期的根本任务。中国各族人民将继续在中国共产党领导下，在马克思列宁主义、毛泽东思想、邓小平理论、“三个代表”重要思想、科学发展观、习近平新时代中国特色社会主义思想指引下，逐步实现工业、农业、国防和科学技术的现代化，推动物质文明、政治文明和精神文明、社会文明、生态文明协调发展，把我国建设成为富强、民主、文明、和谐的社会主义现代化国家。

在向现代社会转变过程中，不管是中国还是西方发达国家，都需要应对现代化转型或现代社会所具有的相似问题或社会需求。因此现代社会公共治理存在一定的共性。特别是在全球化背景下，国与国之间的联系加强，使得公共治理更有共性。这就要求我们在深入了解国家治理特性的同时，也需了解公共治理内容的共通性，以便借鉴各国有效的治理方法，丰富国家治理现代化的内容。

2. 现代社会公共治理价值与理念的综合性

在我国社会经济发展转型过程中，公共治理的价值与理念日趋丰富。24字的社会主义核心价值观为我国公共治理现代化过程中价值理性的塑造提供了依据。社会主义核心价值观是社会主义核心价值体系的内核，体现了社会主义核心价值体系的根本性质和基本特征，反映了社会主义核心价值体系的丰富内涵和实践要求，是社会主义核心价值体系的高度凝练和集中表达。

党的十六届六中全会提出的“富强、民主、文明、和谐”作为新时期我国社会主义现代化建设的目标，内涵更加丰富。“富强”指的是经济现代化，建设社会主义物质文明，争取在21世纪中叶达到中等发达国家水平。“民主”指的是政治现代化，加强社会主义政治文明建设，发展社会主义民主。“文明”指的是文化的现代化，以“社会主义核心价值体系”为主要内容。“和谐”指的是社会的现代化，以加强社会管理，维护社会稳定，建设“和谐社会”为目标。

“十三五”规划提出“创新、协调、绿色、开放、共享”的新发展理念。新发展理念的基点是共同利益和整体利益，是实现个体与整体的共赢。创新发展涵盖了发展本身的创新、改革方式的创新、宏观调控的创新。它意味着新旧动能的转换。协调发展新理念，强调的是发展的整体性，即全局下和整体中多方面、各层次、全方位的动态平衡和结构优化，它涵盖了区域协调发展、城乡协调发展、物质文明和精神文明协调发展等内容。绿色发展的本质是处理好发展中人与自然的关系，是生态环境保护与经济发展的统一，它意味着建设资源节约型、环境友好型社会，形成人与自然和谐发展现代化建设新格局。开放要求我们积极参与全球经济治理和公共产品供给，提高我国在全球经济治理中的制度性话语权，构建广泛的利益共同体。共享是人类对理想社会的美好追求，是社会主义的真谛，也是中国特色社会主义的本质要求。

关注社会经济和生态环境综合发展是国际发展潮流。以经合组织的美好生活指数（Better Life Index）为例，它是依据衡量经济表现和社会进步的 Stiglitz-Sen-Fitoussi 委员会的建议，于 2011 年 5 月提出的一套指标体系。经合组织的“美好生活”倡议包括两个主要元素：“你的美好生活指数”和“生活如何”。其福祉框架如表 1-7 所示。

表 1-7　经合组织福祉框架

类别	主要维度	主要衡量指标
现今福祉（Current Well-being）	收入和财富（Income and Wealth） 工作与工作质量（Work and Job Quality） 住房（Housing） 健康（Health） 知识和技能（Knowledge and Skills） 环境质量（Environment Quality） 主观幸福感（Subjective Well-being） 工作与生活的平衡(Work-life Balance) 社会关系（Social Connections） 公民参与（Civil Engagement）	平均值（Averages） 群体之间的不平等（Inequalities Hetween Groups） 顶尖和底层人士之间的不平等（Inequalities Between Top and Bottom Performers） 匮乏（Deprivations）
未来福祉资源（Resources for Future Well-being）	自然资本（Natural Capital） 经济资本（Economic Capital） 人力资本（Human Capital） 社会资本（Social Capital）	存量（Stocks） 流量（Flows） 风险因素（Risk Factors） 弹性（Resilience）

资料来源：经合组织（OECD）。

Stiglitz-Sen-Fitoussi 委员会由法国政府于 2008 年 2 月成立，约瑟夫 · E. 斯蒂格利茨（Joseph E. Stiglitz）任主席，阿马蒂亚 · 森（Amartya Sen）担任经济顾问，法国经济学家让-保罗 · 菲图西（Jean-Paul Fitoussi）担任协调员。该委员会试图解决人们对于 GDP 等标准的宏观经济统计数据未能真实反映人们对当前和未来的福祉的担忧问题。

所有这些都表明，我国的社会主义现代化建设与西方发达国家的现代化建设，尽管遵循不同的价值理念，但有一点是相同的，即国家发展所追求的不再是单一的经济增长或经济价值的提升，而是全面地反映社会经济和生态环境文明的多元化的协同建设。这意味着公共治理的价值更为丰富和多元，更意味着公共治理的复杂性加剧、整体性加强。

3. 现代社会的网络化特征

社会结构的日趋网络化得益于全球化和后工业化时代信息技术的高速发展和知识经济的推动。在后工业化时期，交通更加便捷，人与人之间的物理交往距离相对缩短，空间社会网络扩大。通信和互联网技术高速发展，社会进入数字化时代，人与人之间的虚拟空间社会网络也空前扩大。全球化也加强了国家与国家之间的社会经济联系。这些都使得现代社会的社会经济秩序呈现极强的网络化特征。这对国家治理，特别是工具理性的选择影响深远。群体性社会与网络化个人主义的比较如表 1-8 所示。

表 1-8　群体性社会与网络化个人主义的比较

群体性社会 (Group-centered Society)	网络化个人主义 (Networked Individualism)
群内或群间传播 (Contact Within and Between groups)	人际传播 (Contact Between Individuals)
多对多交流 (Group Contact)	一对一交流 (One-to-one Contact)
基于社区的群体 (Neighborhood Community)	多样化群体 (Multiple Communities)
单一联系 (Homogeneous Ties)	多元联系 (Diversified Ties)
以亲戚和邻居为基础建立关系 (Involuntary Kin and Neighbor Ties)	以朋友为基础建立关系 (Voluntary Friendship Ties)
较强的社会控制 (Strong Social Control)	较弱的社会控制/转向其他网络 (Weak Social Control/Shift to Another Network)
与其他群体有严格界限 (Tight Boundaries with Other Groups)	与其他网络界限模糊 (Permeable Boundaries with Other Networks)
高度组织化 (Organized Groups)	多变性、不确定性 (Shifting Networks of Recreational Friends)
公共空间 (Public Spaces)	私人空间和线上活动 (Private Spaces and Online activity)
布告牌 (Bulletin Boards)	社交网站平台 (Facebook、Twitter)

续表

群体性社会 (Group-centered Society)	网络化个人主义 (Networked Individualism)
高度集中的工作集团 (Focused Work Unit)	网络化的组织 (Networked Organization)
封闭自守 (Autarky)	全球化、对外联系 (Globalization, Outsourcing)

资料来源：Barry Wellman and Lee Rainie, *Networked: The New Social Operating System*, Cambridge: the MIT Press, 2014.

我国是一个发展中国家，在数字化时代，其跨越式发展的本质使得我国在移动革命、互联网革命的接受和应用方面反应更快。我国的经济发展，特别是区域空间发展正在被高铁和航空网络的日益发达重新定义。以微信、支付宝和钉钉网等为代表的虚拟空间的联系也日益紧密。社会结构已经走向网络化，社会联系从单一到多元，从简单到复杂，推动着新的社会秩序的建立。

二　寻求以问题为导向的实用主义公共治理方式

（一）从长远来看，这是一条跨越式发展的道路

西方公共治理价值理性和工具理性的异质性给我们的启示是，要建构一套符合我国国情的国家治理体系，走有我国自己特色的公共治理道路。我国的国情是在全球化背景下，全面建成小康社会，正向社会主义现代化强国迈进。

在这一转型过程中，公共治理的现代化面临着新旧多方面挑战。经济上面临着从资源消耗型增长向资源节约型、兼顾物质文明和生态文明的高质量发展转型，从工业化经济向知识经济转型。在社会层面上，我国社会面临着从传统向现代的转型。在法治建设上，面临着继续加强法治文明建设的重任。公共治理的现代化面临着新的公共价值塑造和追求公共利益的挑战。

同时，在全球化和数字化背景下，与西方发达国家一样，中国面临着诸多新的挑战。这体现在公共治理价值内容与理念的丰富和现代社会的网络化等方面，同时反映在空间上的后工业化和后城市化特征上。新公共管理之后的新公共服务、网络化治理、整体性治理、数字化治理和公共价值管理等要解决的现代性问题在中国都以不同形式存在。

传统与现代性并存的社会发展状态，要求我国的公共治理现代化必须两肩挑，将眼光放长远，走一条跨越式发展与建设的道路。跨越式发展一般是指生产力的超常规快速发展，是发展中国家在传统工业化道路上赶超发达国家的战略行为。它不是注重短期回报和单项突击的投机行为，而是在尊重发展规律前提下的均衡发展和战略性超车。

在公共治理的现代化建设上，跨越式发展意味着以问题为导向。一方面，要着力解决现代化转型所面临的各种经济、社会和政治等多方面的问题，提升中国公共治理的现代性。另一方面，要迎头赶上，同时解决好现代社会中出现的各种问题。在这一过程中，以公共价值的塑造和公共利益的追求为目标，做到两方面的有机结合。

（二）从我国独特的治理生态来看，这是一条伦理化的公共治理道路

传统文化中的德治思想造就了中国社会独特的治理生态。先人的德治论断不胜枚举，包括“为政以德，譬如北辰居其所而众星共之”（《论语·为政》），“明君之为政，尊贤以崇德，举善以劝民，则四方之内，孰敢不化”（《孔丛子·公仪》），“齐桓公尚德以霸，秦二世尚刑而亡”（《新语·道基》），“德明而易从，法约而易行”（《盐铁论·刑德》），以及“夫治国之本有二：刑也，德也。二者相须而行，相待而成矣”（《政要论·臣不易》）等。

这种德治精粹意味着我国国家治理必须走伦理化的公共治理道路，在公共治理现代化过程中，要注重探索一条伦理和法理兼顾的道路，在法治化和规范化的基础上，通过伦理化的手段增强国家治理的弹性和人文特征，丰富国家治理的内涵，通过规范公共伦理和价值正确地引导社会行为，推动社会进步。

伦理是人与人之间一种约定俗成的行为规范，它具有社会性。走伦理化治理的道路是对传统治理行为方式的继承，在现代社会也有它的先进性。后工业社会的网络化社会特征使得群体性弱化，人们对群体的依赖程度降低，个人自主性增强，只有走伦理化的道路，让人们从内心的道德规范出发，激发个体的积极性和主动性，才能真正实现有效的公共治理。大数据技术的出现，也使得公共治理在追求公共利益的同时能满足关于正义伦理

的个体价值诉求。

西方公共治理的逻辑，以新公共管理和新公共服务为代表，以西方哲学中的理性思维和结构主义逻辑为原点，使公共治理像企业活动一样运行，以契约式和市场化的方式为社会提供公共服务。这虽然能在很大程度上提升短期的公共治理效率，却忽略了公众的情感需求以及伦理教化在公共治理中的激励和黏合作用，使公共治理因缺少伦理支撑而自愈性弱，降低长期公共治理效率。

走伦理化治理的道路需要加强公共治理伦理意识和公共精神的建设。公共治理伦理，是指针对公共治理行为的社会化角色，也就是公共治理主体的伦理原则和规范，包括公共治理的伦理准则和责任意识、公共治理行为的基本规范，以及通过公共治理行为所体现出来的公共精神。准则和责任意识指的是公共治理主体的基本原则立场和责权利意识。

现代公共治理本质上是对公众个体和共同利益的满足，往往超越法律法规范畴和规范，不可避免地涉及伦理判断。因此，治理主体的公共治理伦理意识和公共精神的建设，直接决定公共治理的效能，决定公众个人利益与共同利益能否实现平衡，能否最大限度地实现公共治理的总体目标。

第二章　国家治理体系中的继承与扬弃：区域整合与公共治理

第一节　大变革时期区域公共治理是国家治理体系的重要空间单元

一　超级功能大区的兴起和区域整合的必要性

（一）区域公共治理的“承上启下”意义

区域公共治理现代化是国家治理体系现代化的重要内容。本书所研究的区域公共治理为中观层面的公共治理，区域既不同于一个国家，也不同于地方行政区划，而主要是一个基于行政区划又超越国家和地方行政区划的空间概念。区域在这里指的是基于地理和功能边界的同质性领域，如我国珠三角、长三角和京津冀地区等。它往往超出法定的行政区划，跨越几个行政区，但空间上相互连接，有着紧密的历史、文化、社会或经济联系。

在全球化背景下，区域整合与发展在国家发展中扮演着日益重要的角色。这一方面增强了区域公共治理现代化的迫切性，另一方面也对以往以行政区划为单位的公共治理方式提出挑战。在这一过程中，地方治理主体在区域整合与发展中将担负更大和更重要的责任。地方政府在中央指导下，在区域层面通过区域公共治理推动区域整合与发展，既是挑战，更是机遇。

区域公共治理对于国家治理现代化的意义在于，一方面，它将地方层面的公共治理放在一个更大的同质性空间，使得公共治理的效能有了规模经济的属性。另一方面，它可以从实践的角度推动对转型期如何应对公共治理的不确定性的探索，从而以较低的社会成本，开发与创建有效的公共治理新模式，并示范推广。

区域公共治理“承上启下”的作用也将改变传统的单纯地从中央到地方的指令性接收模式，中央和地方可以充分利用区域空间平台，实现宏观战略指导、方向把握与微观实际行动的有效衔接。区域治理质量高低和先进程度在很大程度上决定了国家治理现代化和治理能力建设的落实情况和纵深推进程度，是国家现代化的一个重要风向标。

（二）超级大区的兴起

在区域发展模式上，超级大区的兴起已经是世界潮流。超级大区通常用来描述两个或两个以上相互关联的城市系统，特别是相邻的大都市区域组成的地区。美国学者弗罗里达（Richard Florida）等将大都市区域定义为“城市及其周边郊区腹地的综合集合，劳动力和资本可以在其中以非常低的成本进行重新配置”。这些区域由通勤模式、商务旅行和环境景观等联系的经济和社会网络连接在一起。①

超级大区在一个国家的社会经济活动和管理中扮演着越来越重要的角色。超级大区可以理解为一个社会经济单元，包括一个城市及其周围人口密度较低的地区，通过基础设施相连，形成在经济发展、商务运营、土地利用和环境系统等方面具有更广泛的共同利益的大区。超级大区的治理思维和模式可以促进跨行政区域的合作，提升区域总体竞争力，并在中观规模上更好地应对区域共同的社会和环境治理等问题的挑战。

超级大区这个概念很大程度上源于法国地理学家让·戈特曼（Jean Gottmann）1961 年所著的 *Megalopolis*。戈特曼描述了波士顿和华盛顿城市群之间相互联系的增加。他观察到，在波士顿和华盛顿城市群这条走廊内，形成了一个独特的大都市区域。它绕过了传统的政治边界，以一种更复杂的形式构成经济、社会、文化、政治和军事等功能紧密联系的超级功能大区。这些城市中心一方面相对独立，相互之间处于离散型状态；另一方面，地理位置相对接近，在社会经济功能上紧密联系。

国际著名的超级大区很多，如美国波士顿—纽约—华盛顿走廊（Boston-NewYork-Washington Corridor）、荷兰兰斯塔德地区（the Randstad）、德国鲁尔-

---

① Richard Florida, Tim Gulden and Charlotta Mellander, “The Rise of the Mega-Region”, *Cambridge Journal of Regions, Economy and Society*, 1 (3), 2008.

科隆地区（Ruhr-Cologne）、比利时布鲁塞尔-安特卫普地区（Brussels-Antwerp），墨西哥的大墨西哥城（Greater Mexico City）和巴西的圣保罗-里约热内卢大区（São Paulo-Rio de Janeiro Megaregion），以及作为我国社会经济发展的“三架飞机”的京津冀地区、长三角地区和粤港澳大湾区等。

超级大区的概念1990年后在欧美兴起，此后关于超级大区的讨论热度不断。在这期间，美国引入了超级大区的概念，并广泛应用于学术研究和联邦、州层面的数据收集、公共政策理念、政策制定和治理实践。鉴于城市规模相对较小，与美国相比，欧洲超级大区更多地强调城市网络和多中心城市区域的概念，更侧重于城市网络与经济增长和可持续性的相关性。

有些学者基于欧洲功能性城市区域的连续性标准，将超大城市区域定义为主要建筑板块。他们用这种方法确定了8个特大城市区域，这些区域不仅在城市数量（从10个到50个）上不同，而且在总人口规模上也不同，2000年时人口规模从不到200万人（都柏林格拉特）到1900万人（英格兰东南部）不等。

荷兰兰斯塔德地区是公认的特大城市区域之一，许多有关欧洲城市网络的研究都以之为对象。该地区由四个邻近的大都会区组成，包括阿姆斯特丹（Amsterdam）、乌得勒支（Utrecht）、鹿特丹（Rotterdam）和海牙（Hague）。卡麦尼和斯隆（Roberto P. Camagni and Carlo Salone）将兰斯塔德地区作为由专门的和互补的中心组成互补网络的一个案例。①

鉴于超级大区在功能上的多变性和复杂特征，在具体政策考量和治理实践中，很少有成熟的分析框架来确定超级大区的边界。它通常是“自下而上”的，一般通过当地利益相关者观察与邻近城市和地区采取行动的共同点的方法确定。另外一种界定超级大区的方法是借鉴网络理论的概念，通过分析城市系统之间相互联系的紧密程度来判断超级大区的范围。

要了解超级大区带来的好处，就需要确定合适的空间范围。鉴于超级大区范围界定的复杂性，有时候，为了行政上的方便和便于具体区域行动的开展，可按行政边界把几个传统意义上联系紧密的地区划归一个超级大

---

① Roberto P. Camagni and Carlo Salone, “Network Urban Structures in Northern Italy: Elements for a Theoretical Framework”, *Urban Studies*, 30 (6), 1993.

区，然后在行动中依据新的证据和认识，对其空间范围做出相应调整。这样做的好处是，可以在不需要大量数据的情况下确定潜在的超级大区。

二　超级大区的竞争优势

（一）超级大区兴起的深层次原因——效率与能力

超级大区的兴起有其深层次的原因。一方面，世界各地都面临着经济、技术和社会发展所带来的持续变革，特别是在数字化时代，居民的经济社会活动范围扩大，并形成网络化空间格局。另一方面，全球化增强了城市地区在区域和国家经济竞争中的核心作用，这是因为它的聚集效应。城市地区的持续经济增长和空间扩张使城市在经济上与其周围地区相互依存。

新技术增加了城市间的流动性和联系，扩大了大城市的地理规模。这为区域发展提供了新的机遇，也使当地政策制定者面临影响其城市和社区的挑战。对于这些挑战，无法仅在城市或大都市空间范围内采取行动加以解决。例如，有效提供基础设施和服务，促进经济发展，建立包容性和弹性区域，保护跨越多个行政区的公共水域，将货物从沿海港口经过拥挤的大都市地区运送到内陆目的地。

在适当的空间范围内应对挑战可以增加规模经济。规模经济不仅与共享的运输基础设施、协调的土地使用规划或经济发展战略所产生的最常见优势有关，而且还可能在日益全球化的背景下支持打造地方竞争优势的发展战略。例如，以小城市为主体的地区正面临着越来越大的压力，经济的全球化要求它们在全球市场上保持知名度和竞争力。

因此，邻近地区和城市之间的合作和资源集中是全球成功的一个越来越重要的因素，超级大区也就顺势兴起。超级大区作为一种新的概念进入了学术研究者和政策制定者讨论的范围。越来越多的专家和政策实践者意识到社会组织和经济协调的最合适单位不是城市，甚至不是大都市地区，而是城市区域或区域范围的城市网络。

（二）超级大区的竞争优势

由于规模经济、网络效益和更大更熟练的劳动力市场等，超级大区的总体生产力将获得极大提高。这是因为在控制城市人口规模、城市密度、人力资本和都市经济结构的情况下，邻近的规模相似的城市存在借用规模效应（Loan Size Effect），其表现优于单中心城市。中小城市可以借助超级大区的规模优势，从其他城市获得规模效应，从而摆脱规模偏小对其集聚能力方面的限制。

基础设施是超级大区内建立和加强地方之间社会和经济联系的必要条件。尽管数字化时代逐渐允许人们在不需要实际流动的情况下获取服务和知识，但运输货物和劳动力的交通基础设施，仍是支持区域联系和促进区域间功能整合的重要因素。因此，特大区域范围内的政策往往侧重于发展新的或升级现有的基础设施，推动实现对环境和社会有利的可持续目标。

发达的高速铁路网络是超级大区发展的重要支撑，对于大区的发展有诸多益处。高速铁路可以缩短大都市较长空间距离的通勤时间，并且通过将交通运输从空中或公路转移到铁路，可以减少区域一体化所带来的负面环境影响。此外，高速铁路可以提高城市网络节点之间，特别是中心城市与中小城市之间的可达性，促进邻近地区和城市之间的合作和资源集中，提高国际知名度和联合竞争力。

然而，大规模基建对地方的影响是不确定的，因为利益不一定平等地分布在该地区的各个城市。在德国，法兰克福和科隆之间的高速连接线的中间站点在经济活动方面获益很多，更重要的是它们作为潜在的居住地，为主要中心提供了新的通勤可能性。而在日本，1965 年引入东海道新干线后，名古屋开始失去东京与大阪之间中介都市的角色，转而将自身重塑为具有高附加值的制造业中心。

要成为一个有竞争力的超级大区或世界级城市群，大区内部需要就其愿景达成明确的共识，需要共同确定具体的行动步骤，大区内一个具体的合作项目（如奥运会举办地）的联合申请会激发更大的合作动力。除了交通对区域规划和公共治理的促进作用外，文化活动也提供了促进合作的途径。第一次合作的顺利进行有利于推动规划和发展战略的进一步一体化。

超级大区展示了一个新的跨越多个行政区的社会和经济互动的空间范围。技术和交通的进步使人们能够跨越几十年前无法跨越的距离进行联系。然而，在超级大区中，集聚经济体不一定会自动出现。地方之间需要合作努力，共同面对合作所带来的机遇和挑战，只有这样，集聚的优势才能充分展现。其中，对机遇和挑战的辨别与认识变得十分重要。只有准确理解这些机遇与挑战，才能充分利用超级大区所提供的规模经济条件。

超级大区通过城市和州或省之间协调和联合的基础设施规划，为在空间上和功能上相互连接的城市实现更高效率和更大规模创造了机会。但是超级大区的优势单靠治理无法实现，它仅仅是一个公共治理结构，如果没有一个令人信服的合作理由，其效用很快就会达到极限。地方政府之间必须确立共同的目标、追求共同的利益，并联合起来实施相应的行动，才能真正发挥超级大区的潜力。

为顺应时代潮流，中国也通过功能性的超级大区和城市群建设，来挖掘其空间特征所带来的发展潜力。从以建立世界级城市群为目的的京津冀协同发展、粤港澳大湾区建设到长三角一体化、以大力发展和重振经济为目的的东北振兴和西部大开发，再到以流域为基础的黄河流域生态保护和高质量发展、长江流域经济带建设，各种区域发展战略纷纷出台。区域协同发展和整合是这些区域性发展战略的基础。

与超级大区和城市群建设相伴随的是对超级大区和城市群建设的公共治理需求。区域层面的公共治理在国家治理体系中起着重要的“承上启下”作用，它上接国家宏观公共治理，理解和坚持中央精神和指导方针，并通过区域层面的物化与地方公共治理相连接，从而更有效地统筹规划区域发展事务，并具体化为协同一致的区域治理和发展行动。

第二节　区域公共治理与国家治理和地方治理的异同

一　区域公共治理的演变与特征

区域公共治理与国家治理和地方治理既有共性又不相同。共性体现为在国家治理迈向现代化的过程中，一些现代公共治理的宏观架构和价值普遍适用，其中包括政务信息的公开透明、政策的有效性、治理主体的专业性、管理层的领导力、公众和社会组织团体参与的必要性以及政务问责和追责制度的建立等。这些都是各层级公共治理现代化的目标。

同时，区域公共治理在国家治理体系中起着“承上启下”的作用。一方面，区域公共治理坚持和执行中央精神，在实现区域层面的公共治理现代化方面具有重要的引领作用。另一方面，国家现代化公共治理的总体框架和价值在区域层面因各地区情况不同，需要有不同的调整，在区域整合和发展中的作用又不尽相同。比如说转型期领导力的建设在区域整合中的作用显得更为突出，区域公共治理要深入了解地方特性才能有效推动治理工作等。

此外，区域整合要求公共治理跨越传统的行政边界，如何确定区域公共治理的范围、推动区域的多层级协同治理和适应区域整合中社会经济功能的动态变化特征等都是区域公共治理有异于一般公共治理的内容。在国家治理体系下，区域公共治理的创新性、实验性和探索性变得异常重要。缺少创新、实验和探索，容易造成懒政和不必要的行政损耗，不利于区域整合和协调发展。

区域公共治理的一个中心议题是区域协调发展机制建设，它不仅是区域发展的推动力，更是实现 21 世纪中叶全面建成社会主义现代化强国的重要保障。2018 年 11 月，《中共中央国务院关于建立更加有效的区域协调发展新机制的意见》发布，这是新时代中国构建区域协调发展格局的纲领性文件、指导未来较长时期区域协调发展的基础性政策。

该意见明确指出区域协调发展新机制的总体目标为："到 2020 年，建立与全面建成小康社会相适应的区域协调发展新机制，在建立区域战略统筹机制、基本公共服务均等化机制、区域政策调控机制、区域发展保障机制等方面取得突破，在完善市场一体化发展机制、深化区域合作机制、优化区域互助机制、健全区际利益补偿机制等方面取得新进展，区域协调发展新机制在有效遏制区域分化、规范区域开发秩序、推动区域一体化发展中发挥积极作用。到 2035 年，建立与基本实现现代化相适应的区域协调发展新机制，实现区域政策与财政、货币等政策有效协调配合，区域协调发展新机制在显著缩小区域发展差距和实现基本公共服务均等化、基础设施通达程度比较均衡、人民基本生活保障水平大体相当中发挥重要作用，为建设现代化经济体系和满足人民日益增长的美好生活需要提供重要支撑。到本世纪中叶，建立与全面建成社会主义现代化强国相适应的区域协调发展新机制，区域协调发展新机制在完善区域治理体系、提升区域治理能力、实现全体人民共同富裕等方面更加有效，为把我国建成社会主义现代化强国提供有力保障。"①

---

① 《中共中央国务院关于建立更加有效的区域协调发展新机制的意见》，中国政府网，http：//www. gov. cn/zhengce/2018-11/29/content_ 5344537. htm。

该意见把区域治理体系和治理能力的建设提升到了更为重要和紧迫的位置。传统发展模式中的地方政府的锦标赛式竞争和封闭式创新已然不适应中国区域发展的整体性和开放性实情。地方政府需要突破行政边界，加强相互之间互利共赢的合作，才能更好地应对转型期社会经济大变革情况下的各种复杂问题，实现区域高质量发展的目标。

该意见提出了关于区域协调发展的新十六字方针，即“统筹有力、竞争有序、绿色协调、共赢共享”。在治理结构上它突出了中央与地方的功能分层，明确了中央政府的统筹功能并进行了一系列的战略规划，也明确了地方政府的实施主体责任，特别是在区域合作、互助和区际利益补偿方面的作用。实现共赢共享的利益格局也为参与区域协调发展和治理的利益主体建立了激励机制，为发挥其主动性和积极性提供了基本框架。

（一）区域公共治理的演变

区域整体性公共治理是区域高质量发展的要求，代表了一种新形势下的制度变迁。随着地方与区域发展的空间范围扩大以及中央政府对地方与区域政策的指导与推动，区域公共治理逐渐实现从行政区经济，到区域融合，再到区域整体治理的演变。这既是经济发展从工业化到后工业化变动的产物，也是经济基础与以中央关于区域发展政策为代表的上层建筑正向互动作用的结果。

1. 指令式行政区管理

以行政区划为单位的公共治理是工业社会地方公共治理的典型形态。在工业化时期，社会经济发展相对平缓，生产组织模式相对稳定，城市之间、地方之间的社会经济功能边界相对清晰。在这种状态下，指令式行政区管理可有效促进社会经济发展。在这种模式下，财政收入、财政预算和公共产品供给围绕行政区划进行，形成刚性的公共治理边界，行政区之间存在较强竞争属性，地方政府容易从各自利益出发，各自为政。

2. 建设性区域融合

随着社会经济发展从工业化经济向后工业化和知识经济转型，地方之间固有的行为模式被打破，社会经济发展呈现网络化特征，地方之间包括城市之间和城市与乡村之间联系更加紧密，在区域层面日趋融合。行政区域的社会经济功能界限逐渐被消解。地方治理逐渐采用一些松散的合作方式推动区域层面公共治理问题的解决。区域融合的治理方式开始受到推崇。

自发的松散的区域融合是为了解决地方发展之间存在的市场要素分割问题，避免区域之间的同质化竞争，以实现资源优化配置，以及解决区域层面社会经济发展中存在的其他诸多区域性问题，如环境保护、水资源保护与使用以及基础设施建设问题。行政区管理在这种情况下，已经不能适应地方和区域发展的整体要求。但因为行政区管理的制度惰性，在很长一段时间内，松散的区域融合与行政区管理共存，造成区域治理的制度困境。

3. 系统性区域整合与公共治理

进入后工业化社会以后，地方社会经济活动空间范围扩大，往往超越传统的行政边界，形成社会经济功能网络化和区域空间发展格局扁平化的城市和区域发展的后现代化特征。社会经济功能边界的拓延和扩大正极大削弱行政区划的边界刚性治理基础，使社会经济问题更加复杂和多变，且更多在区域层面展现和激化。指令式的管理已经不合时宜，多中心化的系统性区域性公共治理成为大势所趋。

系统性区域整合与公共治理，特别是区域协调机制的建设，要求治理模式通过系统化和制度化的形式，突破原有的行政区经济利益格局，摆脱地方之间，特别是城市群之间由于竞争而产生的囚徒困境，重新布局，将区域资源，包括经济资源、政治资源、人力资源、科技资源，在区域范围内进行统筹规划，推动优化配置，从而实现区域整体利益的最大化。

系统性区域整合与公共治理没有一个统一的模式和理论基础。不同地方和区域对区域整合有不同的理论视角和实践。单中心治理、多中心主义和新区域主义等从不同视角探讨区域整合与公共治理的模式。单中心治理强调建立统一而权威的区域政府对突破传统地方之间利益格局的重要性；多中心模式则强调权力不集中于区域政府机构，而是由不同利益主体平等参与区域公共治理。

新区域主义并不强调建立区域政府的重要性，而是强调社会经济功能网络化趋势，更关注区域空间治理合作网络体系的建设。在合作化网络治理体系思路下，区域治理主体既可以是权威性的区域权力中心，也可以是松散的地方政府联合体；既可以是单一职能的区域协调组织，也可以是综合性的区域协调组织；既可以是官方组织，也可以是半官方或民间组织。

（二）区域公共治理的特征

1. 区域治理的空间特征——行政区域和功能区域的动态不一致性

区域在大多数情况下不是行政概念，而是经济社会发展在区域层面的呈现。交通改善使出行变得更加便利，人们的社会经济活动往往超越传统的行政区域边界，空间联系加强，周边地区通过政治、社会和经济联系，如贸易路线、广播和电视网络、互联网连接和交通等，加强了与中心城市枢纽和焦点城市的联系，功能性区域出现。市场一体化和全球化的发展更加凸显功能性区域的重要性。

随着区域经济和社会功能的空间常态性变化，区域治理呈现动态特征，行政区域和功能区域往往存在不一致性。由于行政区公共事务的外溢性和渗透性，基于行政区划的刚性的闭合式行政区治理模式难以满足区域公共治理的需要，地区公共产品和服务短缺，系统性的区域公共治理模式探索和公共服务供给成为现实需求。

2. 区域公共治理的经济和社会文化趋同性

从演化经济学的视角看，当一个地方的社会经济发展到一定程度时，其与周边地方的联系必不可少，社会经济开始呈现区域化，相邻各个城市之间的社会经济联系加强。在一定空间范围内，通常会出现多个中心城市，中心城市除了建立起自己的比较优势外，还在此基础上与周边城市之间形成经济的互补关系。此时，生产要素的自由流动、产业之间的互补以及共同市场的培育等区域层面的经济建设，就成为各地经济发展的共同需求。

同时，在经济紧密联系的背景下，区域内部的社会联系加强。行政区划是基于传统的社会经济文化而确立的。以省级行政区划为例，省不仅仅是行政概念，也是社会文化概念。其中突出的表现是方言、生活习惯、思维方式等方面均有差异。区域化使得传统的行政区之间的社会文化差异减小，在更大空间范围内呈现趋同性，从而构成区域公共治理的社会文化基础。

3. 基于治理问题外溢性的区域公共治理的协同性

社会经济和文化趋同性构成区域公共治理的基础，同时地方的社会经济行为也出现极强的外溢性，对区域其他地方产生影响，形成共生利害关系，地方与地方在区域范围内相互依赖。在这种发展背景下，地方政府需要共同面对这些区域性问题，加强在交通、能源、产业、环境、旅游等方面的合作，建立区域协同治理与发展机制。

对于显性的区域问题，如区域内生态和环境保护问题、铁路和高速公路交通的基础设施问题，以及公共、自然或社会危机等，区域间协调治理的必要性显而易见。在这些问题上，区域行政主体之间必须加强合作，明确各自的权力与责任，建立有效的信息共享平台，做出相应的人力和财力资源承诺，统筹规划，步调一致，对相关问题展开协同治理。

同时，区域公共治理还要具有系统性和前瞻性，增强预判功能，以应对很多隐性的区域公共问题，如旅游和公共卫生服务问题，提升公共治理的效能。常态化的以传统行政区为单位的 BAU（Business as Usual）式管理在应对隐性的区域公共治理问题时看似可行，但实际上并不能解决这些问题。BAU 式管理因为缺少协同性，不利于治理效率的提升。这就需要区域公共治理具有前瞻性，能准确捕捉到这些公共事务的发展趋势与规律，以积极的态度及早开展协同建设工作，发挥区域公共治理的最大效能。

区域功能区的属性使得区域治理在初始阶段往往没有一个统一的权威机构，地方政府间自发性的协作成为区域治理的常态。区域公共治理的协同需要处理中央和地方两个层面的问题。一方面，地方政府间协作需要上级或中央政府的积极推动，包括绩效管理和激励机制建设等方面。另一方面，在上级或中央政府推动下，区域内地方政府要注意培养区域公共价值和共同利益意识，通过协商，推动建立有效的责任共担与利益共享机制。

4. 区域公共治理主体的多元性

区域公共治理是对传统政府管理的一种替代，是一种治理主体多元化的多中心治理方式。它强调包括政府、企业与民间社会组织等在内的各类相关利益主体在区域公共治理中的重要性，主张各利益主体之间通过协商的方式解决公共事务，以在政府治理主体主导下充分发挥民主性以及各个主体的积极作用，推动区域公共事务的高效解决。

地方政府在多元化治理体系中居主导地位，它在中央精神和政策指导下，可以充分发挥自己的行政资源和管理优势，引导和协调多元主体互动。通过对居民和社会团体利益诉求的有效引导，地方政府可以推动和加深各利益主体对区域公共利益的认知，引导其在维护和实现公共利益的前提下，实现自身的利益诉求。

在多元化治理体系中，多元主体的互动也包含着不同层级政府之间的合作互动，以及政府与非政府组织、政府与企业之间的互动与合作。网络化治理取代自上而下的指令性运作，成为现代社会区域公共治理的重要特征。居民基于自身的利益诉求，通过参与公共治理，能更准确和真实地反映公共治理中存在的问题。民间组织代表特定的公众利益，是对政府治理主体的非行政补充，在组织形式上更具有灵活性和弹性。

建立多中心的区域公共治理体制，要特别注重信息分享和沟通交流机制的建设，包括建立统一的信息沟通平台，以实现各利益主体在参与公共治理过程中的平等与信任。一方面，这要求政府确保治理主体的平等地位，建立信任关系，真正与其他参与主体进行平等沟通与协商。另一方面，各参与主体要树立专业意识，能有效做到资源共享与责任共担。这既是区域公共治理的难点之一，也是提升区域公共治理效能的一个重要突破点。

（三）后城市化时代的区域空间治理模式

1. 区域发展的后城市化特征

在后工业化时代，随着知识经济和知识社会的来临，区域发展的空间模式也在发生变化，特别是其空间发展呈现明显的后城市化特征。概括来讲，区域内的城市化发展在空间布局上更加扁平化。城市化进程不再以向大城市或中心城市的无限集聚为特征，而是出现以中心城市为轴的多层次的城市群系统与区域空间网络体系。

知识经济指的是利用知识创造商品和服务，它是后工业化社会的主要经济形态。知识经济的主要衡量指标包括一个地区、国家或世界经济中技术工人的比例和对大多数工作所需专业技能的认同感等。知识劳动者，也就是传统上我们所说的脑力劳动者，在生产和服务过程中的主要资本投入是知识，其工作需要更多的思考和技能性操作，而不是体力。

知识经济的一些典型经济活动，包括新的产品、服务、环境和体验的设计活动，需要广泛的数学和科学知识的工程设计、应用程序的自动化系统和软件开发、工作或业务流程的分析和改进、市场营销、发现新知识或开发新价值的研发活动、多媒体信息技术和娱乐的发展、教育服务以及文化产业等。

知识经济强调技能在服务经济中的重要性，是经济发展的第三阶段，它与以体力劳动为基础的自给自足的农业经济和以需要较低技能的大规模生产活动的工业化经济形成对比，也被称为后工业经济。知识经济与信息经济和数字经济密切相关，都强调信息作为非物质资本的重要性，而后者更突出强调信息技术贸易方面的重要促进作用。

知识经济，特别是数字化时代的知识经济，使得传统经济活动的空间布局方式发生变化。在传统的城市化进程中，农村人口向城市转移，农村人口比例下降，社会发展模式也随之改变，以适应这种城市化进程。随着越来越多的人开始在中心城市生活和工作，中心城市的人口增多，使得城市大规模的人口和生产活动集聚所带来的规模经济与弊端共存。

在知识经济时代，特别是在数字化时代，随着通信和交通等软硬件基础设施的发达，人才和生产活动对超大城市或中心城市的依赖减弱，城市和城镇化的发展出现后城市化特征。虽然超大城市或中心城市仍然是区域空间发展的轴心，但越来越多的人才，开始寻求向次一级的条件优越的城市或行政区流动，以取得生活和工作平衡。

城市群的出现与发展是后城市化时代的一个典型特征。城市群，也叫城市圈，是以两个或多个超大城市或中心城市为轴心，由这些轴心城市和与其有紧密社会经济联系的大小不一的次级城市或城镇组成的区域城市空间体系。城市群的发达程度是衡量一个国家或地区综合实力的重要指标。

在区域城市空间体系中，居民的生产和生活以超大城市或中心城市为轴心，依托于发达的交通和通信基础设施，通过城市空间体系中的节点相互联系与互动，将城市集约高效的空间组织形式延伸到以不同层级的城市为节点的整个区域空间，使整个区域的人才、技术以及其他生产和生活资源共享，从而带动整个区域的社会经济发展和综合实力提升。

城市群的形成过程，也是区域内城市竞争与合作逐渐理性化的过程。一方面，原有的竞争关系发生改变，在市场机制和政府引导下，各个城市逐渐依据自己的比较优势，形成特色分工。另一方面，区域内城市之间的紧密联系增强了城乡居民的城市群认同感，对基于个体利益的城市群共同利益的理解更明确，也更加认识到区域内城市群合作在推动区域内公共事务解决、提升区域总体公共治理效能方面的重要性。

2. *以城市群合作治理为基础推动区域整合与公共治理*

以城市群空间体系为基础的公共治理是区域公共治理的核心内容。随着日常的工作和生活空间范围扩大，人们对城市之间的相互联系和城市群的理解将逐渐深化，对城市群在区域经济发展中的重要性的理解将逐渐加深。城市群也逐渐从最初纯粹意义上的地理学空间概念，转变为后城市化时代一种重要的区域发展和公共治理模式，这具有重要的理论和现实意义。

依托于城市群空间体系，区域公共治理可建立以不同层级的城市和城镇为节点的空间治理模式，来应对区域范围内的公共事务。在这一框架下，城市群的功能意义大于它的行政意义。也就是说，不管基于何种形式的行政改革，均衡的城市群空间架构均符合后城市化时代的空间特征，它对于引领和拉动区域资源的优化配置具有重要作用。

其中，要特别注意避免超大城市或中心城市一家独大，注重开发次级城市、县城或城镇以应对后城市化时期所面临的诸如交通和环境等问题的挑战，使区域空间发展布局更为均衡与可持续。在后城市化时代，超大城市或中心城市一家独大已不符合发展潮流，需避免过度城市化所带来的资源过度集中和浪费。次级城市、县城和城镇的发展壮大才是构建后城市化时代更均衡和可持续城市群空间体系的关键，是区域城市空间体系得以发挥其优越性和潜力的基础条件。

与区域公共治理同理，城市群公共事务治理不能以城市群的行政区域为界限或以行为单元为基础，要以问题为导向。与区域公共治理的功能边界动态变化一样，城市群的社会经济活动具有延展性，其功能边界是开放的，城市群的功能范围随着城市社会经济发展而变动。以问题为导向，有助于推动城市群问题的解决，从而推动真正意义上的区域整合。

城市群合作治理机制的建设需要在上级政府或中央政府的主导或引导下，通过区域各级各类城市之间积极的创新合作来实现。随着城市群建设的发展，地方政府对城市群重要性的认识以及对城市群公共利益和作用的理解更加深入。这为城市之间的合作奠定了良好的治理基础，有助于推动以城市圈为框架的区域公共治理的协调运作。

然而，城市之间长期以来的竞争关系，使得合作在初期难以有实质性进展。在竞争关系下，城市之间产业结构同质化严重、基础设施重复建设，不同城市的社会经济活动之间缺少必要对接，这既造成了资源浪费，也严重损害了区域共同利益，不利于发挥区域比较优势和实现其发展潜能。通过上一级或中央政府的推动，建立有效的城市群利益协调与利益分享机制，推动城市群制度化合作，有助于发挥各城市的主动性，实现互利共赢。

二　区域公共治理转型——从单纯的行政性执行到多面的自发性实验

在中央政府政策的大力引导下，区域内地方政府间对区域整体利益达成共识，运用组织和制度资源去推动区域整合，塑造区域整体优势，高效率解决区域公共事务，实现区域协同发展的既定目标，建构一个行之有效的区域公共治理机制。从地方政府的行政性执行指令到基于中央精神和政策指导的自发性实验，区域公共治理实现的将是质的飞跃。

建构起一个真正行之有效的区域公共治理机制，绝非一朝一夕的事。从发达国家的经验看，区域公共治理没有一个放之四海而皆准的模式。每个国家和地区都有自身的社会经济文化和制度特点，这就需要依据自身的特点，在借鉴他人成功经验的基础上，在效率和公平的博弈中，不断调适探索，开发符合自身条件的、有效和可持续的治理模式。

总体上，区域公共治理是在政府治理主体主导下，在实现最大化区域公共利益目标的背景下，借助政府、非政府组织、私人部门、公民及其他利益相关者等的力量形成的网络化治理格局，依托现有的各级各类治理路径和机制，通过谈判、协商、合作等方式对区域公共事务进行集体管理的过程。政府仍然是我国区域公共事务治理的主导者，但要重视非政府组织与公民的参与，进一步拓展其他利益相关主体参与的广度和深度。

区域公共治理常见的一个问题是以行政区划为单位的地方政府在参与区域公共治理时所面临的困境。按现有行政区划设置的省市地方政府仍是我国区域公共治理的重要主体之一，中央和地方的大部分公共事务需要依托地方政府才能得以处理。在区域公共治理过程中，地方政府扮演的角色及其行为模式具有重要影响。

然而，地方政府提供的公共物品具有跨区域的溢出效应，在这种外部性难以有效内部化的情况下，地方政府主动参与区域公共治理的积极性较低。同时，区域公共治理的实现需要地方政府之间的协商与合作，由此生成的协同治理模式显著区别于传统的行政模式，这将对地方政府的传统治理思路和协调能力构成挑战。

只有在整体区域治理框架下，注重发挥地方政府在区域问题治理方面的主动性和积极性，区域公共治理才有可能取得预期成效。这就要求地方政府在区域公共治理框架下既要处理好本地区行政边界内的相关事务，也要与区域内其他地方政府展开协商，联合解决共同面对的问题。在这一过程中，需要加强中央政府和地方政府的配合、协调和合理分工。

中央政府在区域层面建立对地方政府的激励和约束机制，来推动地方政府积极参与公共治理，执行中央关于跨区域公共事务的政策，这是区域公共治理成功的关键因素。中央政府激励和约束机制的适宜性对地方政府的行为模式选择有重要影响，不同的行为模式将带来不同的治理成效。这种激励和约束机制要从区域公共利益出发，按照帕累托效益的原则，使地方政府能平等地参与区域治理过程，并从中受益，而不是以牺牲个别地方的利益为代价。

第三章 国家现代化过程中区域整合与公共治理的核心价值再塑

第一节 从政府本位的传统管控到公民本位的整体性公共治理

一 以人为本、以法治化为基础的区域整合与公共治理

（一）以人为本

习近平在党的十八大以来的一系列讲话中，多次提到“人民”和“群众”两个词，强调“以民为本”的治国理政思想，把“坚持以人民为中心”作为新时代中国特色社会主义的一个基本方略进行系统论述，强调要“坚持以人民为中心的发展思想”，贯穿着不忘初心、践行宗旨的人民性。这些朴素深刻的治国理念既是对国家治理本质的坚持，更是对历史的传承。

“民本”一直是中国传统治理文化中的一个核心理念。《尚书·五子之歌》提到“民惟邦本，本固邦宁”，这是传统民本治理思想的源头。从西周、春秋战国到唐宋元明清各个朝代，都有关于民本思想的论述，不胜枚举，从重民贵民、爱民仁民以及安民保民的视角强调民本思想在国家治理中的重要性。

其中包括老子的“以百姓心为心”，管子的“政之所兴在顺民心，政之所废在逆民心”，《淮南子》中的“治国有常，而利民为本”，孟子的“乐民之乐者，民亦乐其乐；忧民之忧者，民亦忧其忧”，《三国志》中的“民者，国之根也，诚宜重其食，爱其命”，王符的“为国者以富民为本，以正学为基”，朱熹的“国以民为本，社稷亦为民而立”，于谦的“但愿苍生俱饱暖，不辞辛苦出山林”，以及王廷相的“天下顺治在民富，天下和静在民

乐，天下兴行在民趋于正”等。

从国家的政治含义看，公民与国土和政府是国家的重要组成部分。在现代国家中，公民是国家政治权力的唯一合法来源。从本质上看，政府的存在就是为了解决公民问题。依据社会契约论，公民与政府之间是委托与代理的关系。政府受公民委托，代理公民行使权力，权力本质上来自公民，而不是政府。这是国家治理的初心。

在现代社会，特别是从传统向现代转型的过程中，随着各种社会经济和政治问题的复杂化，公民与政府之间的委托代理关系也呈现新的形式。传统的经济发展模式让位于高质量综合发展模式，除了经济增长外，它还包括教育、就业、医疗卫生、社会保障、生态环境保护、消除贫困、缩小贫富差距、城乡一体化等指标。这些社会经济发展变量相互影响与制约。

在这种情况下，国家治理需要来自公民和社会的多方参与以应对问题的复杂性和多变性。政府作为代理人往往需要借助民间力量使国家治理机器良性运转。同时，公民的参政议政意识增强，也有意愿直接参与国家治理，表达和维护自身的利益诉求。因此，以民为本的合作和协同治理成为现代国家治理的重要特征，这能使公共治理主体在面对复杂的问题时，更好地把握问题实质，从而寻求更有效的治理模式和路径。

（二）以法治化为基础

以人为本的治理理念，要以法治化为基础。民本位不仅是一个道德理念，更是一个法治理念，它意味着以公民权利为中心的制度安排和价值理念。党的十八大以来，以习近平同志为核心的党中央明确提出全面依法治国，并将其纳入“四个全面”战略布局予以有力推进。2020 年 11 月 16 日至 17 日，中央全面依法治国工作会议在北京召开。会议明确了习近平法治思想在全面依法治国工作中的指导地位。习近平法治思想成为新时代全面依法治国的根本遵循和行动指南。

法律和制度是社会秩序的基础，也是公共治理的前提条件。在法治化基础之上的以人为本，能使国家治理更好地践行以人为本的治理理念，保护公民个体和集体的利益，而不被个别利益集团左右。同时，以法治化为基础的以人为本，更能规范人们的行为方式和社会关系，有助于升华为集法治与人本于一体的道德规范和准则，构建优良的社会治理资本。

转型期区域层面易出现法治意识的缺失。缺少法律法规的制约，出现官本位和“人治”现象，人际关系和利益圈子影响地方治理，容易导致“权钱交易”和“权权交易”等。这不仅增加了治理成本，也使得区域公共治理容易脱离以民为本的正常轨道，损害公众个体利益和公共利益，影响地方政府公信力，从而影响正常的社会经济秩序。

以民为本的法治理念，一方面要求建立法治化渠道，在进行公共治理时，政府治理主体不能滥用权力，从而确保公民个人和整体利益不受侵犯。这就要求地方政府提高依法开展公共治理的意识，严格遵守各项法律与制度规定，为公众做出遵纪守法的表率。同时，地方政府行为要受到有效的监督。

另一方面，在法治化框架下，确立法治化和制度化程序，区域公共治理要通过公示或必要的政策咨询程序确保公民的利益诉求得到倾听与回应，同时要明确和细化公民参与公共治理全过程的权利与义务，以及行使、实现和保障这些权利的具体方法和机制，使公民权利的行使和对公民权利的保护不至于沦为空谈。

二　以问题和需求为导向的整体性公共治理的必要性和有效性

（一）“属地治理”的区域治理碎片化现象

1. 区域公共问题的有机性和常态性

转型期社会经济的高速发展提高了社会的流动性和开放性，逐渐打破各行政区之间的地理空间界限，使跨行政区域的要素流动、社会交往和信息传播成为一种常态。除了超大城市（如北京、上海和深圳等）对全国劳动力和其他生产要素的吸引外，大部分的社会流动和开放就近展开，集中流向区域中心城市或城市群。

这些不同形式的社会流动性和开放性造成的集聚都具有典型的区域特征。许多社会现象和社会问题在区域层面集中化，社会矛盾在区域层面尖锐化。依据其问题属性，许多社会问题本身就是区域问题，如流域水资源问题、环境污染治理及基础设施建设，有些问题则由于区域内社会和生产关系的紧密联系升级为区域性问题，如流动人口管理和应急防御等。提升区域层面公共治理的有效性对理顺社会经济和政治关系，推动区域高质量发展变得十分关键。

区域性公共问题兼具同质性和异质性特征。其同质性在于，问题的本质往往相同。经由跨行政区域的传播，不同行政区域的问题相互联系，形成一个有机体。这为在区域层面进行公共治理提供了基本的事实依据。其异质性在于，单一行政区划内的治理问题由于利益主体的特性，加之制度的影响在表现形式上有差别，使得问题变得相对复杂。但是，它不改变问题的区域同质性特征，这是跨越行政边界的区域公共治理的重要依据所在。

随着区域问题的多样化、复杂化和频繁化，区域公共治理成为社会的新常态。区域问题往往涉及利益主体多，影响范围广。如何集中区域内治理资源，包括不同行政治理主体的财政和人力资源，以及包括民间组织在内的区域社会资本，在区域内整体化研判问题，通过沟通、协商与合作，实现对区域公共问题的有效治理，维护并提升区域公共利益，这是区域公共治理必须回应的问题。

2. 现行区域公共治理的碎片化表征

(1) 区域治理主体的碎片化

区域公共治理常态化对传统的公共事务治理模式和治理体制提出巨大挑战。传统的以行政区划为基础的碎片化治理模式已无法适应现代化转型期以及未来社会日益复杂的区域治理环境，不能有效在区域层面推进国家治理体系和治理能力现代化与区域协同发展。

在传统的以行政区域为主体的“属地管理”制度安排下，公共服务的供给、公共治理以及考核标准基本上以辖区为单位。在“属地主义”的行政原则下，公共治理通常以行政区划为界，裁定治理权责的归属与分配，各辖区依据自己的权责进行分割式管理。

分割式管理往往使得区域内行政主体的制度建设和公共治理具有极大的自利性，区域整体性和协同式管理缺乏有效的制度保障和监督机制。行政区划的刚性特征使行政利益主体或地方政府之间相对独立，横向关系不显著，往往缺少沟通、协调与合作机制，在管理区域公共事务时，往往产生各自为政或单打独斗的碎片化治理情形，横向上缺乏信任或合作，造成区域治理主体的碎片化现象，这与区域公共事务的开放性特征相违背。

这种碎片化区域内治理无法有效解决公共事务，抑制了区域治理效能的发挥。它一方面降低了整体治理的成效，导致公共治理失灵；另一方面把区域公共治理与行政区域内公共治理分隔开，容易增加治理成本，影响公共治理效率。这种低效的碎片化公共治理有时甚至成为区域公共危机的诱因，加大公共治理的难度。

区域协作治理往往涉及大量的人力物力，各地产生的效益也不尽相同。从发展状况来看，一个区域内不同省市之间社会经济发展水平往往存在差异，有的好一些，有的差一些。在合作机制和制度保障缺失的情况下，治理成本和收益很难在行政主体之间分配公平。

此外，区域内不同行政主体之间往往存在竞争关系。出于业绩或个人升迁的考虑，行政主体往往关注自己辖区的 GDP 或其他形式的产出。地方政府在制定和执行政策时，根据相应的权责开展本行政区内的治理工作，以自己辖区的利益优先，对以区域共同利益为原则的区域资源整合缺乏必要的共识。有的行政主体也基于规避治理风险的考虑，漠视公共治理问题的外部性和区域性特征，规避应担责任。这都减弱了区域合作的动力。

在区域治理主体碎片化情形下，区域治理碎片化的产生也有它的技术原因。其中之一是常见的信息孤岛现象，行政主体在信息资源的管控方面相对封闭、割裂化。不管是出于竞争的考虑还是受到技术上和管理上的阻碍，信息资源的碎片化造成事实上的信息私有，区域内缺乏有效的信息沟通和共享机制。

行政主体碎片化的结果是区域整体公共服务持续供给和治理投入的不足。其表征是区域整体公共服务规模小，公共服务在行政区域之间差异大，行政区域之间的公共服务不衔接，如常见的基础设施建设相对落后、交通不顺畅以及医疗、卫生和其他公共资源缺乏等。它导致的经济结果是区域人口、资本和技术等生产要素流动的不顺畅，区域一体化的红利未能显现。

行政主体碎片化导致区域公共治理在实施过程中容易受到地方利益集团的影响，反过来加大了区域公共治理的难度。因为行政主体碎片化，行政区域内的个人与整体利益未能有效整合，行政主体的区域共同目标意识模糊、行动力弱，这使得地方利益集团更有条件追求自身的差异化诉求。

在法治意识淡薄与法治化不足的情况下，地方行政主体容易被地方利益集团所左右，牺牲区域整体公共利益。其高昂代价在追求以生态环境保护、绿色增长和人民幸福为主旨的综合高质量发展的转型期将更为明显。

因为传统地方利益集团的私利与粗放型和高资源消耗型的生产方式有关，行政主体被利益集团左右，因而地方行政主体的行动往往与这些以质量为核心的发展目标相左，使区域发展未能有效平衡不同利益群体的诉求，偏离区域公共利益的轨道。

（2）从单一中心向多中心治理体制的转型

与治理主体碎片化相对应的是治理过程的碎片化。在科层制下，层级之间有严格的等级，除了明确的上下级从属关系外，各层级行政机构都有严格和明确的权责范围。工作任务也由上级向下级层层传达、分解，由下级制定相应的计划，严格执行计划，并向上级汇报情况，接受上级监督，形成单中心的自上而下的组织架构与公共治理体系。

这种单中心的治理体系具有高度刚性，缺少必要的弹性以应对日益复杂的公共治理问题。在单中心体制下，下级行政主体为了避免执行过程中的不确定性，往往将工作内容与方式严格局限于自身的权责内，并有严格的管理程序。行政主体的横向联系，包括与其他部门、公众或社会组织的联系，但往往流于形式，行政主体容易忽略横向联系的重要性。这就与区域公共治理所要求的协同和多主体参与的理念相违背，不利于区域公共治理效能的提升。

在法治化建设的基础上，加强区域公共治理的横向协同，从单中心向多中心转变，是提升以维护公共利益为原则的区域公共治理的整体效能的关键之一。在以政府治理主体为主导的原则下，加强政府部门间的横向协调，同时鼓励社会力量参与公共治理，可有效避免区域治理中行政主体的“本位主义”倾向。

（二）整体性区域治理的导向性和价值

1. 整体性公共治理的问题和需求导向性特征

以问题和需求为导向的整体性公共治理在区域公共治理中被证明是十分有效的，这有其深刻的社会根源。随着全球化的发展，社会经济联系加强，越来越多的区域问题出现在不同领域的交叉点上，如绿水青山就是金山银山的发展理念里所蕴含的生态环境保护与发展的平衡问题，美好生活理念中所蕴含的经济增长与政府社会发展、民生建设的协同问题等。这都要求区域公共治理从传统的单一领域治理转向整体性区域治理，通过多部门合作，深刻理解变革中不同事物之间的联系，对症下药。

整体性治理理论源于整体性公共治理的需求与公共治理碎片化所产生的矛盾。它作为一种新的理论范式，诞生于20世纪90年代中后期的英国，是在对撒切尔夫人执政时期的依赖官僚制和新公共管理所产生的政府治理碎片化问题进行批判的基础上出现的。

整体性公共治理强调以公民需求和问题解决为治理导向，追求公共利益的最大化，不仅实现了政府在治理过程中从政府本位到公民本位的转变，也实现了从以行政管理为导向到以问题为导向的转变。它以公共利益为出发点，以公平为原则，通过整体性看待事物的有机联系，发现问题，解决问题，预防问题的产生，从而为公众提供一整套有效的治理服务。

整体性公共治理主张以全局战略和整体思维为指导，主张公共治理需从碎片化模式中走出来，从部分走向整体，从分散走向集中，通过对碎片化治理主体、治理资源和治理过程的横向和纵向资源的有效整合，建立政府主导、多政府部门协同，包括行政主体、企业、公众与社会组织在内的多主体参与的网络治理关系，实现在全局战略下的合作治理。

合作整合是整体性公共治理的核心概念之一。它以问题为导向，通过打破部门之间的界限，加强统筹协调，合作整合部门间的资金和人力资源，重新定义相同或相关公共服务的整体供给模式，来推动公共治理问题的整体性解决。这有利于解决公共治理碎片化问题，推进部门合作，简化行政程序，压缩行政成本。

与传统官僚制和新公共管理的整合考量相比，整体性公共治理所强调的整合更为全面、系统和深刻。它是对公共治理全过程的整合以及对治理主体的整合，包括政策制定过程的整合、政策杠杆和工具的整合、政策执行过程的整合以及政府与企业、社会组织、公众之间合作所形成的整合等。它往往需要在上级部门的统筹协调下，通过制度化的保障，推动治理主体之间建立良好的信任感和责任感，因而具有更为深远的影响。

2. 区域整体性公共治理的重大理论与实践价值

整体性公共治理为解决区域公共治理碎片化提供了一个有效的方案，为推进以区域综合性高质量发展为目标的区域整合与发展提供了一个重要的理论和实践框架。这种整体性公共治理思路不论在西方还是中国都已经逐渐成为一个普遍思路。以此为视角，深入研究区域公共治理在现代化转型过程中的本质内涵，深入挖掘现有区域治理体系的横向与纵向整合与协作机制，有助于深化地方与区域公共治理的改革，具有重大的理论和实践价值。

区域整体性治理是对向现代化转型过程中的区域公共问题的有效回应。在转型期，区域问题日益复杂化，动态性指征明显，以满足人们对美好生活的向往为最终目标的区域发展具有多方面的目标，包括经济发展目标、社会发展目标以及生态环境发展目标等。只有以区域共同利益为逻辑起点，整体性看待区域问题的有机联系，以合作共赢为价值理念，合作整合，才能实现对区域复杂性问题的预防与有效治理。

整体性治理对区域多维度的合作与整合要求更高。这里的多维度整合含义很广，包括区域治理理念多维度、区域治理主体多维度、区域治理功能多维度、区域治理方式多维度和区域治理目标多维度等（见图 3-1）。因而，在区域层面，从碎片化治理转向整体性治理是一项系统工程，只有持之以恒地优化整合区域公共治理资源，才能真正实现区域治理的成功转型。

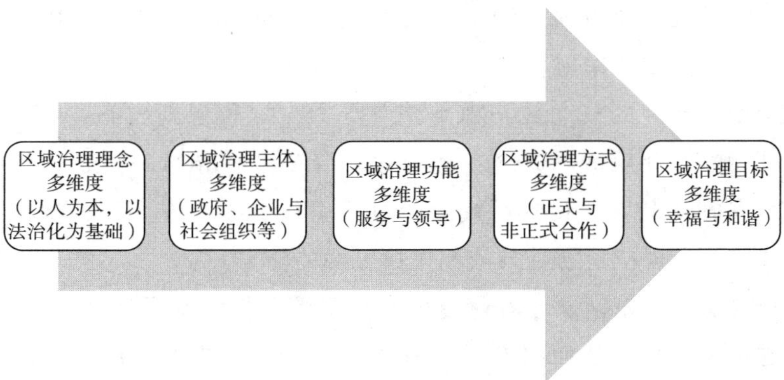

图 3-1　区域整体性全过程治理的多维度特征

在区域治理理念上，针对区域治理碎片化问题，需在制度化保障前提下，通过设立区域治理的统筹协调机构，建立区域公共治理的激励与约束机制，以及通过区域平等对话等手段，加快区域内地方政府就区域共同利益与价值达成共识，转变政府治理理念，进一步推动区域利益协调与资源共享。

在区域空间治理格局上，建立以中心城市为中心的区域多层次空间治理体系，特别是进一步加强区域内城市与不同行政区间的协调与整合的黏性与开放性，增强对区域空间治理体系的信任，通过区域整体性治理，实现区域公共利益的最大化。

第二节　现代区域公共治理的核心价值

一　变革型领导力是现代化转型期区域公共治理的基本需求

（一）变革型领导力在区域整合和发展中的重要性

1. 变革型领导力在现代化转型期的适时性和实用性

社会大变革使得区域在向高质量发展的过程中复杂性增加，各种社会经济关系在不断冲突中重新确立。正确应对这些挑战，除了坚持中央的领导外，还有很多具体的问题要自己解决。这对以地方政府为主的区域治理主体的领导力提出了更高要求。变革型领导力是区域整合和发展的一个关键因素，它是对领导力的一种更深入的发掘，更强调在变革时代区域治理发挥实际有效的带动作用。

变革型领导力的概念最初由美国领导力专家伯恩斯（James MacGregor Burns）提出①，此后这一概念不断演化。变革型领导力一般是指领导者在推动组织完成既定目标和应对挑战的过程中，引导组织变革，激励追随者实现自我转变，以应对各种挑战和把握机遇的能力。

伯恩斯认为变革型领导者通过把握和洞悉事物的发展规律与变化特征，主动促进组织变化，从而更有效地推进组织变革、提升组织效率。变革型领导者在变革之初，首先建立变革或发展愿景，在此基础上，通过激发个体或追随者的主观能动性，主动推动变化，共同达成变革目标。这与交易型领导者的特征有本质区别。

交易型领导力往往在社会发展的平缓期出现，此时社会经济秩序和发展状态相对稳定，不需要大的变革来完成总体发展目标。它在相对确定的组织环境中，把“给予和获取”作为领导行为的核心，通过一定的组织架

① James M. Burns, *Leadership*, New York: Harper & Row, 1978.

构与绩效考核，来维持组织的正常运转，保持组织内外的稳定。交易型领导力显然已不适应现代化转型期区域高质量发展对领导力的需求。

变革型领导力具有两个基本特征。首先，变革型领导力具有适时性。它要正确理解和把握时代潮流，依据时代特征的变化、社会经济发展的需求，调整自身的组织行为模式，提升自身的行动能力，从根本上推动组织发展。在这一过程中，变革型领导者要能够及时有效地捕捉到事物发展的变革性特征，把握好未来发展的新趋势和新特点，积极主动地在组织行为的架构、行动方式和内容，以及过程等方面进行变革式调整。

其次，在适时性的前提下，变革型领导力强调实用性，亦即变革型领导力重在行动，通过捕捉和把握事物发展的新形势和新特征，在对自身或组织的行为做出相应调整的情况下，制定并实施有效的行动方案，包括新的行动模式、手段与内容。在区域层面，这就意味着，变革型领导者要勇于以问题和需求为出发点，尊重区域协同发展的规律，把自己的思考和想法应用于区域公共治理的实践，通过实践检验其可行性。

2. 变革型领导力在区域整合与公共治理中的重要引导作用

在现代化转型期，区域社会结构发生巨大变化，社会需求也更加丰富与多样，相应的区域治理主体结构也会日趋多元化。社会问题的多发性与突变性、治理策略的开放性与弹性都要求以政府为主导的区域治理主体能在转型期这种复杂的环境中具有审时度势的先见力和快速把握机遇、规避风险的先决力，并具有高效的管控力，能迅速做出反应，并有效执行。先决力以先见力为基础，有了先见才会先决，先见力和先决力都要以科学方式在实践中获得。

这就要求区域领导者紧跟时代步伐，通过构建全面的知识系统和建立具有实践经验的团队，审时度势。同时在行动上敢于破旧创新，对传统的治理观念和治理模式进行有效的扬弃，在坚持中央以推动高质量发展为主题，以深化供给侧结构性改革为主线，以改革创新为根本动力，加快构建新发展格局的思想指导下，勇于将中央的理念与自身的行动有机结合起来，在新形势下进行区域整合与公共治理模式的创新。

区域整合本身就是一个变革的行动。一直“等靠要”中央的指示只会错失区域整合的良机，有时甚至成为区域整合的障碍，使区域在竞争力建设中处于落后地位。变革型领导力本身就要求在遵循中央指导精神和相关文件要求的情况下，能大胆创新，及时和科学地开展行动，充分把握区域变革先行所带来的制度和治理红利，推动区域整合与发展的良性运行。

在现代化转型期，这种领导力的引导属性更为重要。美国前国务卿基辛格（Henry Kissenger）博士说："领导就是要让他的人们，从他们现在的地方，带领他们去还没有去过的地方。"① 在转型期，领导力在很大程度上就是领导者的格局与引导力，只有对区域发展的大势和格局有充分的把握，领导者才能有效对区域整合的内容和方向，以及公共治理的全过程有整体性的把握，才能从根本上优化区域共同利益结构，提升区域整体竞争力。

区域整合的一个重要内容就是协调区域内外力量推进区域一体化，因此整合力是区域变革型领导力的一个核心内容。区域整合涉及多主体的合作，包括区域内各行政主体之间的合作、区域内各利益主体之间的合作、区域内相关利益者的合作等，它需要领导者和团队具有很强的整合资源的能力，在变革面前善于把握大势，通过积聚和整合资源，推动整合进程。

资源的稀缺性和利益的异质化使得区域整合容易陷入僵局或发生治理主体不作为的情况。打破传统利益模式、建立新的利益平衡机制需要通过制度化的整合力建设才能实现。在区域整合涉及的变革面前，需充分尊重个体的利益诉求，在此前提下，以区域公共利益为出发点，通过整合资源、优化公共资源配置，最大限度地发挥资源的规模优势。

对风险的心理承受力是领导者整合力的一个关键因素。在整合区域资源、建立新的利益平衡机制过程中，难免会遇到这样或那样的人为阻力或者来自其他方面的障碍，这就需要领导者有很强的心理承受力，以使领导者摆正心态，正确处理区域整合所引发的利益冲突或矛盾，并通过将这种心态传递给内外部利益主体，为变革树立良好的集体意识，推动整合的顺利进行。

3. 变革型领导力在全球本土化背景下，在实现真正的内融外通的区域一体化中的重要作用

随着全球本土化，区域社会经济已经更深入地融入了国际社会经济体系中。区域发展已经不再局限于一个国家、一个地区或一个领域，而是通

---

① 周振国、徐建秋：《领导力：特质、目标与情境》，《领导科学论坛》2012年第11期。

过国际价值链或区域价值链，朝着合作与共赢、一体化的方向发展，区域的高质量发展与全球发展环境密切相关。区域整合已经不再局限于国家内部，区域领导者需站在全球的角度，依势整合资源，实现真正的内融外通的区域一体化。

在这种背景下，变革型领导者需要培养全球领导力视野，在全球范围内整合资源，提升区域国际竞争力。这意味着区域变革型领导者要通过一系列国际化能力培养机制，充分提升自身的全球化视野，运筹帷幄，与不同群体、组织合作，更好应对跨国竞争与合作中的利益博弈以及文化和制度差异等挑战，拓展区域参与国际竞争与合作的深度，加快推进区域经济活动向国际价值链中上游移动的步伐。

4. 区域整合中新问题新矛盾常态化，变革型领导者在应对治理问题时，要秉持开放态度，加强创新力和学习力

在现代化转型期，区域整合中的新矛盾和新问题常态化，传统治理模式往往已不适用，领导者所面临的变革往往没有经验可供借鉴。因此，领导者必须在坚持科学发展观的前提下，秉持开放态度，进行治理模式创新探索。创新要以问题和需求为导向，要有科学依据，经过反复论证，才能实行，探索一条可持续发展的创新之路。

国际社会经济环境的不确定性给区域整合与发展带来了危机和风险，加大了区域发展的挑战，但同时也为区域整合与发展带来了很大的机遇。对于变革型领导者而言，最重要的是在不确定性中抓住事物的本质，把握其中的确定性因素，坚持以开放的态度，进行创新实践，把握住不确定性和风险中所暗藏的机遇，为区域发展开辟一条新路。

学习力对于变革型领导者来说是最为关键的能力，它有助于提升其在危机和风险加大的过程中洞悉和把握住机遇的能力。随着新事物、新矛盾成为新常态，变革型领导者要努力提高自身的学习能力，持续不断地学习与之有关的知识，要深入了解新生事物和矛盾的实质，丰富自己对事物与外界环境的认知，在此基础上，更从容地引导变革，推进发展。这也是变革型领导者与其他领导者的内生性差异之一。

特别是在数字化时代，万物互联，很多事物的发展和变化是革命性的，人们的行为模式也与工业化时代的有了很大区别，社会需求更加多样化与个性化。这些在不断促进事物发生根本性的变化，呈现出与以往大不相同

的样态。变革型领导者一定要秉承开放的态度，对传统的区域治理思维模式进行有效的扬弃，深入调研和理解数字化时代对社会经济的影响是提升这一技术变革时代变革型领导力的基本要求。

（二）区域变革型领导力的培养

区域变革型领导力建设不仅是领导者自身的修为问题，更是一个制度建设问题。它需要通过区域变革型领导力制度建设，为个人变革型领导力的培养与提升提供一个良性的长期有效的发展途径，这需要时间和经验的积累，不是一蹴而就的事情。

在机制建设上，要从区域和地方人员任命、权责规定以及绩效考核等方面鼓励领导者在应对区域新事物和新矛盾时勇于尝试、敢于担当，通过控制决策过程，加强问题导向、区域协同导向，同时加强变革型决策和执行的科学性与民主性等。区域和地方领导者也应通过学习、培训和心理训练，加强自身的变革型领导力，增加面对变革阻力不动摇的信心。

区域变革型领导力的培养要注意在区域公共治理层面上个体领导力与制度领导力的互动耦合。个体领导力是因个人权责与其职能的外部性而外化的领导力。制度领导力是指领导者通过制度工作体现出的能力，是内化的领导力。它可通过制度化和组织管理，减少个体领导力带来的权力过度集中、资源分配不合理和官僚主义等问题。它是对个体领导力的有效补充与监督。

个体领导力与制度领导力的平衡是变革型领导力充分发挥其优势的关键。制度领导力强调了领导者的嵌入性，把领导者作为组织结构的一部分。良性的制度领导力为个体领导力的发挥提供制度保障，有助于发挥个体领导力的主观能动性，给予领导者足够的空间去创新。两者之间只有通过互动耦合，实现有效平衡，才能真正发挥变革型领导力的优势。

二　创新是区域公共治理应对问题复杂性和多面性的新常态

（一）创新在区域公共治理中的必要性

与传统管理模式不同，区域公共治理本身体现为现有行政体制下的跨区域治理，进行跨区域治理的有我国的京津冀地区、长三角地区和粤港澳大湾区，国外的大巴黎地区和纽约大区（纽约、新泽西、康涅狄格州）等。在这种情况下，有效的区域公共治理需要区域内各行政主体合作探索不同于传统行政管理的形式进行合作治理，也就是说创新是有效区域公共治理的必然属性。

区域公共治理创新的本质是以公共利益为逻辑原点，适时对区域权力和资源结构以及利益格局进行再造。区域公共治理为以行政区为治理单位的地方行政主体提供了一个更大的空间格局。创新是通过行政主体和其他利益主体的协商合作在区域空间格局上对社会经济问题和矛盾进行创造性的回应。它往往不是传统治理手段的叠加，而是在新的科学化的治理理念基础上，以问题和需求为出发点，对区域内权力、资源和利益的重新优化组合与再造。

如何突破区域内行政边界，解决区域治理中行政治理主体的碎片化问题是区域治理创新的重点。区域一体化的表征之一就是在区域内实现社会经济活动的互通与协同。这只有突破行政区域的界限，才有可能实现。在传统的治理模式下，各行政区域行政主体遵从自上而下的刚性管理体制，实行政绩合法性主导下的地方干部考核制度，行政主体之间不仅缺少必要的激励机制，还往往存在竞争关系。这种治理碎片化容易使区域整体治理陷入僵局。

因此，区域治理创新首先必须着力解决区域治理碎片化的问题，不能和稀泥，从本质上理顺区域内行政主体之间的关系，真正推动区域整合的进程。区域治理创新需要从区域公共利益角度出发，确定区域共同的利益目标和价值取向，明确区域内不同行政区间哪些权力、资源和利益可以共享，哪些可以保留，用于自身辖区内的治理。不破不立，创新只有不拘泥于和流于形式，才能真正有效提升区域治理质量。

此外，转型期区域治理的创新需要真正做到理论与实践相结合。一方面，地方公职人员需要加强理论学习，做到对转型期区域发展所需要做出的质的转变有深入的认识与理解。这包括在把握全球社会发展大势的基础上深刻了解区域高质量发展的丰富社会内涵、区域公共利益的具体内容，思考现代公共治理的核心价值如何在区域治理中呈现等。

只有对区域整合和发展演化规律具有丰富和深刻的理论认识，才能分析出区域内事物产生的根本原因，理解和判断事物之间的有机联系和未来走势。只有这样，在遇到各种突发事件时，才会从容应对，不会仅仅就事论事，而是从总体上分析事件的前因后果，进行整体性、综合性治理，从而更有效指导区域公共治理的实践。

另一方面，区域公共治理要积极创新，勇于实践。实践是检验真理的唯一标准。在转型期纷繁复杂的社会状态下，许多社会关系和社会矛盾都呈现新的特征。在传统治理模式不能奏效的情况下，不能"等靠要"中央的指令，否则会错过治理的有效时机，增加终极治理成本。要在坚持中央政策和精神的前提下，积极创新，勇于实践。

区域治理要勇于在未知的情况下，加大公共治理中公共政策的论证力度，设置不同的治理情景，通过科学的论证与成本效益分析，广泛采集意见和建议，综合研判，选择最终的治理方案和治理手段。同时在实践过程中，随时跟进，监测治理方向和治理手段的有效性，在必要情况下，做出阶段性的调整，以实现治理效能的最大化。实践中的经验可以用来丰富既有的理论框架，进一步指导未来的行动。

（二）区域公共治理创新的一些价值原则

1. 区域公共治理理念创新——整体性区域公共价值

区域公共治理创新要从源头抓起。首先，强化理念创新，确立整体性区域公共价值。登哈特（J. Denhardt）等明确指出，理想的组织结构是一种合作型结构，然而其有效运作必须以集体的、共享的公共利益观念为基础。区域公共治理的逻辑源头是维护和提升区域的公共利益，而不是不同利益主体，特别是区域内不同行政区域的个体利益。各利益主体要把自身的利益与区域公共利益统一起来，树立大局意识。

其次，公共利益的目标具有综合性，它涉及区域发展的经济、民生和生态环境等多方面。发展的目标不仅是 GDP 的增长，也有区域内居民生活水平的提高、区域生态环境的保护与优化，以及其他被界定为衡量公共利益的指标的提升等。这就需要在公共治理创新时，综合考虑公共利益发展指标的平衡，包括经济发展结构的平衡，经济增长与民生建设和生态环境保护之间的平衡等，并使之不流于形式。

最后，公共利益目标之间是有机联系的，而不是非此即彼的关系。现有的治理思路和经济发展模式，如绿水青山就是金山银山、绿色增长和可持续发展以及基于社会信任的共享经济等，都体现了在后工业化发展时期，这些不同的区域利益目标之间相互依存的关系以及这种相互依存关系对发展的强大推动力。这就要求公共治理创新不能专注于解决单一问题，要依循目标之间的有机联系，寻求更为有效的整体性治理路径和方式。

区域整体性公共治理要求区域内不同行政区域的治理主体树立区域整体治理的意识，完成从行政区划管理模式向区域整体性治理模式的转变。这就要求战略性地、全局性地从公共治理的全过程，包括治理问题的确定、利益主体的治理参与、治理方案的选择以及治理方案的实施与监督等出发，首先从区域层面考虑问题，然后落实为地方行动，而不是相反。

区域整体性公共治理模式要求地方政府淡化地方主义和部门主义观念，强调政府间协商与合作。行政区之间长期以来形成的相对独立性与竞争关系所造成的行政区管控理念，与区域整体性公共治理理念之间存在着不可避免的矛盾。这种矛盾容易造成对区域性问题的不作为，特别是在社会经济发展转型时期，容易出现对新问题和新矛盾的治理真空。

区域性协同发展战略为区域整体性公共治理提供了一个基本框架，有助于区域内不同利益主体（包括行政主体）对区域公共利益和公共价值的认识与遵守。同时，中央政府应当大力支持地方政府在推进区域市场机制建设方面的实验，特别是鼓励人力、资本和技术等生产要素在区域层面的自由流动，消除区域性制度壁垒，通过市场机制在区域层面的完善，实现区域整体性公共治理。

此外，区域整体性公共治理价值理念也可以通过完善区域治理法律框架来建设，以制度化的形式来推动区域公共治理。中西尽管国体和政体不同，但在区域治理层面都存在不同程度的碎片化问题。鉴于问题的严重性，各国都在探索和考虑区域立法的可能，尝试为区域协同发展提供一个长期的制度保障。如何制定一个有效的法律制度框架，为区域整体性公共治理保驾护航，是区域公共治理所面临的一个关键的制度性问题。

2. *以问题为导向的区域公共治理制度创新*

区域公共治理的创新要有适时性。区域公共治理创新作为一种创新性制度或政策供给，要因地因时制宜，以满足民众生产和生活的现实需求、解决现实的矛盾和问题为出发点。区域公共治理只有把握了现实问题的实质，从问题实质出发，实现治理创新供给与需求相匹配，解决现实的区域公共问题，才能真正做到创新，使创新治理更为有效和可持续。

区域公共治理的制度或机制创新也是从根本上提升区域治理成效的重要措施。制度建设能起到约束和指导政府和其他治理主体行为的作用，从而影响治理主体的行为偏好。从区域层面来讲，鉴于地方治理中的碎片化事实，区域公共治理的制度或机制创新具有很大的发挥空间。通过区域性制度建设和机制创新可以有效减少地方政府间的不作为和寻租行为。

（1）多中心治理

多中心治理是区域公共治理制度创新的一个重要领域。多中心治理模式是指区域治理中除了政府治理主体外，还有其他各利益相关主体或社会力量的参与，包括企业、公众和社会组织等。区域公共治理创新，应该通过制度化的形式，通过建立新的制度或完善已有的制度，增强区域内利益相关者参与公共治理的意识，保障其参与权的有效行使，实现真正意义上的参与。

多中心治理理论是由以文森特·奥斯特罗姆和艾莉诺·奥斯特罗姆（Vincent Ostrom & Elinor Ostrom）夫妇为核心的一批研究者在对发展中国家农村社区公共池塘资源的实证研究的基础上创立的，于 20 世纪 80 年代兴起。该理论强调多中心治理能有效避免单中心治理体制下决策者或决策集团的巨大局限性。

多中心治理的优势在于它能代表和最大限度地表达公共利益；能够通过有效的制度安排使公民实质性参与公共治理的全过程；能够确保公民作为行政"主权的委托者"的重要地位和作用，从而实现行政主体为公民服务的最高宗旨；它代表了一种积极主动和有效地听取和反映社会各阶层的意愿、需求和利益的治理方式。

在区域层面，多中心区域治理模式的意义是使公民、社会组织以及企业等可以通过监督的方式，对行政主体行为进行约束，并确保政策制定与执行过程的公平公正，并使政策落到实处，它也可以通过追责制度来监督政策制定和执行过程，并进行纠偏。在这个意义上，它对行政主体的内部治理机制起促进作用，有助于推动政府治理工作的创新。

更为重要的是，多中心区域治理模式可使区域公共治理全过程更有针对性，从而更加有效。首先，利益相关者参与公共治理，表达自身的利益诉求，可以使行政主体更准确地把握问题或需求的本质，弄清社会矛盾的症结所在，有助于选择更有针对性的治理方案和治理工具。其次，利益相关者参与治理方案讨论，有助于行政主体明确利益相关者的治理偏好。此外，多中心治理也使得治理行动更容易被利益相关者接受，具体执行也变得相对容易。

多中心治理的形式不只是协商，也包括提供公共服务。萨瓦斯（E. S. Savas）指出，公共服务的不同供给形式可带来不同的生产效率，因此创新要鼓励开发不同形式的公共服务。例如，区域内行政主体可以依据公共服务的性质和所服务的对象，采用合同外包、政府补助、特许经营和志愿服务等形式，将服务交由企业、非政府组织或公民个人等。

（2）区域协作治理

区域协作治理是区域公共治理创新的另一重要领域。构建有效的由地方行政主体组成的区域协调机制是区域整合与发展的重要路径，因而也成为区域公共治理的必然要求。其中协调机制的建设、完善和再造是区域协调治理创新的关键。构建区域协调机制涉及多方面的制度和机制创新，包括可能的区域协调机构的设立与完善、合作机制的创新等。

是否设立区域协调机构以及区域协调机构设立后如何完善是区域协作治理必须面对的制度性问题。不同国家国情不同，各个地区区情也不尽相同，因此对是否应设立区域协调机构，特别是权威性的区域协调机构，有不同考虑。区域协调机构依据其功能和任务不同，可以是综合性的区域协调机构，也可以是针对某项专题（例如水流域治理）的专门协调机构。

根据经验，在区域社会经济联系较为密切、区域内部发展较为均衡、区域整合程度较高的地区，一般已经形成了一套以市场机制为基础的协商合作机制，因此在这些地区建立权威性综合区域协调机构的意义不大。但在区域社会经济联系较为松散、内部实力差异较大、整合程度不高的地区，建立权威性综合区域协调机构，可有效规范行政主体的行为，避免形式主义，这对推进区域整合与协调发展意义重大。

在区域协调机构的设置上，相关治理理论认为可考虑设立政府理事会（Council of Governments，COG）、地区规划理事会（Regional Planning Councils，RPC）或邻里政府（Neighborhood Government）等机构来推动区域内地方政府主体的互动协商，优化区域整体的资源配置。这些组织形式在西方国家都有具体的实践，也取得了一定的效果，值得参考与借鉴。

合作机制的创新也涉及多方面的内容，可从具体合作形式、利益分享机制以及公职人员的绩效评估等方面入手。在具体合作形式上，在以问题解决为导向的情况下，区域内地方治理主体之间可依据治理功能确立多样化的网络互动关系，这种关系可以通过正式的协议或契约的形式，也可以通过非正式的备忘录形式等确立，合作内容可具体规划，包括设置合作愿景和具体的行动计划与目标等。

在利益分享机制上，要建立利益冲突调节机制，消除区域内不同行政主体的本位主义思想，就区域公共利益和整体治理共赢目标达成共识。在此基础上，通过平等协商，在区域内行政主体之间建立良性的利益转移和补偿机制，对投入大和贡献多的行政主体给予相应的收益奖励，实现利益的合理分配。

在公职人员的绩效评估上，为鼓励参与区域整体性治理，区域内公职人员的奖惩标准要更多考虑区域综合性指标，特别是在区域协同治理中的成绩与贡献。在整体性治理框架下，区域内行政主体需建立更科学的区域整体协同治理绩效评估指标体系。通过新的绩效考核标准体系的引导，规范公职人员在区域整体性治理中的行为。这需要中央采取明确和强有力的措施来推动在区域治理层面对地方公职人员的考核。

3. 后城市化区域空间治理格局创新

区域公共治理的一个重要概念是空间概念，创新的另一个维度就是在区域空间治理格局上下功夫。后城市化时代的到来，使由大都市圈和大中小城市协同并进的均衡的城市群发展成为区域空间布局的主要形式。区域公共事务的组织和公共事件的发生也都在这种空间格局下展开。因此，区域公共治理的创新必须以此治理架构探求区域公共事务的本质与脉络，推动治理创新。

以都市圈和城市群为空间单位进行治理创新，需要紧紧把握好后城市化时代大都市圈和城市群的发展规律与特征，以整体性公共治理理念，深入了解问题或需求的实质，以及其背后显性或隐性的发展理念、管理体制及治理工具等的系统性障碍。在进行治理创新时，既具有系统性又具有前瞻性，避免创新的随机性和对短期集中效应的过分关注。

从大都市圈和城市群视角进行治理创新要正确处理好两种社会关系。

第一种社会关系是政府与公民、社会的关系。大都市圈和城市群的发展使人口活动空间范围扩大，社会联系更加紧密，推动了区域社会结构的变化，增加了其社会群体的复杂性和多变性。在政府主导这一前提下，一定要借助市场力量，通过多种渠道和机制，鼓励多利益主体参与大都市圈和城市群治理，形成自上而下与自下而上的流动性治理，更好地应对问题的复杂性和多变性。

第二种社会关系是大都市圈和城市群格局下的圈内城市之间的“竞合”关系。区域整体性公共治理并不意味着对市场机制的漠视，它更强调在区域公共利益和公共价值基础上的城市之间的竞争与合作。为增强区域整体的竞争力，特别是在区域发展程度低的地区，需整合区域内不同城市的资源，对社会要素（包括产业链、交通、教育、就业和社保等）进行多方面优化组合，分工协作，使之产生规模经济。

同时，区域治理创新要注意维护市场机制对资源和组织行为的有效引导，保护区域内城市之间良性的竞争。这些竞争除了包括基本社会经济发展指标外，也包括城市公共服务内容的丰富、服务质量的提高、城市管理机制的创新，以及城市参与区域整合的深度与广度等。区域内城市之间良性的竞争是对区域内城市之间合作的有力推动，为区域高质量发展增添了活力。

三 公共信任是区域公共治理顺利推进的社会基础

（一）公共信任的现实需求在区域公共治理层面凸显

区域公共治理要实现对区域公共事务的有效管理，仅仅依靠政府这一单一行为主体是不够的，公众、社区和民间社会组织的参与是有效推进公共治理的重要内容。政府、公众与社会的共识与协商，使以政府为主导的区域公共治理主体共同面对纷繁复杂的区域公共问题，更好做出有效的应对策略，共同致力于维护公共利益。

协商合作除了靠制度的推动外，也需要公共信任这一重要的社会基础。公共信任是指尽管存在信息的不对称，人们在行动时，仍基于道德规范产生对他人的普遍信任和安全感，促使个体产生协作意愿，并采取相应的行动。公共信任能降低社会交往和交易成本，是社会良性运转的基础，是重要的社会资本。基于公共信任，地方政府与公众、社会可增进彼此互动，有助于推动区域公共治理。

公共信任是在长期制度约束基础上建立起的道德行为规范产生的结果，并非一开始就存在。长期的制度约束使得公众和组织之间的互动行为规范得以建立，并上升为普遍的道德规范。这种道德规范一方面意味着人与人之间、组织与组织之间普遍的信任关系得以建立，另一方面意味着个体和组织在行为方式和具体行动中具有与其他个体和组织相同的行为期望。公共信任能减少社会交往成本，是社会良性运转和公共治理的基础。

公共精神是公共信任的升华，是公共治理现代化的价值取向与目标。公共精神是在社会成员对公共领域内的准则和规范的信任与遵守的基础上，对这种准则和规范的推崇，是一种价值判断与取向。除了对社会关系的普遍信任外，公共精神在实践中，在关心公共事务、维护公共秩序以及坚守公共利益等方面表现为对这种价值判断和取向的积极和有意识地传播和宣扬。

公共信任和公共精神是区域协同治理重要的社会资本和黏合剂，是区域整体性治理的心理和社会基础。在区域层面，特别是在社会转型期，利益主体之间的矛盾更为显性化，社会矛盾更突出。没有公共信任和公共精神，区域公共治理仅仅体现为一种对权力的遵从，而非主动积极地参与，这会无形中提高治理成本，极大降低治理成效。

在区域层面，公共精神表现为对区域整体公共价值与利益的积极追求与实践。基于区域公共信任，它更强调个体对区域整体价值的认同，个人利益服从于区域整体利益、个体行为嵌入整体行为的价值理性，是区域公共治理的理性基础。作为区域凝聚力的重要道德和心理基础，区域公共精神能有效破除区域协同行动困境，推动区域协同治理，增强区域整体竞争力和吸引力。

在一般公共治理情景下，治理主体可以通过采取法律与行政措施等强制措施，使利益主体遵守规则，做出行为承诺。但区域公共治理由于其跨越行政边界的多行政主体属性与地方问题的异质性，往往存在制度缺失或不完善的情况。这无形中提升了区域公共治理对软性的公共信任以及公共精神的依赖。

一方面，层级制度、官本位的思维和行为惯性、自上而下的垂直管理与服从行为习惯往往使区域治理所要求的协商与合作行为流于形式。层级制的垂直刚性往往限制了横向合作的弹性。官本位的行为习惯也从自身利益角度习惯性地规避了实质性协商合作行为的产生。另一方面，转型期市场体制的不健全与地方利益主体的不平衡发展也导致地方社会经济矛盾，使之缺乏有效的制度信任。

在数字化时代，公共信任更是现代生产力的创新源泉。以滴滴打车和优步（Uber）等网约车公司代表的共享经济为例，信任是其最为重要的理念。共享经济，一般是指以获得一定报酬为主要目的，基于陌生人且存在物品使用权暂时转移的一种新的经济模式，它往往以不同形式的 P2P 网络平台为基础，其本质是整合线下的闲散物品、劳动力、教育、医疗资源。

优步等是共享经济初始阶段的产物。未来的发展将更有针对性，整合人力和物力资源等的供给和满足不同群体的多样化需求。共享的互帮互助理念，是基于彼此间的信任和互动参与的动态的社会行为。信任是共享经济得以持续发展的基础。需要强调的是，在共享经济中对信任的过多消耗会加大对生产力的破坏。

公共信任和公共精神的强化是转型期的区域整合和公共治理的现实需求。强化意味着在转型期公共信任缺失或薄弱的情况下，原有的优秀的公共信任的价值取向与行为选择要被有意识地恢复和壮大，通过对传统公共信任和公共精神进行扬弃，壮大区域社会经济发展的社会根基。

强化公共信任和公共精神意味着在对原有的传统公共信任和公共精神进行扬弃的基础上，满足市场机制建设和社会经济结构转型所带来的对新的区域公共信任和公共精神维度的需求。例如如何应对区域转型期各种社会利益主体的博弈，如何在区域层面应对潜在的社会风险，以及如何加强不同行政主体之间的协作等。这些都需要一个地区对其公共信任和公共精神进行重新思考、诠释和强化。

（二）公共信任的四维度建设

区域公共信任建设是一个复杂工程，从宏观的信任框架到微观的信任行动，从抽象的社会心理层面的以共同利益实现区域治理的自觉自愿、以制度保证信任关系的可持续性，以及培养区域治理协同主体的道德性和伦理性，到具体的行动指南等都在其范畴内。加强公共精神的建设要广泛植根于当地文化和民俗以及社会交往的认同和磨合。总体上，区域公共信任建设主要有四个维度，包括社会信任制度保障、可信任政府行为模式转型、刚性组织信用规范和个体诚信行为规范与激励。

1. 社会信任制度保障

与任何社会秩序一样，信任蕴含着深刻的法治精神，法律制度规范社会主体间的信任行为，是社会信任得以确立和实现的基本保障。法律的权威性和对法律的敬畏是各种社会关系确立和稳固的基础。没有法律制度保障，对各利益主体（包括政府、公民和社会组织）缺少约束，基本的社会信任就无从谈起。

这在现代社会尤其如此。在现代社会中，特别是在城市生活环境中，传统的血缘、熟人和地缘关系纽带断裂，人与人之间缺少建立信任的必要的传统社会纽带。人与人之间处于相对或完全陌生的社会状态。虽然个体可以凭借自身以往的社会信任经验建立新的社会信任关系，但因其弱属性和不可持续性，往往隐含着较大的社会交易成本。因此现代社会中普遍信任的建立必须以法律制度为前提。

在社会经济发展转型期，新事物、新的社会关系和矛盾层出不穷。这就需要一方面继续传播法治精神，通过维护和践行法律的权威保障社会公平与正义。另一方面，及时推进法律体系的完善和细化，反映社会需求，并在这一过程中拥有足够的前瞻性，以避免各社会利益主体之间因为缺少必要的法律和制度约束而缺失信任，避免已有的信任基础遭到破坏，防止社会秩序的紊乱。

2. 可信任政府行为模式转型

可信任政府也是社会信任建设的一个重要维度。这在东方文化中尤为重要。在传统东方文化的语境里，政府是衣食父母，行政长官是父母官。政府和政府工作人员是社会的道德和行为榜样。这种传统的价值判断并未随着社会向现代化的转型而完全消失。官员对社会行为的榜样和示范作用仍然存在。区域的可信任政府建设是社会信任建设的关键。

传统的官治行为模式需要转型。首先，政府要依法办事，照章办事。增强政府工作人员的法治意识，用法律法规来约束政务行为，并做到有效监督。要加大对公职人员渎职的惩戒，增加其违法违纪成本。对公职人员渎职的惩戒要严格按照制度，对公职人员的处罚要做到公平公正，不被社会舆论和各种利益集团左右。

其次，区域政府管理模式，特别是在服务领域，需要从管控型向服务型转变，真正做到服务于民。官僚化服务在某些地区因为官本位思想残留而出现本质性变异。缺乏服务精神的行为模式容易对政府与公众良性社会关系造成严重破坏，会削弱公众对政府的信任。

此外，政务公开透明也是现代社会建设可信任政府的重要内容。在现代社会，随着公民权利意识的增强，对政府管理知情权的需求增加。特别是在数字化时代，政府只有及时有效地公开政务信息，做到政务公开透明，才能获得各社会主体的信任。其中最重要的是把政府履行责任的内容和过程公开，这有利于增强政务行为可信度，提升政府公信力。

3. 刚性组织信用规范

规范各类组织的信用行为也是社会信任建设的重要内容之一。从企业到企业协会、基金会和民间团体等，各类各级组织通过整合生产和民生资源，承担着社会生产、服务和管理等多种功能。通过其经济活动与政府和公民形成不同属性的社会关系，构成社会活动的重要载体。组织信用对巩固社会信任关系起着关键作用，是对整个社会信用体系的有力支撑。

与法治行为的刚性逻辑一致，组织信用规范的刚性可有效规范信用行为，增强组织信用。刚性化信用规范意味着加大力度惩戒组织失信行为，提高组织非信用行为成本，也同时意味着对组织诚信的肯定与支持。虽然有短期阵痛，但长期来看，它能有效巩固社会信任关系。组织信用规范通过经济活动和组织行为对所关联社会成员的个体诚信起着重要的引导和示范作用。这对规范区域层面的组织和个体行为尤其重要。

4. 个体诚信行为规范与激励

个体诚信行为建立在完善的法律制度建设、可信任政府建设和组织诚信建设基础之上。它们为个体诚信行为提供价值和行为框架，能在很大程度上保证个体诚信行为的低社会成本，使得对个体诚信行为的规范与激励容易实现。

个体诚信行为规范与激励要与传统社会的文化精粹和现代社会的价值取向有机结合在一起。作为社会价值取向在个体的投射，个体诚信行为的规范和激励与社会整体的价值重塑一样，既需要对传统文化中的价值取向和行为做到有效扬弃，也需要强化现代社会履行契约责任的外在制约机制。

特别是在区域层面，将对个体诚信行为的规范和激励与区域公共利益有机结合在一起，更能增加规范和激励的有效性。

四 多样化协作是整体性区域公共治理的主要形式

（一）协作治理动因与内涵

1. 协作治理的必要性及内涵

协作治理模式是指通过政府部门间以及政府与其他利益主体的合作，最大限度整合社会资源，共同应对转型期区域整合过程中的公共治理问题的一种治理模式。随着区域协同模式成为区域发展潮流，政府间、政府与公众、企业与民间组织的协作越来越重要，以多中心协同、多层次和多样化协作机制为特征的协作治理模式已经成为区域公共治理的主要形式。

在现代社会中，各种社会问题日益复杂多变，往往具有多面性，区域高质量发展往往牵扯多个领域的协动，这突破了单个公共部门自身治理的权限，协作的必要性和重要性日益突出。特别是在区域治理层面，只有通过区域内多中心协作才能有效解决行政区治理与发展的碎片化问题。如果没有区域内跨部门协作，现代化过程中高质量发展的一些主要问题，如自然资源保护、大气污染、交通建设及应急计划等不可能有效解决。

协作治理作为现代社会常见的一种公共治理模式，以问题和需求为导向，强调多利益主体参与，通过协商合作达到公共治理的目的。其主旨是解决实际问题或满足现实需求，实现共同利益。不管是参与主体的多元化还是协商合作参与方式的多元化，都是围绕解决问题和满足社会需求展开，它符合现代社会问题的复杂性和多面性特征，能有效推动问题解决。

作为整体性区域公共治理的主要形式，协作治理的形式呈现多样化特征，它包括协作方向（包括中央与地方的纵向协作和地方之间的横向协作）、正式和非正式的协作机制（法治化、伙伴关系等）、协作功能和内容（社会、经济和环境等）、协作主体（政府、企业和社会组织等）及协作时效（短期或长期等）等，尽量在这些环节进行创新与资源整合，推动对问题的认知并解决问题。

在协作公共治理模式下，各参与主体依据规则，有机会参与公共治理的全过程，从最初的特定公共治理问题的发现和定义，公共治理问题的分析，公共政策的选择与论证到公共政策的制定、执行、监测与评估等。在制度化保障的前提下，各参与主体在这一过程中享有实质性参与决策的权利，各参与主体的参与更具有主动性。

协作治理同时强调各参与主体在参与公共治理时的开放性。在协作公共治理模式下，政府或行政主体对问题的认知与解决具有开放性，不带入已有的治理方案，方案产生于多方参与的协作治理过程。一方面，通过多方的参与可以了解问题的本质；另一方面，通过不同利益主体的参与，可以对不同治理方案的可行性与可操作性有更明确的把握，有助于优化选择最终的治理方案。开放性赋予了协作治理更为持久的生命力。

在协作治理模式下，通过制度化的保障，各参与主体平等参与公共治理。虽然政府或行政主体居于主导地位，但各参与主体具有平等地参与相关公共事务的权利，与行政主体不是管理者和被管理者的关系。在公共治理的全过程中，这些参与主体，无论是政府、企业、协会还是民间组织等，通过制度化的保障，都可以平等地表达自己的意见，行使自己的权利，履行自己的义务，并接受必要的监督。

与传统公共治理一样，协作治理的目标也是维护公共利益并追求公共利益的最大化。协作治理是各利益主体表达自身利益诉求并寻求利益平衡的舞台。同时，各参与主体在参与公共治理时，更带有一定的公共利益属性，有责任和义务跳出自身利益的窠臼，从维护和增加公共利益的视角与政府一起科学地寻求具有可行性和可操作性的公共治理方案。

协作治理模式下要特别注意公平与效率的平衡。协作治理的明显优势是通过多方参与保证公共治理全过程的公平。但它并不违背追求效率的目标。一方面，协作治理本身通过集思广益来制定治理方案，有助于对问题本质和治理方案可行性的把握，从而提升治理效率。另一方面，决策的过程虽然复杂，但政策的论证、制定和执行可以通过制度保障和领导力建设等措施避免协作过程中的低效率问题。

2. 区域协作治理是包容性增长与发展的实现途径之一

区域协作治理是区域包容性增长与包容性发展的实现途径之一。包容性增长由亚洲开发银行（Asia Development Bank）于 2007 年首次提出，与单纯追求经济增长的排斥性增长相对立，主张机会平等的增长。包容性增长与包容性发展已经成为社会经济高质量发展的重要理念之一，被认为是促进社会和经济协调发展和可持续发展的一个主要增长方式。

公平合理地参与经济增长的过程，分享经济增长的成果是包容性增长与发展的最基本含义。在区域可持续发展层面，包容性意味着对社会经济发展中的弱势群体加以保护，包括加强中小企业和个人能力建设，保障社会弱势或边缘群体的基本民生权利（包括教育与就业），注重经济发展与生态环境保护的平衡，以及社会总体和谐发展等。

协作治理与包容性增长和发展所倡导的生存与发展权利的平等理念相契合，是有效推进包容性增长的重要途径之一。它强调平等地参与公共治理是其逻辑的起点，在协作治理框架下，各参与主体享有平等地参与公共治理全过程的权利，协作治理的目的在于增进不同利益相关者不同层面的集体福利，这与包容性增长与发展的目的高度一致。公民的普遍参与和共同努力是包容性增长与发展的治理基础。

在推动包容性增长与发展时，协作治理最重要的是解决“权利贫困”或“权力劣势”等问题，为不同群体创造平等的生存和发展机会，并通过制度化的形式维护机会平等。也就是说，过程正义比结果正义更重要，它是社会经济可持续发展的保障和动力源泉之一，需要在公共服务分享与公共事务治理上都有明确体现。

（二）协作治理全过程与路径解析

1. 协作治理的初始条件

区域协作治理过程往往呈非线性特征。各地区的实际情况不同，区域内不同行政主体的强弱不同，具体公共治理问题的本质与复杂性不同，这些都会对区域协作治理的需求、模式、过程和实际效果产生很大影响，使其具有不同的表征。它一般包括协作治理的初始条件、制度设计、领导力建设以及协作治理过程的信任建设等关键内容。

协作治理的初始条件是协作治理的原点。好的协作治理以现实问题或需求为导向，它为解决现有的或可预见的问题而存在，以满足现有的或可预见的需求而生，其目的是解决问题并提高解决问题的有效性。它的最终目标是通过协调相关利益主体的不同利益诉求，维护区域公共利益，实现公共价值，提升公共治理效能。

现实的问题或需求分显性化和隐性化两种。一方面，转型期的不少问题或需求已经显性化，对于这些问题区域内不同治理主体协作治理的初始意愿相对较高，更容易促成问题的解决。另一方面，转型期很多问题是不确定的，仍处于隐性状态，不同主体对其则有不同理解和判断，隐性问题的协作治理难度较大，这为有效推进协作治理提出挑战。

从目的上来看，协作的启动要以更好地进行公共事务治理、提供更好的公共服务、更好地解决公共问题为基本目标，并关注公共权力的运行以及公共价值的实现过程。也就是说，协作关系以治理的有效性为目标，并通过多元协作关系的建立，不断推动公共议题的提出与公共问题的解决，促进政府治理绩效的提升与改善。

协作治理要从公共利益角度创造和培育平等参与协同治理的条件与基础。不同区域内长期的利益博弈与积累形成特定的权力或利益格局。有的区域利益主体之间强弱关系相对均衡，能够相对平等地参与协作治理。有的区域利益主体之间强弱关系不均衡，少数利益主体相对强势，容易操纵治理过程。这对利益主体间平等参与协作治理提出了挑战。这就要首先从制度和机制上确保利益主体之间平等参与协作治理的权利，以期实现真正有效的协作。

2. 协作过程的制度设计

协作的制度化设计包括设计协作的组织架构、流程以及对参与主体的权利与义务的明确界定，可确保各利益主体平等参与治理过程的合法性。程序正义或协作治理过程的包容性和平等性是制度设计的原则，可确保个人或群体都有表达自己观点和意愿的机会。制度化是协作这一组织形态生存的关键。一个组织只有通过制度化获取必要的资源，才能获得生存与发展。休·E. S. 克劳福德（Sue E. S. Crawford）和埃里诺·奥斯特罗姆（Elinor Ostrom）认为，互动建立在共同理解的规则基础之上，对制度化规则的不遵守容易导致低效。

完善的协作机制是决定协作治理成效的关键。只有明确协作过程的细节以及参与主体的权利与义务，并将这些细节、权利和义务嵌入相应的绩效考核机制，才能使各参与方从协作之初就有明确的权责分工，并就未来的预期达成共识，从而更好地激励参与主体，约束其行为，使协作治理朝着既定的目标和方向努力。

在问题或需求已经明确的情况下，正式协议是协作机制完善的核心。正式协议除了阐明协作目的和所要解决的问题，还包括人员任命、组织架构以及所做的相应资源承诺等。它通过法律或行政约束力来规范协作伙伴间的行为，解决了成员之间“搭便车”造成的消极影响，并在明确的权责框架下接受事前和事后的监督。

在问题或需求尚未明确的情况下，非正式协议构成未来协作机制建设的基础。非正式协议除了对问题和需求有一个明确的论证过程外，还要勾勒未来协作的框架和主要内容。它需要处理好协作内容的弹性与可操作性的平衡。一方面，协议内容包括合作方式在推进过程中需保持足够的弹性以应对问题的不确定性和变化；另一方面，协议要有足够的可操作性，使之不至于因为缺乏较强的约束力而无法推进，沦为空谈。

由于协作涉及不同部门的多元参与，设置一个权威性协作管理机构，统筹协调不同行政主体和利益主体之间的关系，可有效推进治理工作。权威性的区域协作治理机构能有效克服区域治理中的碎片化问题，避免不同行政主体和利益主体因为竞争关系出现扯皮或不作为情况。该机构的主旨和具体设计可在中央政府指导下，通过区域不同主体之间的协商完成，并做出相应的人员与资源承诺。

3. 协作过程的领导力建设

现代社会的诸多不确定性为区域协作治理带来挑战，这凸显了区域协作治理中领导力的重要性。区域领导者一方面需要把握大势，对区域整合与发展的趋势有一个总体和全面把握，另一方面要有足够的经验和智慧协调区域内各行政主体、不同利益主体的关系，解决好权力与资源的不对称问题，建立信任、促进对话、加强协作，为实现共同目标、维护区域共同利益而努力。

制度化的保障是领导力建设的前提，也是领导者充分发挥其个体优势的保障。领导力建设的制度化包括在协作治理方面加强组织建设，明确领导者和领导团队的选择标准、权责，优化人力与资源配置，建立绩效评估以及必要的监督机制等。有了制度的保障，领导者才能通过个体的努力赢得不同行政主体和利益相关群体的尊重和信任，树立权威，使协作治理主体之间形成有机联系，更好推进协同治理。

制度化保障的重要内容之一是确保领导人和领导团队的优化选择。领导者的人选标准与协作治理的公平原则一样，要以候选者的个人整体素质（包含知识水平、实践经验和协调组织能力等）为标准。行政主体和利益主体的强弱，人口规模或地理面积的大小，协作治理中人力、财力和物力投入的多少等因素可以在公平的原则下通过组织架构的建设有所体现，但不能成为领导者的人选标准。

在制度化保障的前提下，加强领导者和领导集团的专业性和职业操守是区域协作治理的基础。领导的专业性指的是领导者及领导团队在进行协作治理过程中，对区域协作治理的本质和区域公共利益的内涵有深入的了解和把握，并将之升华为道德和行为标准，用以指导自己的行动。

领导者在协作治理中要保证公平，要对协作治理中的公平正义，特别是程序正义有正确的理解与把握，并能在制度未充分明确的模糊领域坚守程序正义的原则，进行程序性和可操作性的解释与实践，并且能熟练使用多样化的专业手段，来坚持和维护利益主体在参与治理过程中的公平。

领导者在协作治理中还要对区域公共利益内涵有准确的把握，明确公共利益与私人利益的界限，能够在协调个体利益基础上使区域公共利益最大化。在转型期，需要领导者做到深入理解区域高质量发展的内涵，并使其具体化，变得具有可操作性，通过协作治理，实现经济增长、生态环境保护与社会发展相统一，城乡发展相统一，区域协同发展。

4. 区域协作治理的信任建设

信任是区域协作治理的润滑剂和催化剂，它既可以减少制度运行中的摩擦，提高其运行效率，又可以激励不同利益主体为共同利益而努力。它以制度为基础，以制度的形式确立参与主体各自的权利、责任和义务，为各参与主体协作机制下的行为方式提供参照标准，为主体行使自己的责权利提供保障，并使这些标准最终上升为行为规范。

协作治理中的信任与协作本质属性一致，信任既有系统信任又有人格信任，强调个体对人际行为、协作机制与领导者的组织能力和公平公正原则的信心，强调个体对群体的共同信念以及个体由此做出的承诺。通过信任关系的确立个体决策与行为良性嵌入集体行为框架，可增强协作治理集体的凝聚力，为区域共同目标的实现提供持久动力。

奥斯本强调信任是集体行动中三个核心关系之一，其他两个核心关系为互利性与声誉。在互利行为的基础上，个体之间逐渐形成非正式的心理契约。对心理契约的遵守和坚持，逐渐形成个体的声誉。这种非正式的感性承诺有效补充了协作治理机制化的理性制度，形成信任系统，使组织关系可以良性可持续运转。

信任建设是区域领导者的主要工作内容之一。领导者在信任建设上需要排除私利，明确信任的公共利益属性，以加强共识为基础，推动参与主体之间的多样化平等对话，充分尊重不同参与主体的观点与利益，尊重协商的结果，以此推动参与主体之间的信任建设。

良好的沟通机制和规则是建立信任的关键。其中既需要对参与主体进行专业性培养、加强对强势参与主体平等意识的灌输，也要强化弱势参与主体的参与意识，并培养双方之间的信任，做到真正公平公正地参与协作治理。沟通机制和规则可以是正式和非正式两种形式。在这一过程中，信息的公开透明能增强参与主体的信心和意愿，减少不必要的心理成本消耗。

第四章　全球本土化背景下系统化推进区域可持续发展

第一节　全球本土化背景下区域发展的复杂性对传统分割发展模式提出挑战

一　全球本土化要求区域可持续发展放眼全球、立足本地

全球本土化，指当代社会、政治和经济体系中同时出现普遍化和特殊化的一种发展趋势。这个词是全球化和本土化的混合语言，由社会学家罗兰·罗伯逊（Roland Robertson）于 20 世纪 80 年代在《哈佛商业评论》（*Harvard Business Review*）中提出，他认为“全球本土化”意味着“普遍化和特殊化趋势并存”。

这个词最初指的是全球和国际产品在使用和销售时适应当地环境。就某一特定产品或服务而言，这意味着全球销售的产品和服务适应当地市场。每个人都需要并能适应当地市场的全球性产品或服务，可以根据当地法律、习俗或消费者偏好进行定制。“本土化”的产品将会使最终用户产生更大的兴趣。这是因为，虽然人人都可以使用它，但作为一个全球性的产品，它的本土化使它更适合个人，更适应他们的环境和他们的需求。

全球本土化适用于权力分散的公司，以及在多种不同文化背景下生存和竞争的公司。全球本土化这种做法虽然成本高昂，但对实行这种做法的公司来说，往往是有回报的。因为通过本土化的产品或服务战略，跨国公司能够更容易进入一个更大、更多样化的目标市场，也使这些国家在这些市场上成为更有力的竞争者。

全球本土化的概念是对将全球化过程视为国家领土维度上简单线性扩

展的观念的挑战。它指出了全球化过程中全球和地方层面的相互联系，特别是在重新塑造区域特征和身份过程中的重要性。全球化既不意味着地理界线的消失，也不意味着异质性的减少。“全球本土化”表明，洲际和全球层面的重要性日益增加，同时地方和区域层面的重要性也日益突出。全球化在出现异质性和分散化的同时，也出现了同质化和集中化的趋势。

作为区域发展中常用的一种战略思维，全球本土化是全球化和本土化的综合表述，它强调在社会经济日益全球化或国际化背景下，在地方、国家和全球三个层面互动中，地方的重要性日益增强（见图 4-1）。

第一，地方跨越国家边界和全球的联系加强。全球价值链是其中一种重要表现形式，地方通过参与全球价值链等活动，在市场、技术、人才和资本等方面与全球经济接轨。

第二，在全球化过程中，产业和经济活动也在通过空间集聚形成独特生态系统，为企业和地方创造竞争优势。

第三，在全球化过程中，全球及地方的经济活动仍然要充分考虑地方特质和市场需求。

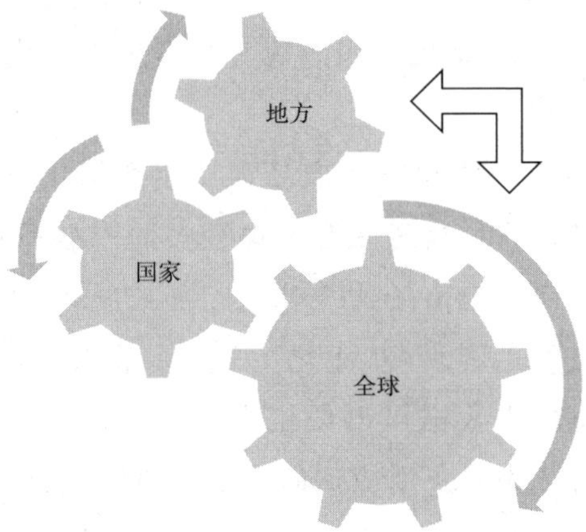

图 4-1　全球本土化

全球本土化意味着既要放眼全球又要立足本地。地方主要竞争性企业和经济活动同时参与国内和国际竞争，其竞争力建设既要考虑全球化的市场、竞争环境、资本和技术等因素，又要立足地域产业和经济发展的特点和定位。区域产业发展既要有国际视野，也要脚踏实地开展区域产业链建设。

无论观察碎片化过程还是均质化过程，人们都会有这样的印象，即决定全球化的总是来自外部的力量。然而，全球本土化意味着，全球进程或网络并不是与本地割裂开来的，而是息息相关的。事实上，全球化过程中增长和发展的每个点都是局部的。它们有特定起源（某人行为的结果），特定扩散手段（如船舶或卡车，但也包括无线电波或光纤）和将后果具体化的地方或人。

这意味着，无论全球化在哪里产生影响，这些影响的形式都将取决于特定的设置或背景条件。全球本土化表达了全球化动力总是在当地被重新解读，本地和全球尺度相互渗透，从而产生与环境相关的结果。在一定程度上，全球本土化才是全球化的真正方式。就像全球化的其他动力一样，全球本土化也发生在不同的领域。

在经济领域，当跨国公司在某一地区开设分支机构时，也会有相对难以找到的特殊劳动技能。在这里，全球性的大公司通过它们的工人或特定的当地环境，例如靠近大学、良好的关系、供应商，逐渐形成对特定的当地商品或服务的依赖，因而不能轻易重新选址和搬迁，其生产或活动具有很大的地方嵌入性。

在制度层面上，区域和地方政府针对全球本土化进程采取行动。一方面，它们通过参与国际价值链加强和其他国家的联系，在全球舞台上确立自己的角色。这可以从与其他国家或其他地方政府建立的网络合作关系，以及发展中国家吸引或留住国际投资者的战略中看出端倪。另一方面，它们也不断重新定位，打造有别于其他地区的产品和服务特色，以提高自身的国际竞争力。

二　区域整合和治理目标从单一化的增长目标转向系统化多目标

（一）增加综合性的人民福祉是区域公共治理的目标

党的十九届五中全会通过的《中共中央关于制定国民经济和社会发展第十四个五年规划和二〇三五年远景目标的建议》，突出新发展理念在高质量发展中的引领作用，强调“把新发展理念贯穿发展全过程和各领域”[①]。新发展

① 《中共中央关于制定国民经济和社会发展第十四个五年规划和二〇三五年远景目标的建议》，中国政府网，http：//www.gov.cn/zhengce/2020-11/03/content_ 5556991.htm。

理念，是“十四五”时期经济社会发展必须遵循的原则之一，是新发展阶段推动各领域高质量发展的理念引领。以创新、协调、绿色、开放和共享为特征的新发展理念意味着增加综合性的人民福祉，这是区域公共治理的终极目标。

随着社会经济的高度发展，人们越来越认识到，增加社会福祉而不是单一地将 GDP 作为社会经济发展的综合指标，更能够为政策制定者提供一个足够丰富和准确的发展图景。欧盟是最早认识到这一理念重要性的机构之一。福祉的多维概念对改善政策决定和结果的作用是巨大的。通过在早期阶段关注与人民息息相关的许多方面的成果，政策制定者可以更好地确定如何应对挑战，更有效地确定治理的优先事项。

通过向人民提供实现更大福祉的机会并帮助他们抓住这些机会，决策者不仅将福祉作为一种内在的目标加以促进，也通过投资居民的潜力，使其成为长期经济增长、社会发展和稳定的关键驱动力。通过关注福祉的可持续性，决策者可以最大限度地发挥经济长期增长的潜力，更好地保护其经济不受冲击。在这两种情况下，决策者都力求建立和维持一种“良性循环”，为人民和社会造福。

1. 人民福祉的现时性

人民福祉是个多维度概念，不同国家有不同的解读。但都强调以人为本，而不是以经济为中心；它反映的是结果（即生活条件的改善和健康状况的改善），而不是投入或产出状况（如卫生保健支出或治疗的病人数量等）；它不仅关注平均值，也关注结果的分布。它综合考虑了居民客观条件的改善和主观感受到的幸福等。

人民福祉的具体内容有很多，总体上以福利共享、机会均等和可持续发展为主体，具体可以包括：确保所有公民享有社会经济发展的成果，减少社会不平等，提高底层人口的生活水平，增加社会的流动性，特别是增加人们向上层社会流动的机会，以及促进环境和社会的可持续发展。

不少发达国家都开始建立一个衡量人民福祉的指标体系。其中包括经合组织的美好生活指数。法国、意大利和瑞典已经建立了一套用于监测和报告的幸福指数，作为预算程序的一部分。在荷兰，中央统计局（Central Bureau of Statistics）于 2018 年发布了首份年度幸福指数报告，目的是为公众和政治辩论提供信息，并促进问责。英国在 2014 年建立了一个“福祉研究中心”（What Works Centre for Wellbeing），为政策制定者提供关于政策对公民福祉影响的证据。

类似的举措也在欧盟之外展开。新西兰在这一领域比大多数国家走得更远。新西兰利用财政部的生活标准框架，在2019年公布了世界上第一个幸福预算（见表4-1）。新西兰幸福预算的出发点是，经济增长本身并不能造就一个伟大的国家，需更加关注公民福祉。福祉预算优先项目拓宽了对成功的国家建设和管理的定义，即不仅包括财政健康，还包括自然资源、人民和社区的健康。

表4-1　2019年新西兰幸福预算

认真对待心理健康	提供4.55亿新元建立一个新的精神健康前线服务，到2023—2024年为32.5万人提供服务； 为预防自杀增加4000万美元预算； 服务人数增加5600名额外的中学生，并配备更多的学校护士； 为解决无家可归问题，政府提供1044个新地方，住房优先计划涉及2700人
改善儿童健康	专家服务作为3.2亿新元解决家庭和性暴力一揽子计划的一部分； 打破公立看护儿童的循环，包括帮助3000名年轻人独立生活； 通过增加对1—7年级学生的资助来减轻家长的经济压力； 通过指数化主要福利和取消惩罚性制裁来提高收入
支持毛利和太平洋岛国居民的行动	主要增加以家庭为中心的服务，包括关注健康和降低重新犯罪率； 确保毛利语和太平洋语言的生存和发展； 2200名年轻人加入太平洋就业支持服务； 一个针对风湿热的1200万新元的项目
建设高生产力国家	3亿美元基金用于填补风险资本缺口，让初创企业得以成长和成功； 1.06亿新元用于创新，帮助新西兰过渡到低碳社会； 近2亿新元用于职业教育改革，以促进学徒和贸易培训； 通过Mana in Mahi为近2000名年轻人提供学徒机会
经济转型	为KiwiRail增加超过10亿新元的资金； 通过投资科学研究帮助农民应对气候变化挑战； 以2.29亿新元的一揽子计划鼓励可持续的土地利用； 改善危险流域的水质
投资	在新西兰投资17亿新元用于在未来两年内修复医院； 未来10年的学校投资为12亿新元； 肠道检查计划扩展至另外五个区卫生委员会（DHBs）； 投资29亿新元用于提供更好和更多的医疗保健服务

资料来源：New Zealand Treasury，The Wellbeing Budget 2019，2019.

2. 人民福祉的可持续性

衡量人民福祉不仅要注重当前的结果，即生活是否已经变得更好，人民是否平等享有必要的生活、工作条件和资源，而且还要考虑如何在中长期维持和增加人民福祉。这要求确定维持和增加人民福祉所需的基本资源的存量和增量要求，以支持目前的幸福水平或更高的幸福水平在未来可以实现，从而使人民福祉具有可持续性。

人民福祉的可持续性可以通过衡量经济、自然、人力和社会资产等不同类型的资产来判断。这些资源可以为社会带来一系列未来利益，其存量可以依据当前的决定增加或减少。这些不同类型的资本不仅是促进和维持长期福祉所必需的资产，也是促进长期经济增长的基本资产。因此，有必要对所有这些资产进行投资，并强调缩小获得和使用这些资产的差距，以及积累这些资产的重要性。

3. 包容性增长是增加人民福祉的必由之路

包容性增长意味着在经济增长过程中为经济参与者提供公平的机会，使社会各阶层都能通过全社会公平的货币和非货币的方式的分配，从经济增长的成果中受益。它是指减少最弱势群体的劣势，同时使所有人受益的增长。包容性增长既强调结果也强调机会。也就是说，除了分享增长带来的好处外，人们还必须积极参与增长和发展过程。包容性增长可被视为增加了公众的参与机会，包括参与生产性经济活动和对增长进程的方向拥有发言权。

包容性增长涉及单纯的经济增长以外的其他方面的改善，是一种先进的发展观，它关注生活条件和赋权的全面改善。因此，通过更好的教育、交通和就业支持，将人们与劳动力市场中存在的机会联系起来至关重要。包容性增长意味着必须寻求积极影响和塑造就业机会，包括提高雇主对技能的需求，塑造经济中的职业和部门构成，最终提高工资水平，改善雇佣合同的条款和条件等。

增加平等和高质量的受教育机会是包容性增长的一个核心内容，其积极作用不仅仅是促进 GDP 增长，提升就业率和就业安全感，还包括对福祉的许多其他方面（如医疗保健等）产生积极影响。政策可以通过增加各阶层获得高质量教育的机会来改善福利和提高经济绩效。实现这一目标的重要手段包括提高学前教育水平，降低学生与教师比例，缩小学术和职业教育的差异，降低资助高等教育学生的门槛，以及培训和终身学习等。

健康作为一项基本人权，也是包容性增长和增加人民福祉的核心内容之一。健康状况对幸福的其他方面的影响远远超出其对国内生产总值增长的影响。健康状况不佳则会减缓儿童的认知发展，影响教育成果。健康也是就业和主观幸福的一个重要决定因素。健康状况的改善有助于提高劳动力市场参与度，增加储蓄，促进经济增长。健康问题除了造成人员伤亡外，还对社会和公共财政造成重大经济负担。

旨在提升卫生保健水平的政策可以通过确保所有阶层的人都能获得高质量的保健服务来改善福祉和提高经济绩效。相关政策优先事项包括提高卫生保健系统效率，扩大基本卫生保健所涵盖的商品和服务范围，以及制定更系统的诊断和治疗方案以改善心理健康状况和减轻工作压力等。预防措施和高水平的健康保护是一项必要的政策内容，它们往往比事后处理相关的健康问题更有效，从长期看，更能降低成本。

更具包容性的社会保护和再分配体系对包容性经济政策和经济长期可持续的增长也非常重要。社会保护和再分配通过两个主要机制对福利和经济增长产生影响。首先，社会转移保护人们不受经济波动的影响，帮助他们更快地从不利冲击中恢复过来。其次，它们可以防止目前结果的不平等转化为下一代机会的不平等，特别是在卫生、教育和劳动力市场方面。在此过程中，社会保护有助于提高社会经济复原力，促进物质和人力资本投资，以及促进经济增长。

社会保护和再分配对福利的影响不仅限于对收入的影响。有证据表明，社会保护和收入的再分配与较高的主观幸福感有关。政策可以通过建立更具包容性的社会保护体系和减少机会、结果方面的不平等，改善福祉和提高经济绩效。制订良好的社会保险和援助计划，结合积极的劳动力市场政策和拉动劳动力需求的政策，可以非常有效地保护个人，同时产生更好的劳动力市场结果。

此外，促进性别平等也有利于包容性社会经济的发展。例如提高妇女就业率可以减少收入不平等，提高生产率。政策可以通过帮助妇女缩小在获得高质量工作方面的性别差距，改善福祉和提高经济绩效。同时，致力于制定平衡工作和家庭生活的雇佣和社会政策，如完善的早期教育和护理服务，可以减轻妇女在家庭生活方面的顾虑，从而创造更为公平的男女竞争环境，有助于男女更好地平衡工作与生活，实现更大的社会福祉。

（二）区域治理的多目标化与包容性治理的同质性

区域公共治理主体在关注多维福祉时应注意两个主要内容：一是区域经济增长如何转化为生活水平的提高和对公民而言最重要的社会进步；二是区域整体福祉的根本驱动因素如何能够成为更强劲、更可持续的长期经济增长的驱动因素。在制定政策时，区域公共治理主体应重新调整投资的优先次序，考虑福祉与长期经济增长之间的联系，以保持“福祉经济”的良性循环，并需要适当评估政策的影响，将其对福祉和长期经济增长的不利影响最小化。

事实证明，对多维度人民福祉的关注在改善政策决策和成果方面的潜力巨大。广泛地关注多维福祉，可以使决策者更多地了解经济发展及其对公众的影响，使决策者可以更好地确定表现良好的领域，特别是在早期阶段发现存在挑战和关系紧张的领域，并了解福祉的不同组成部分在特定区域背景下如何相互作用，从而更有效地确定优先事项，更好地评估不同政策选择的成本和效益，并制定相应的政策，采取相应的治理方案与行动。

对多维度区域福祉的关注，意味着公共治理向包容性政策和行动的转向。从治理的角度看，在整个政策制定和执行周期中，确保公众的声音被倾听。确立衡量人民福祉的指标不仅有助于提高效率、政府透明度和响应性，而且有助于恢复信任，加强基层民主，推动居民对治理过程的参与。在数字时代，数字科技和开放性政府措施在这方面可发挥更大的作用。

从区域治理模式和治理内容上来看，包容性政策和行动意味着加大公民和社会参与公共治理的力度，使公共治理更能对社会需求及时做出反应，且更能增加公众对公共治理的信任；加大力度推动协调各级部门以及部门间的合作，实施整体性治理；要通过应用新技术、增加新的服务内容和服务方式，提升政府的治理和服务效率；将收入和利益的再分配纳入事前而不是事后的公共政策制定。

包容性治理意味着在公共治理决策中嵌入包容性，确保公民在政策的设计和评价中发挥作用。更多的利益相关者参与可能有助于提高具有广泛公众利益的领域的政策、标准和项目的效率。这种包容性政府治理也符合现代社会开放政府的公共治理模式。它意味着可能需要采取协调行动来加强体制框架。

公开、透明和横向的决策过程有助于实现制定更加以人为中心的政策的目标。这可能需要努力提高预算透明度，确保健全的公共财政管理，适当评估管制政策、政府的可靠性及其应对不利冲击的能力。这需要采取进一步行动，更好地了解公民的行为、需求和福祉，并将其纳入公共服务战略的设计和实施，同时考虑到数字技术和公开的政府倡议所提供的机会。

在区域社会治理上，这意味着对落后的地区，特别是农村地区进行投资，包括促进高质量的托儿、早期教育方案的制定，促进终身学习和技能习得（特别是通过职业教育和高等教育）；确保获得优质的保健服务、住房和基础设施；促进落后地区对先进地区的追赶；改善社区福祉和扩大、提升社会资本的规模与质量等。

在区域经济增长政策与行动上，包容性政策和行动意味着激发企业活力和建立具有包容性的劳动力市场。其中包括提高生产率和企业活力，同时确保技术的传播，特别是对年轻的小企业；促进劳动力流动和增加就业机会，特别是赋予妇女和其他少数就业不足的群体机会；依据未来的工作和就业发展趋势，进行劳动力市场和社会保护制度的调整和变革；加强贸易和投资等。

包容性政策和行动也意味着区域政府主体可利用智能数据技术设计继续推进以人为本的政策制定和实施。以大数据为基础的日益个性化的服务和社交媒体的使用可以确保影响和交易成本得到适当评估，从而加强公共行政部门与公民的互动。另外，通过这些新的数据技术，为公民提供适当的数据、资源和信息，可以让其对自己的生活、个人和职业发展做出更好的决定。以智能数据技术为基础，可以强化以人为本的政策方针和多维度的福利方针，使其成为公共部门创新的新动力。

第二节　通过大都市圈化与城市群发展提升区域公共治理的迫切性和必要性

一　后城市化时代的大都市圈化和城市群发展

城市是国民社会经济生活的一个主要载体。随着城市的大都市圈化，加强以城市群为基础架构的区域公共治理，成为推进区域整合和协调发展的一个重要契机。在后城市化时代，随着交通基础设施的发达，城市规模逐渐扩大，大都市化明显，人员流动更为频繁，人员构成更为复杂，城市系统的复杂性增加，对城市治理和发展的需求更加多样化。

此外，在区域层面，城市空间格局更加扁平化，大城市一枝独秀的局面会被逐渐打破，城市群逐渐兴起，同一地区内甚至相邻地区城市与城市之间的人员流通、经济联系更加紧密，双城记，甚至多城记，已是很多人的生活方式。同时，大城市生活成本的压力和对生活质量的迫切要求，使城市与乡村之间的联系更加紧密，城乡之间的界限更加模糊，城乡融合，包括城乡服务、设施和经济等更趋于一体化。

（一）后城市化时代的大都市圈化和城市群发展

大都市圈是指由城市和周围社区组成的地区，通常包括一个人口众多的核心城市及其周边区域，大都市圈所界定的领域社会和经济的相互作用显著。例如，生活在偏远农村地区的人，可以到很远的地方去工作、购物或参加城市中心的社会活动。大都市圈与传统城市的区别是人口的增加和空间的增大，美国人口最多的大都市圈是纽约—纳沃克—泽西城，它横跨三个相邻的州：纽约、新泽西和宾夕法尼亚。

在欧美国家，大城市圈早已不局限于经济和社会功能上的讨论，而是成为有更为明确的空间范围的空间统计单元，以指导公共政策制定。在美国，大都市圈被美国管理和预算办公室（OMB）定义为都市统计区域（Metropolitan Statistical Areas，MSA）。而欧盟则将大都市地区定义为 NUTS 3 地区或 NUTS 3 地区的组合，代表聚集了至少 250000 名居民。

近年来，无论在政策还是公共治理上，大都市圈都是国家和区域发展的重要空间组织形态和空间载体，其对经济发展和经济转型的重要性在日益增强。不少大都市圈已经被视为国家经济的引擎和经济增长的中心。大部分国家的 GDP 从这些都市圈中产生，它们不仅是各国经济增长的中心，也是研究、创新和创造潜力的中心，吸引着资本和人才。以大都市圈为空间单位推动区域发展，提升大都市圈治理能力，参与全球竞争已成为各国区域发展的战略选择。

大都市圈的空间公共治理内容广泛。许多大都市圈是信息和服务提供、循环经济、环境可持续性、能源效率和可持续交通等方面智能解决方案的先驱。大都市圈在推动城乡融合和区域协调发展方面有着不可替代的重要性，它们也是应对全球气候变暖的主力军。以欧洲为例，70%以上的减缓气候变化的措施和高达90%的适应行动是在地方一级执行的。

大都市圈化产生的诸多问题增强了以大都市圈为空间治理单元的区域公共治理的迫切性和必要性。大都市地区必须解决对优质公共服务日益增长的需求和有限的财政资源的矛盾，这对人口的整体生活质量有显著影响；随着大量的工人到城市中心工作，大都市圈必须在公共空间引入积极的交通和流动性解决方案，并提高跨境流动性，解决交通拥堵问题。因为交通拥堵会降低空气质量，对人口的健康造成不利影响。

随着大都市圈化，出现一系列社会问题，包括城市贫困、就业难和犯罪率上升等，以及更多的与环境质量相关的挑战，因此需要引入可持续能源，发展循环经济，提高地下水质量，消除由工业密集和人口增加所造成的环境负担，适应气候变化等。住房问题也是大都市圈化所带来的一个重要挑战。一些地区的人口减少，而另一些地区的住房需求巨大。在住房需求大的城市，房价的增长速度快于收入的增长速度，导致社会不平等加剧。

此外，大都市圈化加大了区域内城市与乡村的联系以及城市在区域发展中的影响力。大都市区通常也包括农村地区，在大都市区内建立良好的城乡联系和避免政策不协调是非常重要的。大都市圈化正在经历经济转型的区域高失业率和复兴问题。这些区域正在应付工业外迁的不利后果。他们面临着高失业——往往是长期失业——同时必须解决废弃工厂的改造、贫困城市地区和邻近地区的重建问题。

都市圈是新时代大城市实现高质量发展的空间载体。2019年2月，《国家发展和改革委员会关于培育发展现代化都市圈的指导意见》的发布显示了中央政府对后城市化时代大都市圈和城市圈发展的准确把握。该意见以促进中心城市与周边城市同城化发展为方向，推动统一市场建设、基础设施一体高效、公共服务共建共享、产业专业化分工协作、生态环境共保共治等，培育发展一批现代化都市圈。

都市圈或城市群的发展是一种系统性的发展，符合后城市化时代的城市和社会经济发展的总体特征。它有别于传统的城市规划和城市经济发展，它的本质不是个体城市的竞争力提升，而是区域内以城市为节点，在统筹协调和适宜的空间功能布局基础上，通过城市间联动和协同发展，推动区域内不同行政区域经济、社会和环境等诸多方面的联动，实现区域社会经济和环境系统的高质量发展。

城市群的均衡发展一方面可以有效解决由资源过度集中于大城市而带来的大城市病问题。通过层级化的城市群结构，大城市可以在更大空间范围内有效转移生产和生活资源，从而有效改善工作和生活条件。另一方面也可以通过合理的空间布局，以城市为节点，优化不同行政区划间公共领域的投资，带动中心城市及其周边三四线城市和乡镇发展，促进城乡融合，增加区域人民福祉，并且在更大规模上发挥区域的比较优势和集聚效应。

（二）建立均衡的区域城市空间体系是城市群空间治理的关键

重视规划引领、强化规划实施是实现大都市圈或城市群高速发展的重要措施。前期的空间治理规划是实现都市圈可持续发展的保障。空间规划的目的，在经济上是通过建立统一市场、实现产业梯度结构和产业链建设，促进显性的经济增长；在社会和环境发展以及生态保护上，是促进交通和通信等基础设施硬件水平的提升以及空间、环境及公共服务等方面的区域协调等。

充分发挥空间规划的引领作用，需要城市群协商制定与国家公共治理的总体目标一致的区域公共治理共同目标，即增加区域人民福祉。在这一目标指导下，坚持以问题为导向，依据城市群所处的历史背景、公共问题的实质以及不同利益群体的诉求，以多元化主体参与的方式，通过协调不同城市区划的利益，制定相应的治理方案与措施，有效避免目标差异化所造成的冲突和资源浪费，解决城市群的公共治理问题。

以城市群为基础的空间发展规划要秉承以人为本的原则，在增加居民整体福祉的共同目标基础上，要重点关注居于主体地位的多样化和差异化的城市居民利益需求。这意味着城市群的协同规划要做好生产生活质量与生态环境质量的平衡，确保为居民提供更优质的社会服务，以及确保公共服务供给输出在城市群这一更大空间中的平等，同时鼓励多元化主体参与，包括激发城市居民的参与意识和鼓励城市群协同治理过程的多元主体参与等。

建立以中心城市为轴心，次级城市为节点的均衡的区域城市空间体系是城市群治理的空间基础。一方面，确立城市群中中心城市的轴心地位，特别是充分发挥其在资源、人才和信息等方面的优越性，以及其在新型技术产业发展和创新创业方面的引导力，增强服务节点城市的能力，从而增强其整体辐射带动能力。另一方面，要加大对节点城市的政策扶持，提升其在人才吸引和创新能力建设方面的能力，推动节点城市与中心城市联动的高质量发展。

中心城市和节点城市的互动与协同发展可以依据区域资源禀赋、产业结构、人才特点等区域特质探索不同形式的协同方式。在中心城市相对发达、节点城市发展不足的地区，要发挥中心城市的综合带动作用，在产业发展、技术创新和生态环境保护方面，要加大中心城市的示范带动效应。在中心城市和节点城市发展相对均衡的地区，要注意发挥城市之间的联动效应，从而更有效地整合区域各种资源，扩大区域比较优势。

基础设施是建设均衡的区域城市空间体系的基础。必须加大对高速公路、高速铁路、航道、通信干线、运输管道等体系构成的区域性交通基础设施网络建设的投入。在数字化时代，要特别注重信息、多媒体、大数据、云计算和人工智能等高新技术在区域城市空间体系中的应用。通过交通基础设施网络和数字化基础设施网络的空间布局，形成和完善区域城市化是大城市空间发展体系的基础条件，为区域城市群治理奠定基础。

均衡的区域城市空间体系仅仅是城市群治理的空间基础。城市群的治理还需探索和建立多样化的高效的协调治理机制。依据世界各国的经验，对大都市群边界进行科学的界定是城市群协调治理机制建设的第一步。它一般以通勤范围所代表的劳动和就业区域来界定，往往突破原有的行政区划的界限，形成社会经济功能与行政区划错配的局面。

在此基础上，城市群治理需在中央指导下探索灵活有效的区域城市群之间和部门之间的协调机制。协调机制依强制程度不同，既可以上升到区域协调治理的法治化建设，由基本法和专业法规进行规范以保证城市群空间治理的严肃性和权威性，也可以更加松散的或非制度化的协作方式，如联席会议和不定期的交流，来消除由行政权力壁垒所造成的协同低效的问题，建立成本共担和利益共享机制。

二　城市群建设与农村农业发展的互利共生关系

（一）城乡融合是区域整合和协同发展的有机组成部分

2020 年 4 月 9 日发布的《2020 年新型城镇化建设和城乡融合发展重点

任务》要求加快实施以促进人的城镇化为核心、提高质量为导向的新型城镇化战略，增强中心城市和城市群综合承载、资源优化配置能力，提升城市治理水平，推进城乡融合发展，为全面建成小康社会提供有力支撑。[①] 该文件从提高农业转移人口市民化质量、优化城镇化空间格局、提升城市综合承载能力、加快推进城乡融合发展等方面提出了发展要求。

与城市群建设一样，城乡融合是区域整合和协同发展的有机组成部分，它强调以一种综合发展的方式来推进城市发展和乡村建设。农村和城市地区之间的联系和相互作用在规模和性质上存在巨大差异，很难简单概括。但是城市和农村地区拥有不同的、往往是互补的资产，更好地发挥这些资产的互补效应对推动区域整合、提升社会经济绩效十分关键。城乡联系也体现在人口流动、劳动力转移、公共服务和环境等方面。

真正综合的发展办法必须超越城市内部政策协调和传统的农村问题，将城市的发展与新农村建设统一起来考虑。除了需要考虑城市中心地区和周边农村地区的一体化外，也要在更大空间布局上考虑城市和农村如何在公共服务供给和经济发展方面做到有机结合。这就需要建立城乡合作伙伴关系，加强并更好地管理城乡关系，更有效地利用和规划土地，更好地提供服务（例如公共交通、卫生服务）以及更好地管理自然资源，促进城乡综合社会福祉水平的提升。

如果管理得当，城市与乡村之间的相互作用是经济、社会和环境可持续的平衡区域发展的基础。基于地方政府与公民“更接近”的假设，区域发展越来越多地与地方分权的进程相关联。这意味着它对公民更加负责，并且更好地理解地方需求和优先事项。如在绿色增长、住房、运输和通信基础设施等方面，要更好了解地方与城乡居民的不同需求，力求做到经济、社会和环境可持续发展的平衡。

城乡人口流动，特别是农村人口向城市的流动是以人为中心的城乡融合发展的内在要求。农村人口向城市的转移在转型期是个长期存在的客观事实，不是短期的社会现象，它符合城市和农村社会发展的规律。因此，必须继续加大力度解决在城市务工的农村人口的“流动性”或不稳定问题。

---

① 参见《2020 年新型城镇化建设和城乡融合发展重点任务》，中华人民共和国国家发展和改革委员会网站，https：//www.ndrc.gov.cn/xxgk/zcfb/tz/202004/t20200409_ 1225431_ ext.html。

城市基本公共服务的供给必须同时满足城镇居民的需求和未有所在地户口的务工人员的需求。

城市群的发展和以中心城市为轴心、次级城市为节点的区域空间城市布局有助于缓解超大城市公共服务和就业机会过于集中、以住房和交通为代表的生活成本负荷大、公共服务供给不能满足需求，以及社会和自然环境恶化的问题。通过更加均衡的区域空间城市布局，公共治理主体可以解决在城市务工的农村人口的安置问题，包括住房、教育以及医疗卫生问题，从而使社会经济发展更加和谐，总体福祉水平提升。

推动城乡融合，特别是增加公共服务供给意味着相当大的财政支出，对区域财政和融资能力是一个大的挑战。鉴于转型期城乡发展的巨大鸿沟，常态化的公共服务供给如公共交通和通信等基础设施、市政设施（如公园、绿地和图书馆），以及垃圾处理、生态环境保护等都需要较大的资金投入。这些往往超出地方的财政承受能力。这就需要政府除了在公共服务支出方面更加慎重和科学化以外，还需要借助民间力量，筹集资金，使公共服务供给可持续。

（二）通过新旧动能转换加快城乡融合，推进区域整合

城乡融合过程也是区域生产要素配置、增长方式和产业结构调整和优化，培育新动能，实现新旧动能转换的过程。在城乡融合过程中，通过推动新动能的培育，包括绿色可持续发展、战略性新兴产业和新型服务业的发展，可以加快城乡融合，最大限度地优化资源配置、提高经济运行质量，形成优势互补、联动发展、互利共赢的区域协同发展新格局。

通过城乡融合可以为新动能的培育和壮大创造条件。城乡融合的一个主要内容就是补齐铁路、公路、机场和水路等硬件基础设施短板，同时在优势产业、土地、环保和人才建设上增加财政投入，改善城乡融合的软件基础条件。这些都为优化区域空间结构、建立全市场一体化发展机制、促进要素在区域间充分自由的流动创造了有利条件，既能带动相关产业的发展，也能很好地催生新动能的出现，为新动能的培育和壮大创造条件。

在城乡融合背景下，新技术和新产业将获得更大的发展空间。在知识经济时代，以科技创新为特征的高新技术产业是新动能发展的根本推动力。特别是随着数字化时代的到来，以新一代互联网、大数据、云计算、人工智能、新能源、新材料、大健康和生命科学为代表的新技术产品与服务的

发展需要一个良好的空间。城乡融合的统筹布局能有效推进这些新技术在区域内落地生根，为区域增长增添新的动力。

城乡一体化的过程也是绿水青山变成金山银山的过程。转型期从粗放式经营的增长模式向高质量发展转变，是为了减轻粗放的增长方式给生态环境造成的巨大压力，实现经济增长与生态环境保护的平衡。在后工业社会，人们除了需要追求物质的满足外，也更加重视生活环境质量的改善，包括自然生态环境的改善。对绿色增长方式的开发，如开发绿色技术和产品也是城乡一体化的重要内容，它符合发展的需求，也能为高质量发展提供新的动力。

（三）绿色可持续发展是城乡融合过程的关键增长点

在过去三四十年中，特别是上个十年，人类采取积极措施加强合作，应对气候变化的挑战，改善日益恶化的生态系统，提升地球有限的承载能力，绿色可持续发展因此取得了重大进展。2015 年，联合国大会就可持续发展目标达成一致，发布了《2030 年前瞻性议程》。同年，《巴黎协定》在巴黎气候变化大会上通过，2016 年 4 月 22 日在纽约签署，该协定为 2020 年后全球应对气候变化行动做出安排。

绿色可持续发展是推动城乡融合过程的关键。绿色可持续发展意味着促进经济增长和发展的同时，确保自然资产能继续提供公民福祉所依赖的资源和环境服务（见图 4-2）。以均衡的经济增长、环境和生态资源保护与建设为基础的城乡融合与统一，以及总体的社会和谐，也是绿色可持续发展的重要组成部分之一。

绿色可持续发展可以从以下几个方面推动经济增长：通过鼓励提高自然资源使用效率、减少浪费和能源消耗，释放创新和创造价值的机会，提升资源配置效率；通过提高政府处理重大环境问题的可预测性，增强投资者信心；通过刺激对绿色产品、服务和技术的需求，开拓新市场；通过征收绿色税和取消对环境有害的补贴来调动促进财政整顿；减少资源瓶颈对增长造成负面冲击的风险和破坏性以及潜在的不可逆转的环境影响。

区域资源禀赋和演化发展的异质性，意味着推动绿色可持续发展没有“一刀切”的药方。经济增长路径的“绿化”取决于国家和区域的政策和制度设置、区域发展水平和发展特征、资源禀赋和特定的环境压力点。发达

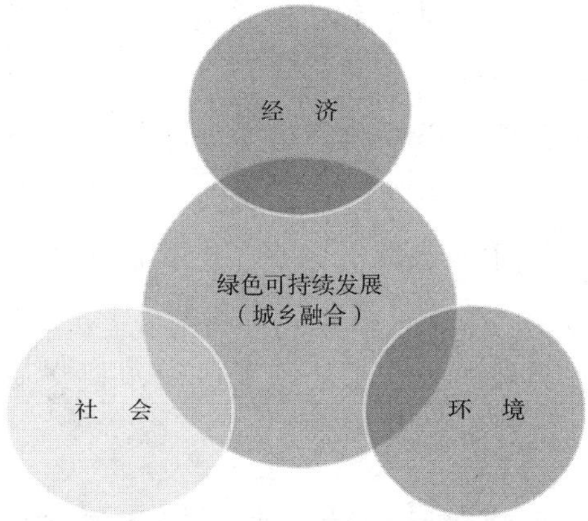

图 4-2　绿色可持续发展框架

国家、新兴国家和发展中国家面临着不同的挑战和机遇，经济政治环境不同的国家也将面临不同的挑战和机遇。因此，下大力气做好调查研究和统筹规划，因时因地制宜，是区域绿色可持续发展的唯一出路。

其中，促进经济和环境政策的相互作用是治理的核心。它考虑到作为生产要素的自然资本的全部价值及其在增长中的作用，提出减轻环境压力的有效方法，以促进向新的增长模式的过渡，从而避免跨越关键的地方、区域和全球环境阈值。创新在其中是关键。现有的生产技术和消费者行为只能在一定程度上产生积极的结果。这是一个边界，越过这个边界，自然资本的消耗会对整体增长产生负面影响。

很难确切知道在所有情况下这条边界的位置，但在缺乏创新的情况下，可再生资本替代（枯竭的）自然资本的能力是有限的。创新可以在一定程度上帮助经济增长摆脱自然资本消耗增加的旧有模式，在现有资源使用的基础上实现生产曲线的向上推移。此外，对绿色可持续发展的衡量要超越GDP 这一衡量经济进步的指标，不能忽视自然资产对财富、健康和福祉的贡献，而是以一系列进步指标为衡量指标，包括增长的质量和构成，以及增长如何影响人们的财富和福利等。

推动绿色可持续发展需要评估自然资源和生态系统服务。对自然资源、生物多样性及其提供的生态系统服务进行评估并适当定价，可促进这些商品和服务的可持续利用。例如，定价可以是分配水资源的一种有效方式，特别是在水资源稀缺的地方，也可以鼓励更可持续的消费。适当的水费可以产生必要的资金，帮助支付水基础设施的费用，这对确保所有人继续获得水供应和卫生服务至关重要。

这一经济手段在生物多样性和其他生态系统服务方面也会发挥极大作用。对生态系统和生物多样性提供的服务进行货币价值评估，可以使它们的价值更加显性化，并可推动做出更好、更具成本效益的决策。建立市场和激励机制以评估和获取这些价值是绿色增长工具包的一个重要组成部分，例如可通过对森林和流域的生态系统服务收取水权交易费或进行有准入门槛的生态标签认证等提升生态服务水平。

三　领导力是承前启后的后工业化时代城市群建设的核心

（一）后工业化时代从管控式公共管理到弹性动态公共治理

“后工业化时代”是一个国家工业化发展在以大规模机器生产为特征的工业生产活动后所经历的一个工业化发展时期。在这期间，服务业在国民经济中占据主导地位，其所占的国民经济比重超过制造业的比重，并逐步上升。与之相反，农业和制造业占经济总量的比重持续下降，并明显低于服务业所占比重。创新成为社会经济发展的主要驱动力。数字化时代的到来，更凸显了以大规模机器生产为特征的工业化时代的终结和以知识经济为主导的后工业化时代的到来。

后工业化社会最早由贝尔（Daniel Bell）在《后工业社会的来临》中提出，“后工业社会首要的、最简单的一点是大多数劳动力不再从事农业或制造业，而是从事服务业，如贸易、金融、运输、保健、娱乐、研究、教育与管理”①。在后工业化时期，需求变得动态化、多样化和个性化，成为社会经济发展的重复决定因素，各种公共治理问题也因此变得更加复杂和多变。②

管控式管理是工业社会的产物。其核心是公共治理由政府治理主体一方面承担，以层级式自上而下的行政管理模式为其主要管控模式。在工业社会

---

① 陆军、林冠廷：《后工业化时代与城乡二元结构——现象与研究综述》，《现代管理科学》2018 年第 7 期。

② Daniel Bell, *The Coming of Post-Industrial Society*, New York: Basic Books, 1973.

中，社会分工明确，个体与组织的社会经济功能清晰。因此管控式管理在推动社会稀缺资源的有效配置，确保社会经济活动的正常进行，提升社会经济的效率方面备受推崇。这种治理模式主张对社会经济进行高效控制。

在后工业化社会，以知识经济为主导，社会经济活动更加多变和网络化，新事物和新情况不断涌现，社会经济功能包括个人职业和社会角色以及社会组织的形式和内容不再程序化，而是动态的且富有弹性，这使得社会分工变得模糊，特别是个体与组织的社会经济功能不再如工业社会那样清晰。管控式管理方式也因此失去了其赖以生存的社会经济环境，变得不合时宜，它在面对日益复杂和跨界的公共治理问题时，显得被动和乏力。

在后工业化社会要建立一种动态的公共治理模式以适应新的情况变化。这就需要不管是何种形式的公共治理主体都要在公共治理过程中以学习的态度，秉持开放和创新的理念，在不确定和迅速变化的环境中，增强对公共问题的理解和对公共需求本质的认知。在公共治理过程中，价值理性和工具理性的认知和选择，都不能照本宣科，要创新性地设计公共治理的过程和选择治理工具，以真正有效地回应社会公共需求。

在后工业化社会，从管控式管理到动态弹性治理的一个重要途径是在公共治理中实现公共治理多元化的主体参与。也就是说，除了政府治理主体在公共治理中具有主导或引导作用外，还要赋予公众、社会和企业等各级各类社会主体参与公共治理的权利和义务，充分发挥其主观能动性。多元化主体参与，从对公共治理问题本质和需求的了解，到协商合作达成共同的治理目标，再到制定可行的公共治理方案和具体工具选择等，有助于提升公共治理效能。

（二）后工业化时代多元主体和弹性区域公共治理对领导力的迫切需求

在后工业化时代，公共治理问题日趋复杂，在全球化带来的竞争压力与公民参与意识增强等诸多因素的合力推动下，公共治理逐渐突破传统管控模式的束缚，向现代化公共治理的方式转变。在组织形式上，公共治理有越来越多的社会力量的参与，逐步形成政府、社会、公民合力共治的新局面。

在区域层面，越来越多的人开始关注领导力在区域发展中扮演的重要角色。在区域层面，后工业化时代所面临的各种问题，如食品安全问题、环境污染问题、医疗保障问题、收入差距问题等，引起了公众的广泛关注。面对纷繁复杂的公共治理问题，除了需要加强政府的服务功能外，区域整合中领导者的领导力也要提高。与工业化时代相比，后工业化时代的开放式和网络化的区域发展格局对领导力的要求更高。

领导者或团体需要对后工业化时代的区域发展和整合的方方面面有充分的了解和掌握。有较高领导能力的地方可能比那些没有培养领导能力的地方在经济上更成功。想要在未来取得成功的地方，需要规划并实施战略，以便在短期、中期和长期内为它们提供有效的领导力。强化与社区的联系与互动，了解需求和获得民众支持，也能有效促进领导力的提升。

在区域整合和协同发展方面对公共治理的领导力提出的要求主要体现在领导者的引领作用。引领的前提是领导者专业素质的提升和对后工业化时代社会经济发展特征的准确把握，对相关发展问题和发展趋势的综合判断。其中包括协调和引领区域整合和发展，引领区域空间规划和新型城镇网络化建设，以及引领区域融资长效机制建设等。

1. 协调和引领区域整合和发展

在后工业化时代，社会经济问题越来越复杂化、精细化。这都会在区域层面体现出来。这需要领导者有对区域发展的准确把握和判断。同时，群众需求越来越多元化、个性化。在此背景下，政府部门的单打独斗已不能有效推进社会治理，需要政府、非政府组织、私人组织、公民等在内的多元主体的共同参与，形成政府主导的网络化治理结构。

这就需要政府治理主体能有效引领在自愿和平等基础上的多主体的协商合作。政府部门在协商合作的过程中扮演组织者和协调者的角色。它需要依据所面临的问题或形势判断，将利益主体召集起来，组织参与主体就公共问题的实质、各方的利益诉求展开讨论，并通过合适的方式使参与主体就共同目标以及达成共同目标所需的相应行动达成一致。如果没有对利益主体的引领以及超强的组织和协调能力，整个过程的协商合作将很难取得成效。

随着公民参与意识的增强，传统的指令性管理方式已经不合时宜。政府治理主体必须逐渐转变治理理念，更多采用柔性化的手段，有效和有序地引导公民和其他利益主体对公共治理的参与。在这个过程中，政府领导干部扮演着引导者的角色，在此基础上政府领导干部才能真正了解公民的意愿，回应公民的意愿，与公民达成共识，形成更为公民接受也更易执行的公共治理方案。

2. 引领区域空间规划和新型城镇网络化建设

与城市规划相比，区域空间规划涵盖的范围更大，它包括一个或多个城市，但农村地区仍是规划的核心之一。随着农村地区的发展，许多发展水平较低的城镇，也构成了区域规划的主要内容。地区计划，特别是超级大区的规划可以跨越省或州的边界。区域规划的目的是整合更广泛的地区，以实现“区域”的整体增长，统筹城乡一体化和区域整体均衡发展，以满足落后地区的需求，也为相对发达地区提供更高层次的服务。

与编制土地利用计划的城市规划不同，区域规划强调区域的政策。政策是根据区域内不同地区的不同需求以及共同目标而制定和形成的一种空间愿景规划。区域规划要综合考虑经济、空间和环境目标，它有助于减少区域内城市之间的冲突和资源竞争。如发展小城镇或卫星城有助于缓解超大城市所带来的压力，从而提高生产效率。

在后城市化时代，新型城镇的网络化建设是优化区域空间布局的关键。中小城镇的建设与发展要以科技创新为核心。这有两方面的意义。一方面，在其基础建设中，尽量借助科技创新的力量，提升资源和土地等生产资料的使用效率，如加大使用风、电和太阳能等可再生能源，为新型城镇的可持续能源供应奠定基础。另一方面，通过新技术和新材料的使用把新型城镇网络化建设当作引领我国新技术和产业变革的重要力量。

后工业化时代和知识经济的到来，意味着生产要素的优化配置要充分发挥人的主观能动性，特别是专业人士和科技人员在推动知识经济增长中的作用。这一方面意味着要提升城镇化水平，增强城市生活质量对这些人员的吸引力。另一方面，通过区域规划，有效引导区域统一劳动力市场的建设，建立适应城镇化发展的市场化劳动力流动机制及职业教育体系，不断提高人才质量，拓宽择业的范围与空间。

3. 引领区域融资长效机制建设

此外，要充分发挥政府治理主体在引领融资长效机制建设方面的作用。融资是后工业化时代公共治理的主要任务之一。在后工业化时代，公共治理事务日趋复杂，这往往使得以地方政府为主的区域公共治理主体的责任范围扩大，而相应的财权并未有效调整。地方政府传统的以“吃”土地为主的财政收入不仅不符合区域高质量发展的要求，也不可持续。

所以要探索建立多元化、可持续的融资长效机制，特别是借助民间资本的力量，推动后城市化时代的新型城镇建设。要根据新型城镇建设的不同需求，建立多元化和多渠道的融资模式。政府治理主体要通过制度化措施，放开或降低准入门槛，让更多民营资本参与其中，形成多元投资和利益共享主体。也可充分利用数字化时代的互联网金融日益发达的优势，积极吸引民众的储蓄和影响投资基金投向。

第三节 区域产业和创新生态系统建设需多领域融合、多主体参与

一 组织黏合性是产业集群和创新生态系统的内核

（一）区域创新生态系统

区域创新研究兴起于 20 世纪 90 年代。与传统线性分析方法不同，区域创新系统提供了一种系统性和整合性的分析框架来研究区域创新。全球化促进了创新及区域经济发展的研究，目前区域创新已成为国家创新和区域可持续发展的主要推动力。经济合作与发展组织研究表明，其成员国 10%的地区贡献了 50%以上的研发投入，增长最快地区的人口虽然只占全国总人口的 20%，却贡献了 36%的 GDP。[①]

区域创新系统研究主要涉及相互关联的创新系统和区域科学等领域。创新系统研究基于经济和技术变化的演进理论，把创新看作一个演进的社会过程，在这一过程中，研发、企业合作、资本等各种因素相互影响，互相促进。

区域科学研究更多强调横向创新环境对创新的影响，强调创新不能脱离空间概念，认为创新来自一个地区的地方优势和空间集聚，由特定空间主要因素（包括企业、研发部门及技术转移机构等）之间的合力来推动，促使创新系统发展和演化。[②]

---

① OECD, *Regions at A Glance*, Paris: OECD Publishing, 2016; OECD, *Regions Matter for Innovation, and Innovation Matters for Regions*, Paris: OECD Publishing, 2019.

② Anders Malmberg and Peters Maskell, "Towards An Explanation of Regional Specialization and Industrial Agglomeration", *European Planning Studies*, 5 (1), 1997.

区域创新系统研究的理论框架和研究成果有助于理解影响区域创新的因素间的相互作用，具有很强的政策含义。在国际上，各国政府和国际组织，特别是 OECD 成员国和欧盟，也都在区域创新理论研究框架下来寻求更有效的创新政策。

OECD 从 2007 年起发布了一系列区域创新研究报告，研究地区包括英国英格兰北部、意大利皮德芒（Pidmont）及西班牙巴斯克（Basque）地区等。欧盟 2008 年也出版了有关区域创新系统研究的成果，并发布了区域创新指数报告。

区域创新生态系统是指在一定空间内，由相互关联因素所形成的系统。[①] 其核心是在内外部环境下增强主要因素之间的系统黏合度，而不是仅仅注重这些单个因素或者科技创新指标的提高。提高区域创新生态系统质量是建成高质量区域创新系统的关键。其理论框架大体如图 4-3 所示。

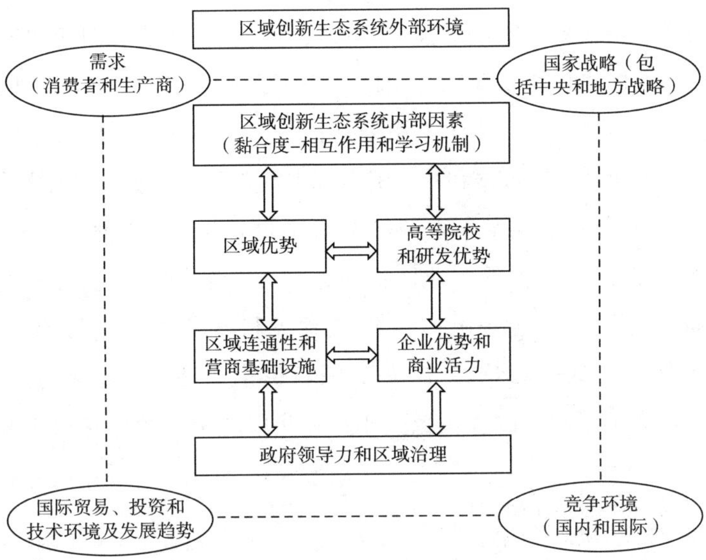

图 4-3　区域创新生态系统理论框架

除了研究区域创新生态系统内部构成外，更重要的是把区域创新的研究放在国内和国际大环境下来考虑。对区域创新生态系统的研究不能脱离所处的外

① Zoltan J. Acs, "The Regional Entrepreneurship and Development Index (REDI): The Case of Spain", *GMU School of Public Policy Research Paper* No. 2012-04 (Revised), 2012.

部大环境。理论框架整合了影响区域创新生态系统的外部环境和内部因素。

具体来讲，理论框架具有以下特征：将区域科技创新研究拓展到整个区域社会经济环境系统创新；结合国际经贸、投资、技术环境及发展趋势；融合国家战略（包括中央和地方战略），深入探究地方特性，包括区域优势、高等院校和研发优势、企业优势和商业活力、区域连通性和营商基础设施，以及政府领导力和区域治理等。

（二）产业集群

区域创新生态系统与产业集群发展密切相关。产业集群一般指相关产业在一定地域空间上的集聚，包括主要竞争性企业以及与这些企业互动关联的供应商、政府及研发机构等。作为一个空间经济关系网络，产业集群通过规模经济与集群内组织之间的合作竞争等为企业创造竞争优势。

决策者和经济发展专家一直强调产业集群对促进就业、创新和经济增长的重要性。这些类似或相关企业在一定区域空间上集聚，拥有共同市场、技术和人力资本，往往通过供求或竞争关系来连接。产业集群通过规模优势创造拥有技术、管理、创业精神、数据和社会资本等丰富资源的高质量创新生态环境。

国际上关于产业集群竞争力的研究最早可追溯至19世纪末马歇尔的规模经济[①]与20世纪初韦伯的工业区位讨论[②]，二者均强调空间集聚能为企业发展带来特定优势。20世纪七八十年代意大利学者主导的关于工业园区的研究进一步促进了这一讨论。[③] 之后，波特提出了钻石模型来分析产业集群的竞争力，极大地推动了欧美国家关于产业集群竞争力的研究和政策实践。[④]

---

① Alfred Marshall, *Principles of Economics*, London: MacMillan, 1890.

② Alfred Weber, *Theory of the Location of Industries*, Santa Barbara: CSISS Classics, 1909.

③ Sebastiano Brusco, "The Emilian Model: Productive Decentralisation and Social Integration", *Cambridge Journal of Economics*, 6 (2), 1982; Giacomo Becattini, "Sectors and/or Districts: Some Remarks on the Conceptual Foundations of Industrial Economics", E. Goodman, J. Bamford (eds.), *Small Firms and Industrial Districts in Italy*, London: Routledge, 1989.

④ Michael Porter, "The Competitive Advantage of Nations, Harvard Business Review", *March-April*, 1990; Michael Porter, "Clusters and the New Economics of Competition", *Cambridge: Harvard Business Review*, 76 (6), 1998; Michael J. Enright, "Regional Clusters: What We Know and What We Should Know", *Innovation Clusters and Interregional Competition*, Berlin, Heidelberg: Springer, 2003; Stuart Rosenfeld, "Discussion at Implementing Clusters Workshop", *Federal Reserve Bank of Chicago*, 2010.

产业集群竞争力研究强调通过空间集聚创造拥有技术、管理及创业精神等丰富资源的高质量生态系统，由主要竞争性企业、供应商和政府等合力推动产业集群的发展和演化。[①] 与区域创新生态系统一样，产业集群的核心竞争力取决于其生态系统主要组织之间的系统黏合度，而非单个组织竞争力的提升。[②]

在全球本土化背景下，产业集群的竞争力也与国内外发展大环境（如全球竞争的市场环境与技术革新等）息息相关。[③] 一个地区的产业集群不仅为当地或本国市场提供产品或服务，也参与国际市场的竞争与合作。对国际市场变化、产业发展动态和科技变革等大趋势的把握最终决定了产业集群的竞争力。

产业集群竞争力的理论研究推动了相关政策研究与实践。欧盟在其工业发展政策文件中论证并强调了产业集群竞争力对区域经济发展的重要性，OECD 开展了一系列关于通过创新创业提高产业集群整体创新能力的政策研究，世界银行也出台文件总结以往经验，指导各国提升产业集群竞争力[④]；一些国家也通过打造有竞争力的产业集群组织来推动区域可持续发展，如芬兰主攻数字经济产业集群的组织 DIMECC、美国佛罗里达州的光电产业集群组织等。

在产业集群竞争力提升上，欧美国家政策研究往往强调通过制定系统性的产业集群发展战略来整合不同部门的资源和发展规划，形成合力，而不是简单通过一个产业集群发展项目来进行，并多从创新环境、新技术研发、数字化程度、企业家精神、国际化以及生态与经济的有效性等方面探

---

① Anders Malmberg and Peters Maskell, "Towards An Explanation of Regional Specialization and Industrial Agglomeration", *European Planning Studies*, 5 (1), 1997; E. J. Malecki, *Technology and Economic Development: The Dynamics of Local, Regional and National Competitiveness* (2nd ed.), London: Addison Wesley Longren, 2007; Christian Ketels, "Cluster Policy, and Swedish Competitiveness in the Global Economy", *Expert Report No. 30To Sweden's Globalisation Council*, 2009; B. H. Roberts, *The Role of Industry Clusters in Driving Innovation and Competitiveness of Regions*, Regional Development Australia National Forum, 2018.

② Zoltan J. Acs, "The Regional Entrepreneurship and Development Index (REDI): The Case of Spain", *GMU School of Public Policy Research Paper* No. 2012-04 (Revised), 2012.

③ OECD, *Regions at A Glance*, Paris: OECD Publishing, 2016; OECD, *Regions Matter for Innovation, and Innovation Matters for Regions*, Paris: OECD Publishing, 2019.

④ OECD, *Regions Matter for Innovation, and Innovation Matters for Regions*, Paris: OECD Publishing, 2019.

索如何提升产业集群竞争力。

（三）区域创新和产业集群组织黏合性——多主体互动机制

区域创新和产业集群组织黏合性体现在组织内部成员之间的互动之中，包括企业与供应商的互动，企业与客商的互动，企业与竞争对手的互动，以及企业与大学、研究机构、第三方服务机构等的互动。客户为满足自身的需求，可以将自身对产品的功能或质量要求提供给供应商，而供应商将客户的信息进行汇总并提交给企业，企业的生产商根据供应商提供的各种信息来重新设计修改产品。

主要竞争性企业在融资、技术、人才和物流等方面与第三方服务机构展开交流与合作，筹措资金，购买技术和聘用所需人才，或通过与物流公司合作，使客户能够及时获得购买的产品与服务等。主要竞争性企业在进行新产品的研发过程中，也可以与客户或供应商进行沟通与交流，从而促进隐性知识在集群创新网络中的流动与扩散。

核心网络层中的企业与竞争对手的互动。在产业集群创新网络的核心网络层中，企业与供应商或客商之间可以进行不同程度的合作，网络中企业的竞争者对产业集群创新网络的发展也起到了非常重要的作用。这主要是因为集群创新网络中每个企业自身的能力有限，因而网络中的竞争企业往往也会采取与其他主体进行合作的策略来减少自身技术创新所带来的各种风险。

主要竞争性企业与大学、科研机构、第三方服务机构以及政府之间的互动。第一，大学或科研机构的研发增加了知识的存量，为企业创新提供了各种知识或技术，从而为企业提供了更多创造新技术的机会。第二，集群创新网络内的大学或科研机构培养了大量的人才，这为集群创新网络内的企业提供了更多的技术创新资源。第三，企业与大学或研究机构共同承担某些项目的研发。

政府和其他行为主体之间的互动。首先，政府可以通过制定和采取相关措施来促进集群创新网络内大学或科研机构与企业之间的合作，以解决网络内技术成果转化积极性不高的问题。其次，政府通过采取相关措施来促进资源在产业集群创新网络内的流动，以提供集群创新网络内企业在进行创新时需要的知识与信息。最后，政府可以建设集群创新网络发展所需的各种基础设施，以及通过建设有利于产业集群创新网络中主体交流的各种正式或非正式平台等，来引导和促进产业集群创新网络中合作的开展。

（四）工业转型期区域创新的多主体参与

产业转型地区往往在制造业和当地核心产业的尖端创新活动方面有着深厚的传统。长期以来，受过良好训练的工人、成熟的知识和强大的社会资本一直被视为增长和繁荣的引擎。与此同时，这些地区可能面临具体的挑战，特别是在以去工业化、缺乏面向未来职业的适当技能基础以及传统技术领域生产力水平低下为表征的传统制造业地区。

产业转型成功与否将取决于一个地区是否具有迅速培育特色产业竞争力的能力，是否能够培育有活力的区域创新生态系统，以及是否有能力通过多主体参与的区域创新系统，促进创新驱动，引领经济增长和高质量发展，并确保增长带来的好处在区域范围内广泛传播等。

1. 充分发挥区域内各利益相关主体潜力

工业转型期，以传统制造业或采掘业为基础的地区十分脆弱。要实现公正公平的产业转型，就必须超越传统的发展政策，充分考虑地方特质，最大限度地发挥每个区域以及每个利益相关主体的潜力。这样做可以使决策者考虑到工业转型地区的具体特点，包括现有优势产业的能力和知识积累、技术基础和综合性人才、创新生态和文化遗产。

对于这些地区来说，产业转型成功的关键是通过创新、新技术、产业更新，提高区域和产业突破发展定势的能力。处于工业转型期的地区往往在新型重要战略性产业中拥有强大的能力和丰富的知识，但需要将这些能力和知识重新整合，以支持未来新兴产业活动的发展壮大。需要在准确把握这些区域特质的基础上，对先进制造业、技术、研究和创新进行大量投资，以便推动工业变革，并从中获益。

尽管新技术和新业务带来新的增长路径，但如何把握住新技术和新业务的机遇并非不言自明。新技术的采用和成功整合以及新商业模式的发展在这些地区面临诸多障碍，特别是在技能和就业方面。由于传统工业被逐步淘汰，处于工业转型期的区域往往就业情况不容乐观。同时，这些地区还面临着当地劳动力市场同与未来技术相关的职业需求不匹配的状况，比如在数字化时代，往往存在网络和应用程序开发人员的缺口。

区域领导者需要制定长期性和前瞻性的政策或发展战略为工业转型地区未来的工作做好准备，将技能和就业政策与刺激投资和生产力增长的政策结合起来。利用这些新的和正在出现的增长和就业来源，帮助处于产业转型期的地区避免陷入旧产业陷阱，以及短期的、泡沫式的假性繁荣，为创造中长期就业机会奠定新的产业基础，提高生产率和工资水平，实现最终的产业转型和可持续繁荣。

在这种目标和战略指引下，政府需发挥积极的变革型领导力作用，积极与各利益相关方接触，与当地企业、高等院校和培训机构以及其他社会主体合作，帮助处于产业转型期的地区确定未来的经济活动以及技能需求，使教育政策创新、技术和商业发展投资相辅相成，推动国际和国内产业链的融合，夯实向产业价值链中上游迈进的生态系统基础。

在技能需求不断上升的背景下，如果不能让这些工人接受培训，就会导致失业率持续上升。为了创造新的就业机会，区域领导者要加大力度在地区层面实现投资、创新和劳动力市场政策之间的协调，特别是需要使教育和技能体系具有包容性，让工人接受培训，以确保企业能够保持竞争力。

2. 创新创业是关键

创新创业是区域工业现代化转型的关键因素。产业转型地区要支持大发展、大创业、大创新。由于这些地区往往是传统和历史悠久行业的大型企业所在地，利用这些企业的创新创业能力和雇员的能力可以对工业多样化做出重要贡献。同时，初创企业和年轻的公司通过创新产生的新经济活动来刺激新的区域增长路径的开发。

工业转型地区需要克服一系列障碍，传播创新和创业的企业家精神，使之成功根植于地方，促进地方经济多样化。这些障碍包括基于传统制造业因循守旧的薄弱创业文化，创新企业缺乏扩大规模所需的现有风险资本，以及知识网络未得到充分利用的现状等。此外，缺乏管理经验和创业技能，往往也对产业转型地区扩大创新创业规模形成障碍。

这就需要构建一个功能健全的区域创新生态系统，通过区域层面的创业和创新、教育和科学等领域的政策组合，让不同的利益相关群体参与协作，打造良好的创新创业生态环境，促进区域产业现代化的成功转型。区域治理主体在支持和发展区域创新和创业生态系统方面发挥着重要作用。

（五）高等教育机构在区域高质量发展中的重要作用

在以知识经济为牵引的全球化背景下，各国开始向知识密集型产品和服务转型，以在诸多市场的竞争中确立优势，这增加了对新技术、研究成果、知识和技能的依赖。与此同时，高科技公司为了具有竞争力，把它们的关键业务放在知识和创新密集地区，这些地区集中了研究、技术和创造性劳动力，以及创新基础设施等，这能够为一个地区创造以知识为基础的区域比较优势创造良好条件。

高等教育机构在区域发展中的重要性日益增加。高等教育机构是区域知识和创新的重要来源之一，在区域层面它们培育人力资本，为新的人才培养、持续教育和终身学习提供机会，通过人才培养和科研活动推动创新蓬勃发展，加强社会资本的建设，为区域提供持久的文化服务。作为知识获得和创新的一个主要渠道，高等教育机构同时是吸引外来投资的重要因素之一。此外，它们也是税收和其他收入的主要来源。高等教育机构与区域竞争力建设框架如图 4-4 所示。

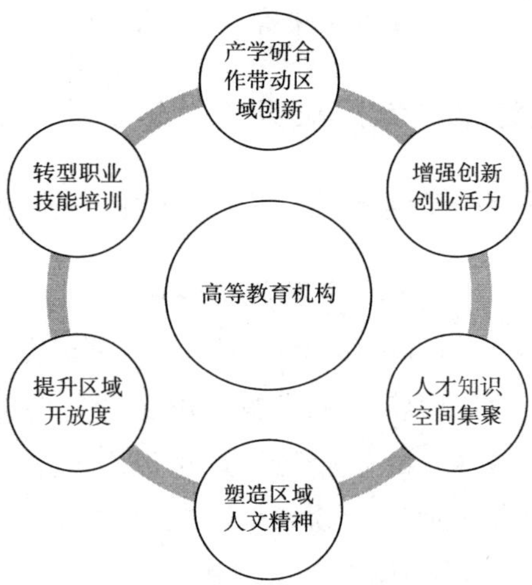

图 4-4　高等教育机构与区域竞争力建设框架

加强与区域社会经济发展的联系，对高等教育机构的发展和壮大也有明显的好处。高等教育机构通过与地方政府、企业、社会组织合作，可以获得研究和教学的资金支持。它们也可以通过为当地企业提供专业的咨询服务和人才培训，增加额外的收入，加强其综合发展能力，或者是通过与社会资本的合作加大资源共享的机会。对许多高等教育机构来说，区域参与和服务策略与其他发展战略一样重要。

随着全球化的深入发展，高等教育机构在区域发展中变得越来越重要，鼓励高等教育机构参与区域公共治理，增强高等教育机构参与地方发展的能力变得异常重要。院校的领导能力和高等教育机构的创业精神在很大程度上决定了它们参与区域事务的能力。高等教育机构领导需跨越学科界限，在奖评和考核制度上（或设置专门机构）加强与地方的接触，建立起有效的鼓励教学和科研与地方服务相结合的协作激励机制。

高等教育机构在参与区域治理与发展模式方面呈无定势和综合性特征。为鼓励高等教育机构参与区域治理，可以采取以下措施。设立加强高等教育机构与该地区联系的对接机构，如科技园、继续教育中心和知识转移中心等，特别是鼓励具有创业精神的高等教育机构与企业合作，建立支持合作的绩效激励机制，包括长期核心资助以及额外的战略资助计划。高等教育机构直接参与区域层面的政策制定与咨询，这些政策涉及科学和技术、工业、教育和技能、卫生、文化和体育、环境可持续性和社会包容。

二　全球价值链是区域产业竞争力建设的现实路径

（一）参与国际价值链建设，提升区域产业集群竞争力

1. 全球价值链对区域产业发展的增值作用

全球价值链（Global Value Chains，GVC），是指为了达到实现商品的价值或服务的价值的目的，而将商品或服务的生产、销售、回收、售后等过程相连，所产生的全球性、跨企业网络连接组织。这个过程包括商品的原材料采集和运输、半成品加工、成品生产和销售，以及在完成消费后进行回收处理等环节。过程中所有生产者、销售者和售后服务等方面的组织，以及过程中进行的价值和利润的分配，都包含在全球价值链当中。

全球价值链通过跨境连接生产、销售及回收处理等环节，实现商品或服务的价值，承载着全球三分之二的贸易，创造了全球五分之一的工作机会，是一个国家和地区组织生产、经济活动的重要形式。全球价值链通过

整合全球创新和科技资源推动创新和技术升级，为价值链中上游企业创造竞争优势。“一带一路”倡议的纵深推进，为我国企业融入全球价值链，构建开放、互联、共享的生产和创新网络提供了强劲动力。

全球价值链也就是全球生产网络的抽象体现，参与全球价值链对区域经济增长和整体发展具有显著的溢出效应。这对区域发展的益处是全方位的，对产品销售、资金、技术、管理和服务等都有益处。通过参与全球价值链，处于价值链中的全球企业都可以参与商品或服务设计、开发、生产、销售、售后服务等整个产业链条的增值活动。这有助于极大提升企业或产业的综合能力。

参与全球价值链可以增强产业集群的持久竞争力。产业集群是基于集群内主要竞争性企业的专业化分工。产业集群竞争力建设与参与全球价值链相互促进和推动。通过参与全球价值链，产业集群可以以规模化的形式分享收益，实现收益激增，同时强化集群的专业化功能，特别是在技术、人才、产品与服务方面形成更加专业的区域生产网络，从而产生区域植入优势，打造产业集群的持久竞争力。

依托全球价值链的全球创新链，特别是对转型期处于价值链中低端的生产和经济活动有十分重要的推动作用。全球创新链是创新发展的主要组织形式。通过全球创新链，利用全球先进的人才、技术及其他创新资源，提高创新能力，推动全球价值链的升级。转型期的区域产业集群和经济活动应加速构建全球创新链，充分利用全球创新链与全球价值链之间的双重螺旋关系，提升其在国家价值链中的地位。

2. 国内价值链与全球价值链双循环的共生效应

建立国内和国际价值链双循环的策略是转型期区域产业集群参与国际价值链的现实选择。一方面，参与国内价值链可充分利用国内的强势需求，有利于区域产业集群的市场开拓和总体规模提升。另一方面，通过参与国际价值链，可以充分借助国际价值链的人才、技术和资本优势，提升产业集群的创新能力和对国际市场的把握能力，提升其总体竞争力。国内和国际价值链之间是互补关系，相互推动和促进。

参与国内价值链可依据国内需求并在国内市场竞争的推动下，实现区域产业集群的过程升级、产品或服务升级，为参与全球价值链，实现向价值链中高端的升级奠定坚实基础。过程升级指生产过程（包括产品生产系统）重塑或引入先进技术，提高生产效率，产品或服务升级包括产品质量提升、新产品开发、服务内容和形式改进以及质量提升。

参与国内价值链可有效改善区域产业集群的生态环境。这包括从微观层面的企业家精神建设、区域层面的企业竞合关系建设，一直到宏观层面的公共治理体系的优化等。对国内产业链的培育和保护可有效推动以创新为主导的新兴产业的壮大与升级，一方面可有助于这些新兴产业在参与价值链时积累经验，也可有效避免突发因素和价值链过长导致的全球价值链断裂风险。

参与国内价值链，也可有效提升区域产业集群参与国际价值链的有效性。通过加强区域产业集群在国内价值链的嵌入，可有效提升区域产业集群的竞争力，增加其在参与全球价值链过程中的权力对称和弹性。在权力对称的情景下，区域产业集群可以依据自身的发展需求，通过并购、直接的商品或服务买卖，以及优势互补实现对国际价值链的嵌入。在理想情况下，区域产业集群可以通过对市场、产品或资本主导权的控制，迈向价值链中高端。

国内价值链和国际价值链双循环战略可有效推动战略性新兴产业，包括节能环保产业、新兴信息产业、生物产业、新能源产业、新能源汽车产业、高端装备制造业和新材料产业等，补齐产业链短板，促进创新链升级，提升上游研发设计环节自给率，推动产业链与创新链的双螺旋式上升。这对参与国际价值链，特别是加强与共建“一带一路”国家的战略合作，充分发挥中国的市场潜力和产业链齐全的优势意义重大。

（二）发掘区域特质，整合优化区域产业链资源

1. 推动区域产业链资源整合与优化

在长期碎片式管理的情景下，区域产业链资源，包括供求市场资源，人才和技术等创新资源，生产原材料、过程和工艺等生产资源，以及第三产业的服务资源等，都有待进一步开发。区域产业集群的区域根植性特点使其只有从区域内部取得稳定支持，整合和优化资源，才能为其提供持久的发展动力。一方面，区域资源整合与优化可扩大产业集群规模，使其能在更高水平与同类产业集群竞争。另一方面，通过资源的优化组合，可推动产业集群升级换代。

区域产业链整合与优化要注意培养竞争优势，特别是在创新、市场开发、产业链上企业之间的竞合以及资本和第三产业服务上下大功夫，从而调整和优化嵌入全球价值链的模式。对传统产业来讲，这就需要选择和重点扶持龙头产业，加大同类产业的合作力度，推动其升级转型。对新兴产业来讲，这就需要创造良好的营商环境，包括融资、人才和技术供给以及产学研合作环境等。遵循不同产业集群的发展规律，改善其内外部环境，提升集群的黏合度。

区域创新资源整合是其中的关键。区域创新生态系统建设发展程度不一，特别是系统性建设发展力度不够，应进一步完善系统性建设方面的机制，特别是强化和产业集群的共生关系。一方面，鼓励和支持大学和研究机构与私营部门的对接，促使创新创业资源能够不断整合。另一方面，要吸引一些适宜区域产业集群发展的具有高竞争力的研发中心或研发总部落户，实现与产业集群的无缝对接。

2. 充分发挥区域自贸区的先锋作用，整合区域竞争性资源

通过自由贸易区整合地区优势资源，是提高区域竞争力，实现区域可持续高质量发展的一个重要途径。自由贸易区是指在贸易和投资等方面比世贸组织有关规定更加优惠的贸易安排，在主权国家或地区的关境以内，划出特定的区域，准许外国商品豁免关税自由进出，它实质上是采取自由港政策的关税隔离区。广义自由贸易区还包括自由港和转口贸易区。

截至 2020 年，中国自由贸易区的总数达到 18 个，这些自贸区旨在解决投资、贸易、金融等系统性问题，深化与周边国家和地区的经贸合作。这些自贸区将成为中国改革开放的先锋，将在外商投资管理、贸易便利化和政府职能转变等方面试验新方式，以更好地与国际经济接轨。这些自贸区在推动区域产业链整合和优化方面将发挥重要作用。

每个自贸区都将开展各具特色的、差异化的改革试点工作。例如，山东自贸区将进一步扩大对外开放，加快发展动能转换，发展蓝色经济，它将重点培育新型贸易模式，培育特色海洋产业，并促进中日韩地区经济合作。河北自贸区则旨在打造一个主要的国际贸易和物流通道、新型工业基地，建设国际创新平台和促进区域开放与发展，通过促进国际商品贸易，支持开放和发展生物医药和医疗产业，推动生命科学和生物技术的创新和发展。

此外，江苏自贸区将加强对外投资合作，加强金融在支持实体经济和促进制造业创新发展中的作用。黑龙江自贸区将深化产业结构调整，打造与俄罗斯、东北亚区域合作的枢纽，重点推动实体经济转型升级。云南自贸区通过建设连接南亚和东南亚的重要纽带，旨在加强共建“一带一路”国家与长江经济带的互联互通。广西自贸区将努力通过中国西南门户，打通 21 世纪海上丝绸之路与丝绸之路经济带，打造中国—东盟合作先行试验区。

自由贸易区在区域经济发展中具有重要的先锋作用，能有效推动区域产业链整合，实现与国际市场的对接。自贸区划定的范围一般为所在城市的产业集聚区和承载地，或一个重要的经济增长中心。因此，它从诞生那一天起就不是孤立的存在，而是产业集聚活动和政策的延伸。通过与国际市场的对接，它能有效推动产业组织形态变革与优化，以及区域土地、技术、劳动力及资金等资源进行重新分配和优化整合，实现产业链有序转移。

自由贸易区也能促进新产业、新业态、新模式的出现和发展。它能够直接推动以机场或港口为核心的现代商业、航空物流和加工制造等临空或临港实体经济的发展。同时，它通过先行先试，进行体制机制改革试验，为区域产业发展注入新动能。这样，在推动区域内就业增加、收入提高和经济增长的同时，更有利于推动深层次的区域产业分工与优势资源整合，增强区域产业集群的整体竞争力。

自贸区要发挥其先锋作用，需依托现有的区域空间经济体系，加强区域统一市场建设，提高其产业链国际化程度。其中包括增进区域内商贸、物流和劳动力交流，促进生产要素的自由流动。要特别注重发挥中心城市在区域空间经济体系中的引领和拉动作用，充分利用中心城市自贸区在产业和经济活动集聚、软硬件基础设施和信息网络等方面的优势，推动市场资源进一步优化配置，提高市场、企业和服务的国际化程度，优化整合区域产业链格局。

第五章　公平是新时期区域公共服务一体化的第一要素

第一节　区域公共服务一体化是实现区域公共服务目标的有效路径

一　区域公共服务公平与一体化

2018 年 12 月，中共中央办公厅、国务院办公厅印发了《关于建立健全基本公共服务标准体系的指导意见》，要求各地区各部门结合实际认真贯彻落实。该指导意见指出，建立健全基本公共服务标准体系，明确中央与地方提供基本公共服务的质量水平和支出责任，以标准化促进基本公共服务均等化、普惠化、便捷化，到 2035 年，基本公共服务均等化基本实现，现代化水平不断提升。

该指导意见同时指出，在地方普遍建立健全基本公共服务标准体系，实现基本公共服务均等化，是新时代提高保障和改善民生水平、推进国家治理体系和治理能力现代化的必然要求，它对于不断满足人民日益增长的美好生活需要、不断促进社会公平正义、不断增进全体人民在共建共享发展中的获得感，具有重要意义。①

公共服务是现代公共治理的一个核心理念。它是指由政府和其他国有部门履行法定职责，为公民、法人或者其他组织提供相关事务服务的行为。狭义的公共服务是能使公民的某种具体的直接需求得到满足的政府服务。公民在生存、生活、发展和娱乐等方面的需求可以称作公民的直接需求。

---

① 《中共中央办公厅国务院办公厅印发〈关于建立健全基本公共服务标准体系的指导意见〉》，中国政府网，http：//www. gov. cn/xinwen/2018-12/12/content_ 5348159. htm。

它包括城乡公共设施服务，如教育、科技、文化、卫生及体育设施服务等，为社会公众参与社会经济、政治、文化活动等提供保障。这是区域公共服务一体化的核心内容。

此外，国家所从事的经济调节、市场监管和社会管理等职能活动，即政府的行政管理行为、维护市场秩序和社会秩序的监管行为，以及影响宏观经济和社会整体的操作性行为，这些国家职能和服务不以满足公众的直接需求为目的，属于广义的公共服务。广义的公共服务，特别是经济调节和市场监管更多的是一种市场行为，在区域公共服务一体化中居于次要地位。

区域公共服务是区域公共治理的一个重要内容，包括加强城乡公共设施建设以及强调政府从管控到服务的职能转变等。区域公共服务一体化是指区域公共服务的均等与整合，包括城乡服务一体化和区域内各行政主体之间服务均等化与整合，体现为教育、医疗、社会保障和就业以及交通和文化等方面的公共服务质量和数量的均等与整合。

区域公共服务一体化的实质是以增加和促进区域内公共服务供给与合作为基础，强调公民、企业和社会组织的权利，强调程序正义而非结果正义。它从以人为本的理念出发，为区域内不同社会阶层，无论性别、年龄、职业、收入和受教育水平、出身和户籍所在地等，提供公平享受教育、医疗和社会保障等资源的条件与机会，从而赋予民众基本的生存和发展条件，为其创造均等的机会，使其能为达成自己的发展目标而努力。

教育资源与服务的平等是实现教育区域一体化的核心内容。教育的全流程，从义务教育到高等教育，承担着影响区域社会发展的公民基本素质提高和人才培养的功能，是增加区域人力资本存量，推动区域社会经济发展的基本途径。义务教育是整个教育体系的基础，义务教育公平体现着个人成长的起点和未来发展机会的公平。教育整体上有助于促进社会流动，促进社会整合与公平。

平等和高效能的区域公共卫生服务是区域公共服务一体化的另一重要内容。接受公共卫生与基本医疗服务是基本的公民权利。对于个人来说，健康具有重要的本体性价值，是衡量个人素质的主要指标之一。从社会角度讲，健康构成一个社会人口素质的基础。公共卫生服务的区域一体化是区域民生质量水平和协同发展的重要指标。

基本社会保障是提升区域整体幸福感的一个重要前提。基本社会保障是社会稳定的安全网，是社会和谐的基础。构建规范稳定的基本社会保障制度有助于确保公众的基本生活水平得以保障，有助于营造安定有序的社会环境。区域社会保障一体化具有复杂性，包含保障水平、保障内容和保障服务便利化等，需要区域行政主体间打破制度樊篱，以提高区域整体保障福利为目的。

区域公共就业保障与服务是改善民众生活和提升民众幸福感的基本途径。就业是民生之本，是国家和社会稳固的根基。通过公共就业保障服务的协同与合作，消除就业障碍，推动劳动者在区域内外就业或再就业，不仅能解决民众的生计问题，从长远来看，也能推动劳动力与其他生产要素的优化组合，提高生产效率和区域可持续发展质量。

公共服务一体化是区域整合的重要内容。区域公共服务一体化为实现国家公共服务的目标提供了一个有效的视角和途径。随着区域内社会经济联系的增强，要想实现区域协同，推动更高质量发展，实质性的区域服务一体化势在必行。这一现实需求也使得公共服务一体化在区域范围内实现有了现实基础，更有利于区域协同发展综合目标的实现。

区域公共服务一体化的形式可以有多种，但其核心应是公平。不以公平作基础，会使公共服务整合流于形式，导致区域整合落于空谈，失去其实质意义。在向现代化转型和未来社会物质更加丰富的情况下，公平将超越效率，成为区域公共服务一体化的第一考量因素。这遵循了国家治理中以人为本的理念，也为保障可持续的效率目标奠定了坚实的社会基础。

二　新公共服务理论对区域公共服务一体化的启示

（一）新公共服务理论的价值取向

丹哈特夫妇指出："所谓新公共服务，指的是关于公共行政在以公民为中心的治理系统中所扮演的角色的一套理念。"① 新公共服务理论是将公民置于整个治理体系的中心，强调公共管理的本质是服务，这与传统行政理

① Robert Denhardt and Janet Denhardt, "The New Public Service: Serving Rather Than Steering", *Public Administration Review*, 60 (6), 2000.

论将政府置于中心位置而致力于改革和完善政府本身不同。在公共管理方面，政府也不是去管控，更多的是服务于公民需求和公共利益。

新公共服务理论重视政府与公民和社区的对话沟通与合作共治，它对公民权利和公共服务精神的推崇有深厚的历史渊源。亚里士多德在《政治学》中首先提出了公民权概念，美国总统林肯在葛底斯堡演讲中提出“民有政府、民治政府、民享政府”，这些都是新公共服务理论的思想源泉。

新公共服务以公民权益为主导的价值取向对我国区域公共服务有许多借鉴之处。新公共服务理论是从市场和经济学的角度重塑行政的理念和价值，是对新公共管理理论的补充和完善，它在理论上有诸多创新之处。它高度重视公民权和公共利益，提供了一种新的政府管理模式，对于指导区域公共服务一体化的实践具有重要意义。

首先，新公共服务理论强调尊重公民权利。它将公民置于首位，强调对公民的服务，指出政府必须真正了解公民在关心什么，必须对他们的需要和利益进行回应，并将认可公民在公共治理中的作用。新公共服务理论家们相信如果能在尊重公民的基础上通过合作和分享的机制来运行，就一定能获得成功。

其次，新公共服务理论强调维护公共利益。新公共服务理论的核心价值理念是追求公共利益。公共利益作为一种共同的事业，需要政府、公民和社会团体都参与其中，遵循共同价值准则，通过协商对话，明确社会整体的共同利益所在，并依据共同利益行事。共同利益与个人利益并不冲突。实现共同利益有利于个人利益的实现。

最后，新公共服务理论的现代性在于，它推动公共治理重新定位政府角色。政府的行为不仅仅表现在“划桨”或“掌舵”上，在现代社会里，特别是针对公共服务，政府更像一个服务者，而不是管控人员。新公共服务理论认为公共管理的本质是服务，即帮助公民实现自己的利益或满足其现实需求。这一看法体现了新公共服务理论的现代性特征。现代社会强调平等与回应，重在参与，而不是精英政治。公共管理者应当寻求更有效的回应，提高公民的信任度。

（二）新公共服务理论对区域公共服务一体化的启示

与我国以人为本的治理思想一致，在新公共服务理论下，公民的权利与义务受到充分重视。新公共服务理论的服务理念，凸显了公民权利、公民意识、公民身份和公民价值，这些都对回应区域内公众需求和意愿、推动区域公共服务和管理一体化、构建服务型区域公共治理政府有着重要借鉴意义。

在追求区域公共服务整合或者一体化的基本方向和共同目标下，区域公共服务一体化的实质是追求跨越地区的公共服务资源的公平分配，创造过程的正义和机会的均等。每个国家都有自己的国情。我国在中国共产党的领导下，如何以民为本，更有效体现区域公共服务的公平性，需要做更细致的探索。这在一定程度上考验着区域公共治理的领导力和创新性。

在现代社会，特别是转型期，在区域公共服务一体化方面，政府的职能既是掌舵也是服务。一方面，转型期区域公共服务面临着很多未知事物，新的服务模式和新的服务思路依靠以政府为主导的治理主体的前瞻性和运筹帷幄。只有这样，才能加快区域一体化的步伐，确保其先进性。另一方面，在这一过程中，要明确和坚守对公众的权利、需求与公共利益的敬畏，在处理具体事务时，更多扮演服务者角色。

维护公共利益是区域公共服务一体化的原则，它不是公民个人利益的简单叠加或集合，而是从区域公共服务一体化和提升区域公共服务质量的角度，从了解公众的需求出发，确定区域公共利益，明确公共责任。区域治理主体在推进区域公共服务一体化方面，必须以公共利益为出发点，以保护和提升区域公共利益为目标，以协作为主要途径，团结不同利益群体，采取一致的行动。

在这一过程中，区域公共治理主体，特别是政府工作人员需要转变观念，明确政府工作人员只是代表公民行使权力，对公共资源进行管理、调配和处置。政府工作人员有责任通过推动政府与公众和民间团体的对话与协商，听取和了解公众需求，强化公众对公共服务一体化的参与，推动以公民需求为主导的公共服务一体化建设。

同时，这也是在强调公共服务一体化应为公民服务，而不是为顾客服务。与新公共管理理论不同，新公共服务理论不认为政府与人民是企业与顾客的关系，它把公共治理为公民服务的职能提升为公共服务的本质，更突出了公民在公共治理中的权利与责任、政府与公民的互动作用对公共服务的重要性，以及在这一过程中通过协商与对话，对公共利益达成共识与对所确立的公共利益的维护。

第二节　基于新公共服务理论的城乡公共服务一体化

一　后二元制结构时期的城乡公共资源均衡配置

城乡二元制结构的消失，将消除城乡公共服务一体化的基本制度障碍。城乡二元结构体制作为城市与农村的一种制度差异，源于新中国成立后为了加快工业化建设，实行的计划经济制度，其核心是城乡户籍制度，以城乡之间的户籍壁垒和两种不同资源配置制度为主要表现形式。在城乡二元结构下，一个地区的人口分为城市人口（非农业户口人群）和农村人口（农业户口人群）两个群体。

在城乡二元结构占主导的时代，与城乡二元制度相匹配的是一系列城乡有别的制度安排，如粮油供应制度、劳动用工制度、社会保障制度等。这些具有巨大鸿沟的城乡有别的制度安排，使得城市人口（或非农业户口人群）享受了各种优惠或优先的公共服务，形成了区域公共服务中不对等的城乡二元结构体系。

改革开放以后，特别是在我国社会经济飞速发展，综合国力已经大大提高的情况下，这种城乡二元结构体制造成了城乡之间公共服务质量和数量的不均衡，逐渐成为区域公共服务一体化的一个主要障碍。在转型期，城乡二元经济结构问题依然十分突出，很多体制性问题并未得到根本解决。长期以来的“重城轻农”现象仍然存在，城乡之间在义务教育、社会保障、基础设施、环境卫生等方面依然存在巨大差距。

农民工是城乡二元结构整体制度架构没有变化的一个典型表征。由于资源配置制度，农民工在城市缺乏必要的社会保障，不能享受子女教育、住房与医疗等方面的权利，只能退回农村，享受为农村人口提供的社会福利。在生活状态上，他们不能完全割舍自己的农民特征，往返于城市与乡村，在城乡二元体制下做着最大限度的平衡，进行着自身的社会转型与调适。

在公共服务方面，虽然城乡公共服务较以前有了很大改善，但城乡公共服务的差距并没有缩小，特别是在教育和医疗服务方面，城市特别是大城市教育和医疗资源高度集中。在基础设施和科教文卫等公共服务投入上，仍向城市倾斜。农村基础设施和公共服务设施建设更多依靠自身的积累，国家投入较城市还远远不够，不少地区教育和医疗资源仍十分匮乏。

以医疗卫生为例，虽然新型农村合作医疗制度为农村人口实现了大病统筹，但它并未从根本上解决农民普通疾病的医疗保障问题。与城镇全面医疗保障相较，新农村合作医疗在服务内容和质量上均有着巨大差距。其整体思路仍然沿袭城乡二元结构的整体框架，在以人为中心的同时，把人分为农村人群和城市人群。如果继续沿袭这样的思路，未来很难实现区域医疗服务均等化。

在中央政府指导下，在区域层面，地方财政虽然逐步向“三农”倾斜，加大了对农村地区公共服务的投入，但因各地财政状况不同，各地方政府对所辖农村地区的投入差异较大。经济发达省份投入高一些，欠发达省份投入低一些，整体上处于一种自发状态，缺少稳定和持续的财政支持，容易顾此失彼。这虽然取得了一定成效，但未能从根本上和可持续性上增加农村公共服务供给。

现行的乡村振兴战略和新农村建设对缩小城乡差距，推动农村服务设施和服务质量建设具有十分重要的意义。相关措施加大了政府投入，落实了支农惠农补贴，可以刺激农村经济发展，提高农民收入，改善农民生活质量。同时，乡村振兴战略的一项重要内容是“三农”发展走城乡融合道路，可进一步缩小城乡差距，推动城乡公共服务一体化。

城乡二元结构的废除是消除城乡差别，实现区域城乡公共服务一体化的制度起点。只有彻底打破城乡壁垒，乡村振兴战略和新农村建设的巨大政策红利才能真正释放，才能真正实现城乡平衡发展，提高城乡居民整体的幸福感。

在后小康时代，城乡居民，特别是农村人口的温饱问题基本解决，从根本上解决城乡二元结构问题、实现公平的城乡公共服务配置变得十分重要。这不仅符合广大人民对未来幸福生活的期许，也是历史发展的必然，对推进城乡一体化发展、在区域更大空间层面布局、实现更大规模经济、提升区域总体发展质量、迈向现代化，具有十分深远的意义。

通过建立健全平等的、无差别的、城乡一体的基本公共服务体系，实现区域资源要素的自由流动，可以从根本上推动城乡二元体制的废除，真正实现城乡公共服务与管理的一体化。这将有力推动我国新型工农城乡关系的形成，推进城乡融合，建立健全城乡融合发展的新机制，为区域协调发展释放更多制度红利。

二 后二元制城乡公共服务一体化重在发展和整合

城乡二元制的逐渐解体意味着区域城乡公共服务一体化需转变观念。在公共服务供给的政策原点上秉持以人为本的发展观，消除城乡有别的观念，以平等地满足区域内居民的公共服务需求为基本目标。在此基础上，扩大增量，整合存量。针对城乡公共服务的巨大差异，加大农村公共服务供给，做好城乡公共服务整合，使区域内居民可以跨越城乡鸿沟，自由平等地享受区域内各种公共服务。

破除户籍制度的限制是区域城乡公共服务一体化的一项重要内容。受限于城乡公共服务差别，农村居民向城市转移后，未能真正享受城市所提供的各种服务，限制了农村居民向城市的流动。在向现代化转型的过程中，采取切实可行的措施使城市公共服务惠及农村城镇流动人口，使其享受与城市居民同等的公共服务，是社会进步与和谐的标志。

在区域公共服务城乡一体化建设过程中，政府的支持力度和方式直接决定了城乡公共服务协同建设的质量和效果。在区域公共服务一体化过程中，多利益主体的矛盾和冲突不可避免且显性化，只有在强有力的政府主导下，坚持以区域内居民的共同利益为原则，才能拓展思路，以创新方式，从实质上打破城乡二元结构下的各种制度壁垒，做到城乡互帮互助，协同建设和互相促进。

（一）城乡公共服务一体化是新时期“三农”工作的社会保障

城乡公共服务一体化虽然强调在公共服务领域的一致性和公平性，但这并不意味着城乡社会经济公共边界的消失。城市和农村自身独有的社会经济功能仍然存在，两者相互补充。作为“三农”工作的一项重要内容，城乡公共服务一体化与新农村建设和农村民生建设的有机结合能有效推进“三农”工作。

中央高度重视“三农”工作。党的十八大报告指出：“坚持走中国特色新型工业化、信息化、城镇化、农业现代化道路，推动信息化和工业化深度融合、工业化和城镇化良性互动、城镇化和农业现代化相互协调，促进工业化、信息化、城镇化、农业现代化同步发展。”①

政府对“三农”工作的科学定位具有高度的战略性。解决“三农”问题，不仅是解决扶贫和农民增收问题，更具有高度的战略意义。向现代化转型不改变我国是一个农业大国的本质。我国有14亿人口，在现代化发展过程中，对粮食和农产品的需求和消耗巨大，这就需要农业的发展更强劲、更加现代化，才能满足人们的日常需求。我国农业虽然有了很大发展，但是在很多地方，农业基础仍然薄弱，技术水平低，规模小，增长潜力还有待开发。

农村和农民的现代化转型是确保农业发展现代化的核心内容之一。加强城乡公共服务一体化建设，扩大乡村公共服务增量，加快农村基础设施和公共服务设施建设，有助于促进城乡要素平等交换和公共资源均衡配置，提高农村人口素质，吸引人才在乡村创新、创业，既能让广大农民平等参与现代化进程，共同分享现代化成果，也能为乡村现代化发展奠定坚实的社会基础。

（二）加大城市周边及农村地区的公共服务建设

1. 以农村城镇为轴心，扩大乡村公共服务供给

在城乡二元体制框架下，城乡公共服务一体化的矛盾与问题仍旧突出，其实质是城乡公共服务公平公正问题。根据城乡公共服务一体化的自身特性和发展规律，城乡公共服务的主要矛盾突出体现在农村公共服务水平低与城市公共服务水平高的不平衡、农村公共服务发展慢与城市公共服务发展快的不均衡，以及城乡公共服务缺少必要衔接与整合等方面。

继续扩大农村公共服务供给成为城乡公共服务一体化的首要任务。针对农村公共服务供给滞后于城市的供给，以及长期的供给不足，唯有不断增加农村公共服务的财政投入，扩大农村公共服务供给，才能从根本上化解农村公共服务困境，满足农村居民不断增长的公共服务需求。

改革开放以来，国家逐渐加大对农村公共事业建设的投入，使农村公共服务水平整体上较之前有了很大提高。农村公共服务包括道路交通、水

---

① 《十八大以来重要文献选编》上，中央文献出版社，2014，第16页。

电管网、垃圾处理等有形公共服务，以及文化教育、体育娱乐、卫生健康等无形公共服务。在公共服务的供给量上城乡仍有很大差距，公共服务质量上的差距更是明显，尤其体现在医疗服务方面（见图 5-1、图 5-2、图 5-3）。

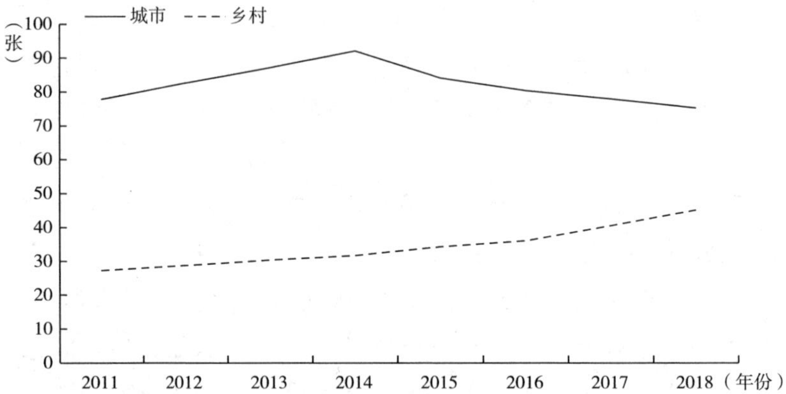

图 5-1　2011~2018 年河北省每万人医疗机构床位数

资料来源：国家统计局。

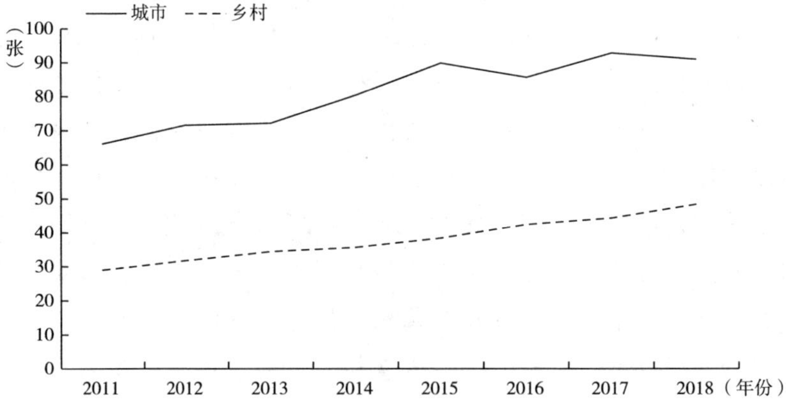

图 5-2　2011~2018 年浙江省每万人医疗机构床位数

资料来源：国家统计局。

扩大农村公共服务增量，为提高农村居民生活水平以及完善农村社会

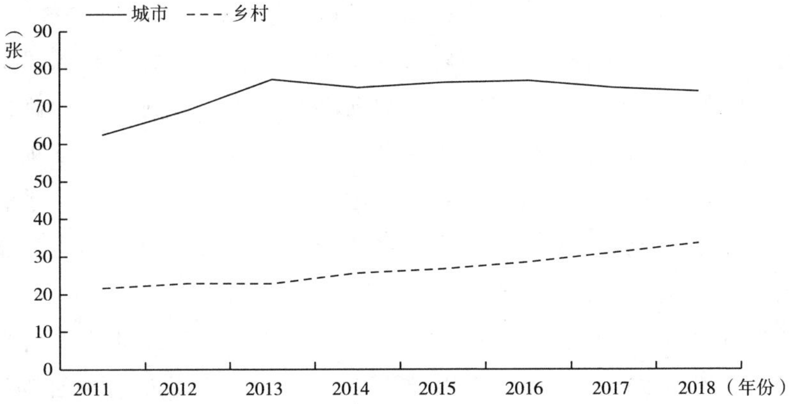

图 5-3　2011~2018 年广东省每万人医疗机构床位数

资料来源：国家统计局。

管理提供全方位服务，与社会主义新农村建设的精神和要求一致。新农村建设包括改善农村居住环境，确保交通、水电、通信及污水处理等公共设施的供给与完善；改善农村居民的生活方式，确保互联网等数字化基础设施和文体活动设施等的供给和完善；加强卫生医疗和社会保障以及乡村治理制度的现代化建设等。它在让农村居民享受改革开放成果的同时，也为农村和农业进一步现代化奠定了基础。

依据城乡融合发展的需要，将公共服务供给与基础设施建设和现有乡村结构与村庄规划、改造、治理相结合，使乡村在保持自身人文和自然特色的同时，以改善村庄居民生产和生活环境、缩小城乡公共服务差距为原则，充分发挥公共服务对社会经济发展的促进作用，优化现有的乡村结构，提高农村公共服务边际效益，降低公共服务供给成本。

农村城镇作为农村与城市联结的纽带，是城乡公共服务一体化的中心节点，是许多社会服务（包括文化教育、医疗卫生、保健、体育、娱乐、购物、就业、交通、通信）的落脚点，因此农村城镇，特别是农村中心城镇是扩大乡村公共服务的轴心。

以农村城镇为轴心，可高效完成城市与乡村在公共服务内容、模式与技术上的对接，推动城乡基础设施共建共享和社会服务衔接。除了同质性的社会服务衔接外，农村城镇也为农村和农业发展提供异质性服务（如农业生产性和非生产性服务）和重要的空间依托。

2. 以人为本，通过城乡协同扩大转型期农村居民公共服务供给

城乡公共服务一体化要坚持以人为本的价值理念，为农村居民提供与城市居民同等的公共服务。在向现代化转型过程中，农村居民面临两个需求情景。一是融入城市社会经济生活的需求，包括住房、就业培训和子女教育等。大规模农村居民通过就业、行政变动和其他社会经济关系变化向城市流动。有针对性地对这些人群提供相应的转型公共服务，有助于促进社会流动，推动社会和谐发展。

二是因选择在农村就业而产生的需求，包括向新型职业农民转型所需的管理、营销和农业技术培训等以及在农村自主创业所产生的创新和资本需求。农业现代化对新型职业农民的要求也更高和多样化。因此，需加大对传统的针对农业发展的公共服务和服务资源供给的改革力度，加大城市与乡村的协同力度，充分利用城市丰富的社会资源推进对新型职业农民的培训，加速新型农民的培育，为农业可持续和现代化发展提供人才基础。

农村青壮年劳动力向城市转移，是不可避免的趋势。这一方面是由于城市本身的吸引力和较多的就业机会，另一方面也与农业生产率的提高有很大关系。加大对转型期农村居民的公共服务供给，特别是加大对新型职业农民培养的公共服务供给，可以在一定程度上减缓农村青壮年劳动力大量流失的态势，为有意愿就地转化的青壮年提供就业培训和工作机会，为以留守中老年人为主力的农业劳动力构成现状提供一个行之有效的解决办法。

区域内转型期农村居民公共服务供给，需要与区域内城乡融合发展结合起来，制定一套系统的服务体系和服务机制。依据每个地区的实际问题，有针对性地进行公共服务供给虽然能起到立竿见影的效果，但区域内制度化的转型服务体系和服务供给，能赋予更多人平等享受服务的权利，能在更大范围内对农村居民转型做出贡献，可有效避免官本位或公共政策制定中的主观性，推进农村建设和农业发展的现代化。

与区域发展和公共治理的总体要求一样，区域内转型期农村居民公共服务供给要加强对农村和乡镇行政主体和管理人员领导力的培养。农村乡镇领导干部扎根农村，了解实际情况，是农村和农业发展的带头力量。这些人员在农村和农业转型，向现代化迈进的过程中，需加强大局观培养，

把握农村和农业发展的长期态势，为农村居民带头引路，创造增收致富的机会。

农村现代化建设也难免引发社会矛盾，发生社会突发事件。转型期城乡公共服务供给也需要注重对乡村治理主体和乡村居民应对社会突发事件能力的培养。这些治理主体的公共教育与培训服务内容包括对风险意识和风险预防知识的培养和宣传、对农民思想动态特别是流动人口思想动态的深入把握，以及风险防控机制的建设等，以更好维护农村现代化过程中的稳定。

在新型职业农民培养方面，农民将是一种自由选择的职业，而不再是一种被赋予的社会身份。乡村振兴背景下人才需求的多元化，要求摒弃传统农民素质培养的方式，尊重人的个性和选择，采取系统的帮扶机制，激发群众个体的积极性和创造性。同时，加大对新型农民平等的自由职业身份的宣传，增加社会和个人对新型职业农民就业选择的认同感。

针对农业现代化所产生的对农村和农业生产链条上的大量各级各类人才需求，要拓宽人才来源渠道，对有志于返乡就业的大中专毕业生、复员军人、农业科技人才、离岸创新创业人才以及返乡农民工等群体有针对性地进行培育，拓宽人才培育范围，提升人才培养成效，为整个农村和农业发展链条提供现代化教育与培训服务。

我国高度重视新型农民的培养。2017 年两会期间，习近平总书记在参加四川代表团审议时指出，就地培养更多爱农业、懂技术、善经营的新型职业农民。[①] 2017 年 5 月 9 日，中华人民共和国农业部公布了遴选出的包括中央农业广播电视学校新型职业农民培育基地和河北省石家庄市农林科学研究院新型职业农民培育基地等在内的首批 100 个全国新型职业农民培育示范基地名单。

2017 年 1 月 9 日，农业部出台《“十三五”全国新型职业农民培育发展规划》，提出到 2020 年全国新型职业农民总量超过 2000 万人。提出以提高农民、扶持农民、富裕农民为方向，以吸引年轻人务农、培养职业农民为重点，通过培训提高一批、吸引发展一批、培育储备一批，加快构建一支

---

① 参见《就地培养更多新型职业农民》，中国农业新闻网，http：//www.farmer.com.cn/zt2017/lh/yw/201703/t20170314_1282194.htm。

有文化、懂技术、善经营、会管理的新型职业农民队伍。

3. 增加对城市边缘地区和边缘人口的公共服务供给

由于城市化的快速发展，城市空间不断延伸，传统城区周边的农村地区也划归城区，或者将城市周边郊县改造为城区，一些乡村变成城中村，城市空间范围扩大。虽然这些新设的由县乡改建的城区反映了一定的社会经济需求，但行政改革是其城市化的主要催生力，这些新设的城区严格意义上并未完成城市化的过程。

虽然在这些新城区居民已经完成了身份改变，享有了优于农村居民的教育、卫生和医疗等方面的公共服务，但这些新城区的公共服务供给数量和质量与中心城区相比仍有不小差距，其资源配比和服务质量并未相应提高。政府需再加大对这些新城区的公共服务设施的建设力度，使这些地方的居民享受同等的公共服务。

同时，新设城区与中心城区的公共服务需求可能存在一定异质性。这些新城区居民成分相对复杂，有城市居民、拆迁失地农民、进城打工者等。而且原有的居民与中心城区居民在受教育水平、职业和身份特征认同上还存在很大差异。这些人口构成的复杂化使得新城区对公共服务的需求与中心城区相比存在一定差别。公共服务供给需要考虑新的模式与内容以适应这一异质性特征。

需要特别指出的是，城乡公共管理与服务一体化并不是城乡公共服务与管理一样化，也不是同步化，而是依据城乡不同的实际需求量和内容，在城乡公共服务公平供给的原则下，加大农村地区与县改区的新城区公共服务的供给，展开有针对性的协同建设。

（三）整合和统筹城乡公共服务，建立长效协同发展机制

城乡一体化的实质在于城乡体制的一致，除了增加农村和城市周边地区的公共服务供给以外，城乡二元体制的逐步废除也是城乡公共服务一体化的关键所在。改革开放以来，在社会公共事业建设中做到农村和城市兼顾，进一步有效整合城乡资源，实现城乡一体化都已经具备了基本条件，无论是物质和财力，还是技术条件。城乡公共服务一体化符合在向现代化转型时期，在后城市化与后工业化时代，城乡融合发展的趋势和社会进步的要求。

长期的城乡二元结构造成的制度的根植性及思维方式的固化意味着城乡公共服务与管理一体化建设不可能一蹴而就。它需要政府通过强有力的宏观调控来逐步健全城乡公共服务体制，不断缩小城乡公共服务的差距。这既是一个理论问题，也是一个重大的实践问题，除了政府的宏观调控外，还需要大胆从区域层面加强实证研究与实践，总结并推广成功经验，因地制宜。

城乡公共服务一体化可以考虑按照大部门体制的思想，通过构建城乡公共服务与管理一体化的组织平台或综合协调机构，进一步优化政府组织结构，打破部门碎片化倾向，建立部门间的协调通道，推动城市与乡村公共服务对接。公共服务平台可以为公共服务的建设与有序供给提供优质的基础设施，并且凭借平台的透明性和公开性，可有效监督管理公共服务的具体运行和实施。

这也意味着改革和完善现有的公共服务管理机制，包括提升农村公共服务机构的服务水平，改革现有的城市管理体制，改变机构设置不合理、一些部门权责交叉与不清导致的政出多门和政策不统一情况。经济因素不再是城乡公共服务一体化的主要障碍。特别是随着我国国力的提高，区域有足够的资源、财政储备和民间资本来支持改革和完善现有的城乡公共服务一体化机制，提升区域整体公共服务水平。

区域城乡公共服务一体化要坚持以人为本、公平与公正的原则，在统筹规划的前提下，通过平衡增量与存量的关系，将现有城镇公共服务体系向乡村延伸，实现城乡公共服务资源优化与共享。这需要突破原有的条块分割的管理模式，整合城市公共服务资源，与乡村公共服务的资源对接，为城乡居民提供同等的高品质服务。

此外，要充分发挥公众和民间组织在推动城乡公共服务一体化方面的作用。现代公共治理的一个重要特征是治理多主体化。虽然政府仍在公共治理中占据主导地位，但公众和民间组织等在公共治理中发挥着越来越重要的作用。这些非政府治理主体通过行使自己的权利，反映城乡居民需求，能有效协助政府治理主体制定治理目标，探求适宜的公共服务供给方式或途径。

我国的国情与西方国家不同，民间组织大多具有官民二重性，是国家在向现代公共治理转变过程中的重要推动力量。我国的民间组织与西方民间组织在管理模式和内部架构上不同，在诉求内容和表达诉求的方式与途径上也呈现多样化特征，但一样能发挥重要作用。民间组织参与公共治理的社会成本也相对较低，更有时效性。

在现代社会，许多城乡公共服务领域，如水、电、垃圾处理与回收等，往往交由第三方代为管理。这是西方常常采用的一种方式。这一方面可以节省政府开支，另一方面因为第三方的专业性，也可以提高服务效率和质量。这也是中国未来发展的趋势之一。

在我国向现代化转型的过程中，城乡公共服务以合同形式交由第三方管理，需要做到监督和权力下放的平衡。一方面，作为新生事物，国家相应的法律法规还不完善，加之中国行政管理体制本身存在的人治或不透明现象等，容易造成不规范的操作，难以充分发挥第三方管理的优势。在这种情况下，必须对第三方的管理行为进行必要的监管。

另一方面，政府应避免过度参与，应给予第三方足够的权限，充分发挥其第三方优势，设计和制定公共服务模式，为社会提供高效便捷的公共服务。这需要加强对第三方的专业性培养，包括学习专业知识和培养专业素养，确保其在与政府交往和向公众提供服务过程中保持其职业操守，使政府与第三方的合作得以顺利进行以及使相应的公共服务供给形成一个良性的可持续循环系统。

转型期第三方市场往往存在不健全或不完善的情况，完善第三方市场成为新时期的一个主要任务。这需要健全和完善相应的法律法规，确保第三方市场的运作有法可依、有制度可以遵循。同时，要扩大第三方服务的覆盖范围。随着公共治理向现代化的转型，特别是在城乡公共服务一体化方面，对第三方的服务需求巨大。而对第三方市场需求的认知还有待开发或加深，且其覆盖内容随意性很强。因此需要政府和社会的努力来将第三方市场做大。

第三节　从帕累托优化视角推进区域公共服务均等化

一　区域内公共服务均等化

在后城市化时代，区域空间网络以城市为节点。区域内公共服务的不均衡，容易造成超大城市人才、资本和服务资源的集聚，中小城市和农村的发展受到限制，这会限制城市群以及区域整体的辐射范围，使区域发展潜力受限。相对均衡的区域公共服务水平，会为经济发展提供更大发展空间，促进各种经济要素在更大范围内更合理地配置，为区域高质量发展提供持久的动力。

在现代社会中各种大城市病，如交通拥堵、就医困难、房价高昂等，很多都是因为教育、医疗、卫生等公共服务资源分配不均衡，未能实现真正的区域公共服务均等，未能在社会经济发展方面有效融合城市与农村。这一方面是对农村人口和中小城市人口的不公平，另一方面也阻碍区域的健康发展，不能充分发挥城市群整体网络在区域发展和城乡融合中的带动作用。

打破行政壁垒和条块分割，促进公共服务资源的合理流动与优化配置是整合区域公共服务、真正实现公共服务区域一体化的关键。我国的公共服务资源，基本上是以行政区为单位进行统筹和分配的。这样的分配体制，在一定范围内效率是较高的，推动了行政辖区公共服务水平的提升。但另一方面，受经济发展水平、地方政府财政的影响，各地的公共服务发展水平尚不均衡，未能有效支撑区域一体化建设，给区域高质量发展造成了障碍。

帕累托最优，也称为帕累托效率，是指资源分配的一种理想状态。假定固有的一群人和可分配的资源，从一种分配状态到另一种分配状态，在没有使任何人的境况变坏的前提下，使得至少一个人的境况变得更好，这就是帕累托改进或帕累托最优化。

帕累托公平从社会福利的角度来界定公平，其实质是一种价值判断。它从效率的角度衡量资源配置，强调效率意义上的公平。帕累托最优更多的是理论上的讨论，在现实社会经济活动中很难实现，但对政府决策或治理活动有很大的价值指导意义，即政府决策或治理应通过提高效率，将帕累托曲线向上平移，最大限度地实现帕累托公平。

在区域公共服务领域，人们追求帕累托最优的方式，就是在公共治理决策过程中，充分利用有限的人力、物力、财力，优化资源配置，争取以有限的成本创造最大的效率和收益。区域公共服务的均等化就是指在现有和未来情况下，在不影响他人享受公共服务的前提下，区域内居民平等地享有更优化的公共服务。其核心是促进机会均等，重点是保障人民群众得到享受基本公共服务的机会，而不是简单的平均化。

区域公共服务均等化不是使少数人受益，也不是使大多数人受益，而是遵循普遍受益的原则，让区域居民共享区域社会经济发展的成果，让所有人具有平等地享受区域内公共服务的权利。它遵循的是以人为本的公共治理原则，将人文关怀作为公共治理现代化的一个基本价值取向和目标。

区域公共服务均等化意味着要尽量消除区域内公共服务的差距，推动区域内资源优化配置，驱动区域整合和高质量发展。这既是区域发展向高质量转型以及社会发展迈向现代化的必要条件，也是社会经济发展公平与正义、社会和谐的重要体现。

区域公共服务均等化需要以制度正义为基本保障。实现公共服务均等化不仅需要经济基础，更需要科学合理的制度构建做保障，它本质上也是一种程序正义。只有从制度建设入手，对区域公共服务进行全方位和全过程审视和重建，才能把公共服务均等化的根基打好。

区域公共服务均等化在制度建构上首先要做到制度公正。所谓制度公正就是要从以人为本的价值理念出发，在区域公共服务制度设计、制定和实施的全过程遵循"普遍受益"的公平正义原则，为区域所有居民，尤其是弱势群体，提供均等的公共服务，保障区域内每一个居民都享受到区域社会经济发展的成果。

受根深蒂固的城乡二元结构的影响，在原有体制下的修修补补很难真正实现区域公共服务均等化。在坚持中央政策和精神的原则下，变革性的制度创新是唯一出路。只有通过变革性的制度创新，破除思维定式，才能真正打破原有的城乡二元利益格局。制度创新是公共服务均等化制度构建的核心。

在区域公共服务层面，一个重要的制度改革指向是在诸多方面，如制度、权力结构、公共财政和执行上理顺关系，优化区域协调机制。公共服务是一个多面的复杂系统，区域内不同省市往往在服务内容、规范及基础设施等方面存在很大差异。区域公共服务均等化的首要任务就是以制度的形式将这些要素之间的关系理顺。只有这样，才能形成制度合力，保证区域公共服务均等化的实现。

在这一过程中，要特别注意解决好行政主体之间的越位和缺位问题，明确他们的权责范围，同时确保权责范围之间做到无缝衔接，以避免制度上的缺口导致的懒政或服务缺失问题。不同于企业管理，行政主体在进行地方治理时，受绩效评估和风险等因素影响，往往会规避风险。区域内行政主体间权责的无缝衔接能有效避免行政主体的风险规避惯性。

区域公共服务均等化制度建设需要把握社会经济发展的大势，与其他相关社会经济政策和制度的改革相协调。公共服务涉及民生的方方面面，涉及政治、经济、文化体制的改革，以及相应的职能转变、机构重组和资源配置等。在这一过程中，从整体性治理的角度，注意公共服务与社会经济其他方面之间的联系，使相关制度的改革相互配合，共同促进。

财政支出是衡量公共服务均等化程度的一个重要标准，要完善区域内公共财政协调制度。需要加大力度，调整财政支出结构，加大对农村的基础教育、医疗和社会保障等公共服务的投入。

在公平的基础上，更好地推进区域公共服务的整合，消除公共服务差距，是区域整合与协同发展的主要任务。区域公共服务一体化需考虑进一步搭建协同发展的组织架构，建设创新的平台，以及发展信息技术，借助大数据等数字化手段，推动区域内公共服务均等化。

二　区域空间多中心化推动区域内公共服务均等化

（一）三大经济引擎地区在整合区域公共服务方面的思路与做法

1. 京津冀地区

公共服务均等化作为京津冀协同发展的目标之一，是实现京津冀协同发展的持续动力和必要保障。《京津冀协同发展规划纲要》指出，“促进基本公共服务均等化是有序疏解北京非首都功能的重要前提和京津冀协同发展的本质要求”，制定了“到 2020 年，河北与京津的公共服务差距明显缩小，区域基本公共服务均等化水平明显提高，公共服务共建共享体制机制初步形成”的战略目标。该纲要还在人力资源市场、教育、医疗卫生和社会保险等方面有明确部署。

相比珠三角和长三角，京津冀三地协同发展程度较低。虽然因为历史和地缘，三地人员流动频繁、交往密切，但三地的社会经济黏合度不高，公共服务水平差距较大（见图 5-4、图 5-5、图 5-6）。这已经成为制约京津冀协同发展的一个主要因素。公共服务水平的差异不仅造成人才、技术、资本和服务等资源高度集聚在北京，减少了区域协同发展所能释放的红利，也造成京津冀三地公共服务的不均等。缩小三地公共服务差距，实现公共服务均等化势在必行。

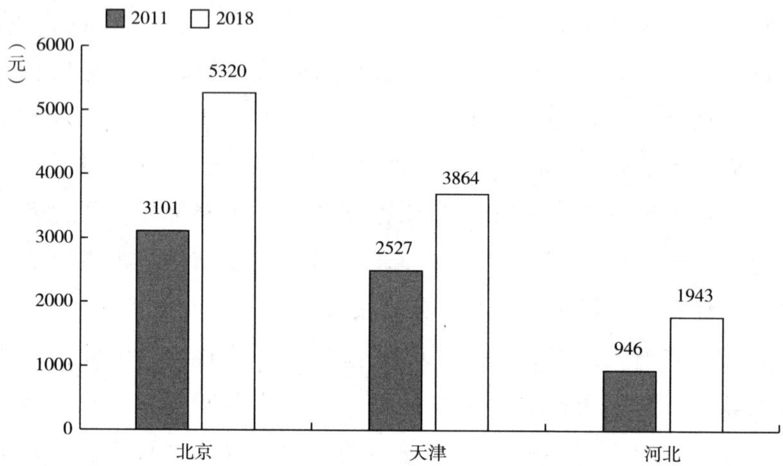

图 5-4　2011 年与 2018 年京津冀三地人均国家财政性教育经费

资料来源：国家统计局。

京津冀三地行政主体需借助中央顶层设计，统筹规划，明确其在推动公共服务均等化方面的权力与责任，建立考核监督机制，着力解决京津冀三地公共服务供给的级差化程度过大问题，特别是着力提升作为京津冀三地公共服务洼地的河北省的公共服务供给水平。这需要充分发挥政府主体的作用，大胆创新，打破行政壁垒，构建京津冀公共服务共享机制，有效对接区域公共服务资源，建立三地公共服务合作平台。

京津冀三地要根据实际情况，将公共服务均等化放在公共服务供给的首位，有针对性地制定公共服务协同供给政策。特别是利用雄安新区建设的契机，在公共服务供给的资金安排上进行调整，通过财政预算、转移性支付、专项公共服务资金等方面的重新洗牌，给予河北和天津更多的资金支持，提升京津冀地区整体公共服务水平。

2. 长三角地区

依据《长江三角洲区域一体化发展规划纲要》，长三角区域公共服务一

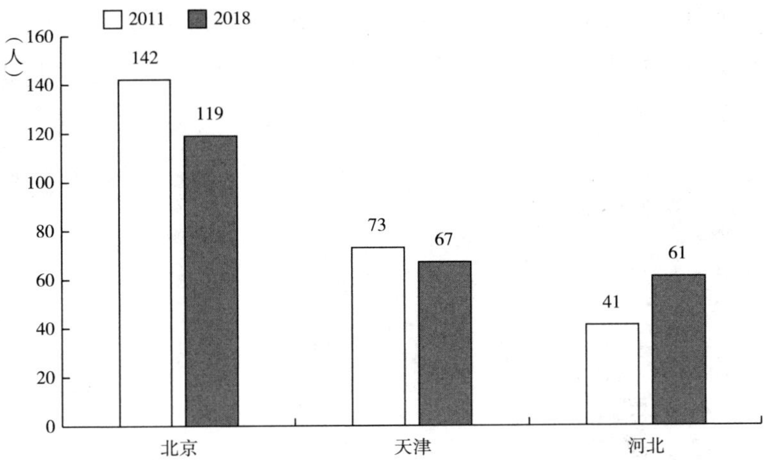

图 5-5　2011 年与 2018 年京津冀三地每万人卫生技术人员数

资料来源：国家统计局。

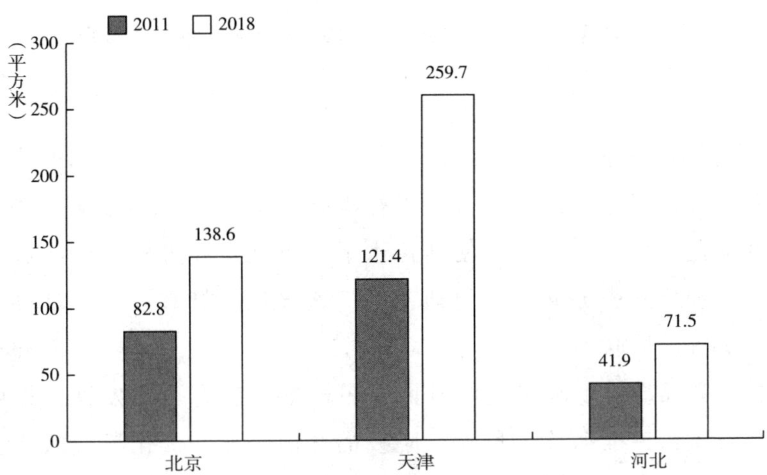

图 5-6　2011 年与 2018 年京津冀三地每万人拥有公共图书馆建筑面积

资料来源：国家统计局。

体化坚持以人民为中心，加强政策协同，提升公共服务水平，促进社会公平正义，不断满足人民群众日益增长的美好生活需要，使一体化发展成果更多、更公平地惠及全体人民。这主要体现在推进公共服务标准化便利化、共享高品质教育医疗资源等方面。

长三角地区公共服务供给较京津冀地区更为均衡。特别是在近十年的发展中，浙江和江苏在公共服务水平上逐渐拉近了和上海的距离（见图 5-7、图 5-8、图 5-9）。

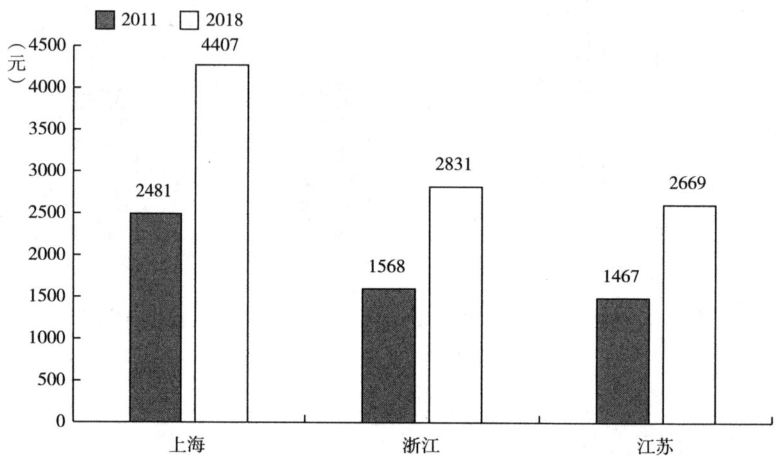

图 5-7　2011 年与 2018 年沪浙苏三地人均国家财政性教育经费

资料来源：国家统计局。

在推进公共服务标准化便利化方面，建立基本公共服务标准体系。全面实施基本公共服务标准化管理，以标准化促进基本公共服务均等化、普惠化、便捷化，提升公共服务便利化水平。特别是通过构建跨区域服务机制，推动基本公共服务共享，包括就医门诊异地结算和社保异地办理，促进异地养老等区域联动。

在共享高品质教育医疗资源方面，积极推动教育合作发展，如协同扩大优质教育供给，推动长三角大专院校的全面合作，优化配置医疗卫生资源，推动大中城市高端优质医疗卫生资源统筹布局，扩大优质医疗资源覆盖范围，共建以居民健康档案为重点的全民健康信息平台和以数字化医院为依托的医疗协作系统，建立长三角体育产业联盟，推动群众体育、竞技体育和体育产业协调发展等。

在全面深化"放管服"改革的背景下，改革创新是长三角地区全面提升区域公共服务一体化，提升地区整体高质量发展水平的重要途径。改革

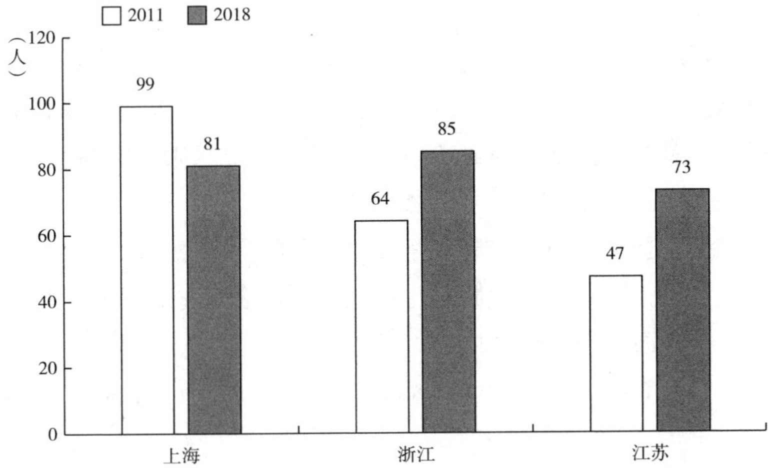

图 5-8　2011 年与 2018 年沪浙苏三地每万人卫生技术人员数

资料来源：国家统计局。

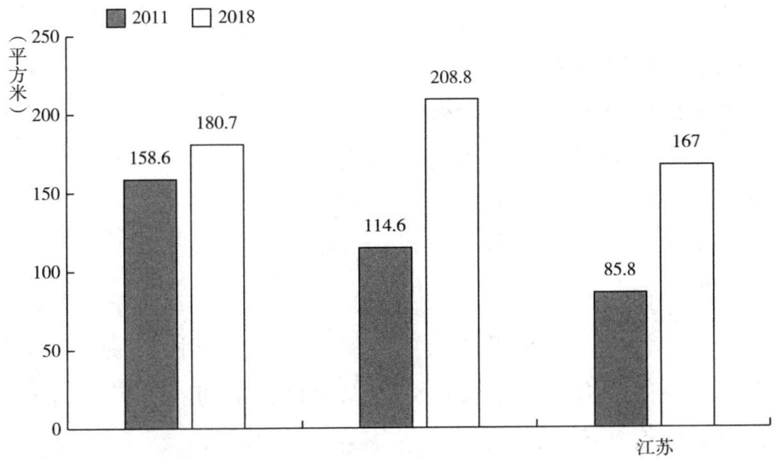

图 5-9　2011 年与 2018 年沪浙苏三地每万人拥有公共图书馆建筑面积

资料来源：国家统计局。

创新的内容包括充分发挥政府的主导作用、市场的决定作用和社会的辅助作用，充分利用数字化时代所带来的技术和信息优势，实现公共服务数据共享和平台互通，提升区域政务服务便利化标准化水平，以及通过建立一体化政府监管体系促进生活品质和公共服务的整体改善等。

3. 粤港澳大湾区

依据2019年2月《粤港澳大湾区发展规划纲要》，大湾区公共服务协同发展要坚持以人民为中心的发展思想，积极拓展粤港澳大湾区在教育、文化、旅游、社会保障等领域的合作，共同打造公共服务优质、宜居宜业宜游的生活圈。不同于京津冀地区和长三角地区，粤港澳大湾区除了三地公共服务供给上的差异外，三地的行政体制也不一样，如何界定和衡量大湾区公共服务均等化以及如何制定与执行相关政策措施牵涉内容更为复杂。

其中主要涉及六个方面的内容。

一是打造教育和人才高地，推动教育合作发展，包括高校合作办学和职业教育培训等。

二是共建人文湾区，塑造湾区人文精神，完善大湾区内公共文化服务体系和文化创意产业体系，共同推动大湾区文化繁荣发展。

三是构筑休闲湾区，依托大湾区特色优势及香港国际航运中心的地位，丰富粤港澳旅游精品路线，推进大湾区整体旅游业发展。

四是拓展粤港澳三地就业创业空间，完善区域公共就业服务体系，建设区域公共就业综合服务平台。

五是密切医疗卫生合作，推动优质医疗卫生资源紧密合作，支持港澳医疗卫生服务提供主体在珠三角九市按规定以独资、合资或合作等方式设置医疗机构，发展区域医疗联合体和区域性医疗中心，塑造健康湾区。

六是促进社会保障和社会治理合作，包括探索推进在广东工作和生活的港澳居民在教育、医疗、养老、住房、交通等民生方面享有与内地居民同等的待遇，加强跨境公共服务和社会保障的衔接，探索澳门社会保险在大湾区内跨境使用，提高香港长者社会保障措施的可携性及研究建立粤港澳跨境社会救助信息系统等。

（二）多中心化是推进区域公共服务一体化的必由之路

《2019年政府工作报告》强调要深入推进新型城镇化，坚持以中心城市引领城市群发展。[①] 这符合后城市化时代城镇空间结构扁平化的趋势。一个地区的优

---

① 《2019年政府工作报告》，中国政府网，http：//www.gov.cn/guowuyuan/2019zfgzbg.htm。

质公共服务资源不能完全集中在一个城市，否则既有违公平的原则，也不利于效率提升，还会抑制城市和区域整体发展的活力与潜力。资源配置以发展建设多个中心城市为基础，可更有效配置和整合区域公共资源。多中心性在很大程度上被认为是实现更均衡的发展空间格局和更高水平区域发展的一种手段。

区域多中心化是后城市化时代城市地理和工业发展的普遍趋势。一般来说，在许多地区，传统的城市中心和郊区的二元结构正在逐渐演化为一个更高层次的多中心的城市系统，它为后城市化时代提供了一个更广泛的区域和城市发展模式，使城市发展尽可能规避大城市病，使区域发展更为协调与均衡，避免发展的过度集中或边缘化现象。

多中心城市的区域通过中心城市的网络化协作，为整个区域提供更为均衡的公共服务，如教育、医疗及文化休闲等服务。这在很大程度上能解决公共服务过度中心化所带来的不公平和低效率问题。我国的城市群占地面积占全国土地总面积的比例不到20%，城市群之外有约80%的面积。这就需要政策支持，加大在区域内对多个区域性中心城市的培养，增强中心城市的辐射能力，充分发挥中心城市对区域发展的带动力。

在多中心城市的区域发展网络中，要通过城市群建设加强社会经济拉动公共服务供给的作用。通过经济的辐射功能，拉动周边地区的发展。通过提高都市的辐射力和带动力，消除行政壁垒，促进交通一体化和公共服务一体化。在核心城市的引领和带动下，周边的中小城市和小城镇将获得发展机遇，其公共服务水平也会相应提升，逐步形成区域城市群协调发展的态势。

在加快区域性中心城市培养方面，需要建立区域协调机制，加大对中心城市在交通、医疗、教育和文化等方面的政策和财政倾斜，破除在公共服务资源供给上“一市独大”的弊端，提高区域和城市群整体的公共服务支撑力和带动力。在建立区域多中心城市的基础上，按照实际服务管理人口规模配置公共资源，有利于提升中心城市辐射和带动周边地区发展的能力，更好地发挥中心城市应有的带动作用，促进中心城市都市圈与城市群公共服务的公平和优化配置。

2020年4月发布的《中共中央国务院关于构建更加完善的要素市场化配置体制机制的意见》指出，要深化户籍制度改革，探索推动在长三角、珠三角等城市群率先实现户籍准入年限同城化累计互认。该意见还指出，要放开放宽除个别超大城市外的城市落户限制，试行以经常居住地登记户口制度。建立城镇教育、就业创业、医疗卫生等基本公共服务与常住人口挂钩机制，推动公共资源按常住人口规模配置。①

对许多城市而言，实际服务管理人口数量远远多于常住人口数量。2020年5月公布的《中共中央国务院关于新时代加快完善社会主义市场经济体制的意见》进一步提出，“要建立健全统一开放的要素市场，推动公共资源由按城市行政等级配置向按实际服务管理人口规模配置转变”②。这份文件主要针对公共资源按城市行政等级配置的方式，强调公共服务配置方式应向按实际服务管理人口规模配置转变。

在后城市化时代，中心城市和城市群是承载公共服务与发展的主要空间形式。城市周边往往集聚不少包括城市外来务工人员和年轻白领在内的新移民。如果不能按照实际服务管理人口规模来配置公共资源，中心城市周边的城市群就会因为缺乏公共服务资源而无法吸引更多人口。按照实际服务管理人口规模配置公共资源有利于促进区域内都市圈与城市群的发展。

在多中心城市架构推动区域公共服务一体化方面，长三角地区和粤港澳大湾区做得较好。在长三角地区，除了上海外，也有苏州、南京、杭州等城市作为地方中心城市，支撑整个公共服务体系。在粤港澳大湾区，由香港、深圳、广州和澳门等中心城市来支撑大湾区整个公共服务体系。而在京津冀地区，则北京独大。这虽反映了北京作为首都的政治地位，但在公共服务领域则不利于京津冀地区一体化和其整体发展质量的提升。

雄安新区的设立为京津冀区域公共服务一体化提供了一条现实路径。雄安新区定位在二类大城市，它的设立是疏解北京非首都功能，推动京津冀地区公共服务一体化的关键一步。2017年4月1日中共中央、国务院决定设立这一国家级新区。雄安新区地处北京、天津、保定腹地，规划范围涵盖河北省雄县、容城、安新等三个县及周边部分区域，对雄县、容城、安新三县及周边区域实行托管，是中国（河北）自由贸易试验区的组成部分。

设立雄安新区，对于集中疏解北京非首都功能，均衡分配京津冀地区公共服务资源具有重要作用。新区设立以来一直稳步推进优质公共服务体

---

① 《中共中央国务院关于构建更加完善的要素市场化配置体制机制的意见》，中国政府网，http：//www. gov. cn/zhengce/2020-04/09/content_ 5500622. htm。

② 《中共中央国务院关于新时代加快完善社会主义市场经济体制的意见》，中国政府网，http：//www. gov. cn/zhengce/2020-05/18/content_ 5512696. htm。

系建设。在京津的大力帮扶下，雄安新区引入优质资源设立了一批高水平的学校，如北京市海淀区中关村第三小学雄安校区和北京市第八十中学雄安校区等。目前，雄安新区规划的顶层设计已经完成，已进入大规模、实质性的开工建设阶段。雄安新区的交通、住房、教育、医疗卫生和养老等公共服务水平将有很大提升。

除了设立雄安新区外，在整合京津冀地区公共资源方面，还要注意培养几个中心城市，包括石家庄、唐山、保定、张家口和沧州等，确保这些城市有足够的优质公共资源供当地居民共享。河北省的优质公共服务资源有限，需要更多地借助京津之力。借助京津两市拥有的优质公共服务资源，提升河北省的公共服务水平，丰富其公共服务内容。

第六章　风险社会弹性公共危机与风险区域协同管理的重要性

第一节　区域公共危机是公共危机的一种典型形式

一　公共危机常态化的深刻时代背景

（一）公共危机频发是风险社会的常态

现代社会是风险社会，无论是自然原因，还是人为所致，公共危机常态化已经成为一个不争的事实。尤其是进入 21 世纪以来，不同形式和内容的公共危机正以常态化的态势发生与演变，并日益全球化。如，从 2001 年的“9 · 11”事件、2003 年的 SARS、2008 年的国际金融危机到 2019 年底发生的新冠肺炎疫情等，各种公共危机事件频发，而且牵一发而动全身。

公共危机常态化趋势有其必然性因素。人类对各种社会资源无节制的使用和浪费，对大自然的过度开发和破坏，导致各种自然灾害频繁发生。气候变暖和自然环境恶化加剧了由自然环境所带来的风险。在社会发展层面，不少国家和地区的发展片面追求效率，忽视了社会公平，使得社会贫富差距日益扩大，加之各种政治和文化的差异依然存在，导致各种社会危机接二连三爆发。

除了罗马俱乐部所宣称的长期性问题，如人口问题、粮食问题、能源问题、资源问题、环境问题以及贫富不均、两极分化等，公共危机（如公共卫生问题、金融危机和信用危机）的风险也日趋加大。在经济方面，资金链条断裂等使得经济危机和金融危机的风险加大。在社会环境方面，社会经济转型中法制的不健全、社会治理的信任危机以及社会信用体系的缺失等加大了社会危机带来的风险。

同时，全球化使得各国社会经济联系日益紧密，交通和运输成本的下降也使人与人之间的相对距离缩短。全球化为世界各国人民带来了可负担的、多样性、差异化产品和服务。全球化在带来很多益处的同时也加大了社会风险发生的频率与规模，加之非传统安全和社会转型以及危机管理的缺失等因素，促成了公共危机的常态化。世界各国也逐渐认识到公共危机的常态化事实，开始有针对性地采取措施，展开危机预防和治理行动。

贝克（Ulrich Beck）提出的风险社会理论就是对这一全球化态势中所存在的危机与风险的抽象概括与描述。风险社会是指在全球化背景下，由人类社会生活实践所导致的全球性风险占据主导地位的特定社会发展阶段，在这样的社会里，各种全球性风险对人类的生存和发展产生了严重的威胁。依据贝克的风险社会理论，“风险社会”是现代化的一个主要特征。[①]

与贝克的风险社会理论一致，吉登斯（Anthony Giddens）在《现代性的后果》（*The Consequences of Modernity*）中对现代性的分析强调时间和空间特性，认为与前现代社会相比，在现代社会中，社会变迁步伐加快、范围扩大而且也更加深刻。在这一过程中，人对自然和人类社会本身的影响加大，自然和社会风险加大，使现代社会具有强烈的风险社会的特征。[②]

贝克和吉登斯等学者关于现代社会是风险社会的论断揭示了在全球化背景下人与人之间联系日益紧密和更加相互依存的生活和工作态势，从而使现代社会处于一种牵一发而动全身的高风险状态。在风险社会里，随着人类对社会生活和自然的干预范围和深度扩大、加深，虽然自然风险和社会风险并存，但决策和行为成为风险的主要来源，风险结构也从自然风险占主导逐渐演变成人为的不确定的社会风险占主导。自然风险很多也是由人类的决策和行为方式所导致。

虽然借助现代治理机制和各种治理手段，人类预防与应对风险的能力有所提高，但新的社会风险与之相伴。比如制度化风险（包括市场风险）和技术性风险，成为现代风险中的主要类型。这些风险往往具有潜在的全

① Ulrich Beck, *The Risk Society: Towards A New Modernity*, London: Sage Publications, 1992.

② Anthony Giddens, *The Consequences of Modernity*, Redwood City: Stanford University Press, 1990.

球性影响。一旦条件成熟，这些现代性风险便可能爆发，产生全球性威胁，甚至可能导致新的自然和社会风险。

罗马俱乐部的《人类处在转折点》中指出，世界发展已具有一种危机综合征，应该把这些危机作为一个整体采取互相协调的多种措施加以解决。[①] 现代社会的高风险特征要求各国政府时刻准备应对各种自然和人为危机。在全球化背景下，世界各国各地早已成为命运共同体，不再是各自为政的个体。全球是一个命运共同体，在风险防范面前，各国需互相学习，加强合作，共同应对可能发生的各种自然和社会风险。

（二）兼具现代风险社会和社会转型特征的中国式公共危机

中国社会的现代性与西方发达国家不同，风险社会的表征也不尽相同。在风险社会的特征上，中国的公共危机既具有贝克和吉登斯所描绘的现代性风险社会的风险频发和人为风险增加的特征，也同样具有从传统到现代转型过程中由转型阵痛所造成的独有的社会公共危机。因此辨别潜在危机的根源是理解中国式公共危机的钥匙。

与西方国家相比，在现代性上，中国正处于一个十分关键的社会转型期，正经历着一个从传统到现代的转变。在社会转型时期，借由经济和制度改革的推动从传统迈入现代，思维方式和行为模式都在调整。加之社会变革带来阵痛，如贫富差距和社会不平等，都会引起大众与自然、与社会的碰撞、冲突和不和谐，形成潜在的社会危机。

特别是在全球经济发展迟缓的情况下，我国社会经济发展也处于调整期，经济增长速度进入了换挡期，结构调整迎来阵痛期，前期刺激政策处于消化期。在中国社会经济发展的这样一个重要而关键的时期，自然和社会矛盾的瓶颈约束最为突出、复杂和多变。在各种诱因的影响下，短期内经济失调、社会失序、心理失衡很容易出现，矛盾和冲突集聚也不可避免。

转型中出现的各种经济、社会和生态环境矛盾日益突出，加大了转化为现实公共危机的风险。公共危机的发生从其内因上看，往往并不是单一因素在起作用，其诱发因素不仅有自然因素也有人为因素，是自然和人为

① 米哈依罗·米萨诺维克、爱德华·帕斯托尔：《人类处在转折点》，刘长毅、李永平、孙晓光译，中国和平出版社，1987。

因素两者共同作用的结果。此外，虽然公共危机的表现形式和内容不同，但它的发生是必然的，不是一种偶然现象。

特别是随着社会经济改革从追求数量向追求质量转变，社会经济架构的层级和形式与未来发展方向都呈现不确定性和开放性，这都会影响我国社会结构、社会组织形式、社会利益格局、社会思想观念。各种潜在的社会矛盾也会充分暴露和显现出来，新旧矛盾和问题相互交织，相互激化。在一些转型跨度大的领域，公共危机爆发的可能性加大。

例如，在社会民生方面，转型期所带来的阵痛最为直接和明显，相应的社会矛盾激化容易催生社会公共危机。在城市治理与发展中，常见的征地拆迁问题如果沟通不及时和不讲究方法，很容易激化矛盾，酿成社会危机事件。其他如食品药品安全问题、医患矛盾、克扣农民工工资及司法不公等很容易导致社会公共危机。这些危机因参与主体不同，可能是地方性的，也可能是全国性的。

在全球化背景下，随着我国国际化程度日益提升，国内外地区之间的社会经济联系也逐渐加深，我国潜在的公共危机显现出更加多样化和复杂化特征，其涉及经济、社会、文化、生态和自然环境等诸多领域。危机的发生呈现多向性，不再是单向和线性的；同时，潜在公共危机发生的空间范围扩大，不再局限于一个或多个地区，可能超越国家边界，具有全球性特征。

此外，随着危机集聚和危机主体复杂化，公共危机的损害和影响程度也在加大。数字化促进了广泛的信息传播，信息的传播性和复杂性不断提高。为公众和社会带来诸多益处，但如果缺少必要的规范和制约，会加大有害信息的传播影响，使危机事件的组织性、暴力性和危害性增强，联发性危机事件出现的可能性加大，这将直接影响社会的安全稳定。在这种情况下，对公民互联网素养的培养变得十分必要。

在向高质量发展的转型期，各种社会经济关系和秩序在重新确立，很多矛盾、冲突和不和谐是无形的。这些是最容易被忽视，但需要特别注意的问题。如果预防不当，很容易造成大规模的社会公共危机。危机主要源自社会结构层面的问题，包括贫富差距大、利益分配不均衡、社会流动性弱，以及在一些地方基本民生福利的缺失和不公平等。这些矛盾会借助某种诱因或偶然事件爆发，容易造成大规模的社会不安定。

更宽泛地来讲，社会危机可以上升为文化危机。在转型期和社会主义建设的新时期，随着社会经济结构的进一步建立和完善，处在社会发展过程中的人本身也存在意识和精神层面的危机，因此文化建设也是重中之重。特别是对特定群体来说，在转型过程中需要特定的精神内容，他们往往在转型过程中存在身份难被认同、个体存在模糊和文化缺失的问题。

在应对危机时应从全局考虑，追本溯源，探求危机的根源与实质，同时对危机进行辩证的分析，找出危机发生的各种深层次原因，理清危机之间的相互关系，以科学化视角，以人文关怀的态度，以中国传统的文化特征为基础，从实践和经验出发，寻求系统、全面的公共危机预防和治理方式，推动和谐社会的建设。

当前我国已基本上建立了适应中国国情的公共危机应急管理机制，在过去的公共危机治理实践中取得了一定的成就。但鉴于危机的常态化，我国也迫切需要在以人为本、以法治化为基础的框架下，深刻认识和理解我国转型期所面临的深刻的社会组织结构方式的转变以及公众所面临的社会经济、思想、文化和心理危机，重新审视风险社会危机常态化的含义，进一步完善现有公共危机治理模式的系统化和常态化机制。

（三）风险社会公共危机的多样化特征

在风险社会中，公共危机日趋多样化和复杂化。在经济和金融方面，以造成全球经济震荡的2007～2009年全球金融危机（GFC）为代表。GFC又称世界金融危机、次贷危机、信用危机，2008年被命名为金融海啸年及华尔街海啸年等。这是一场在2007年8月9日开始出现的金融危机。

自美国次级房屋信贷危机爆发后，投资者开始对按揭证券的价值失去信心，引发流动性危机。即使多国中央银行多次向金融市场注入巨额资金，也无法阻止这场金融危机的爆发。2008年9月9日，这场金融危机开始失控，并导致多家大型的金融机构倒闭或被政府接管。

始于美国的这场金融危机通过与全球金融体系的联系从美国蔓延到世界其他地区。世界各地的许多银行遭受了巨大损失，只能依靠政府的支持来避免破产。危机使得主要发达经济体经历了20世纪30年代大萧条以来最严重的衰退，数百万人失去工作。与以往和金融危机无关的衰退相比，此次危机的复苏也要慢得多。危机发生的原因相对复杂，主要包括在有利的宏观经济环境下的过度冒险，银行和投资者增加借贷以及相关次贷法规和政策的漏洞等。

在农业方面，农场主面临着诸多不确定性，农业生产、经营和投资的风险增加。农业生产依赖自然资源和气候条件，农场主面临着气候变化、自然灾害和病虫害等各种常态化风险，这些风险加剧了来自其他风险的复合性压力。

这些在很大程度上影响着国内外市场供求，从而造成供应短缺或汇率波动，导致价格波动。这直接影响到农业的经济效益，长远来看也制约着农业的可持续投资和创新能力。此外，对短缺资源（包括水和能源）的过度使用也将加剧农业的不确定性，增加农业生产和经营的风险。

随着农业生产、经营和投资的风险增加，政府需要增强对农业生产和市场风险的防控。决策者和农产食品行业需要不断寻求新的解决办法，加强对气候变化和其他自然条件恶化的防范和抵御能力，并提高农业部门对气候变化的适应能力。特别是在稳定市场方面，通过加强对国内和全球供求信息和源头供求状况的把握，增强抵御市场波动对农产品造成的冲击的能力。

此外，各种规避风险管理战略和工具也可以帮助农民适应气候变化和管理未来风险。政府和农场主需制定常态化的弹性的农业生产、经营和投资风险防控机制，对从计划和准备到生产与销售等农业经营管理的全过程进行风险评估与防御。

在食品安全方面，存在人为的食品安全危机，潜在风险依然存在。从三聚氰胺奶粉，到假酒、假饮料、有毒有害减肥食品、含致癌物质的咸鸭蛋、染色面包及假冒橄榄油等，违反《食品安全法》和《食品安全法实施条例》等食品安全法律法规的行为和经营方式仍存在，食品安全存在隐患，易引发公共危机。

自三聚氰胺奶粉事件以后，我国高度重视食品安全问题，于 2009 年 2 月 28 日第十一届全国人民代表大会常务委员会第七次会议通过《食品安全法》，并于 2015 年和 2018 年进行两次修订，加强了对食品安全的监管，以确保消费者利益不受侵犯。但商人逐利的本性，法治意识的淡薄，对消费者健康权益的不敬畏，使得潜在的公共卫生安全危机仍然存在。

突发食品安全事件往往以消费者的健康甚至生命权益的损害为代价，

所造成的危害及影响极大，在危机治理的紧迫性上要高度重视。这就给危机爆发以后的资源调动和对消费者安全健康的及时防御带来许多挑战。在食品安全危机管理中，政府、企业、社会分别承担着不同的责任。要成功地战胜危机，往往需要动用各种资源，包括政府的、企业的，甚至是全社会的力量。

在社会治理层面，我国存在一定的社会信任危机。诚信的缺失是我国从传统向现代化转型，经济高速发展过程中出现的一个问题。中国社会目前所遭遇的信任危机不仅仅是现代性的危机，更是由独特的社会结构转型所带来的社会治理危机。在个体逐利的这一原则下，社会或群体的道德准则和规范不被一部分人所遵守，人与人之间缺乏一种道德的联系和约束，造成社会人际关系的信任危机。

信任危机是公众在社会心理层面容易产生无助和自危的心理状态，危机的呈现具有综合性和复杂性，从一般的社会人际关系、日常的工作和交易，到组织之间的业务交往和政府治理等，信任危机都可能存在。深刻的信任危机意味着道德作用和道德权威的下降，以及人际关系的道德紧张，容易造成整体的社会心理恐慌以及幸福感与安全感的丧失，增加了社会交易成本。

主要有三个层面的信任问题，包括政治层面的政府与民众、社会与国家的信任建设问题，特别是在地方层面，在一些区域和地方治理中出现了信任危机；经济层面的各个利益主体之间的信任问题，如生产者、中间商和消费者之间的三角关系中的信息缺失问题；社会层面的一般社会成员之间的交流沟通中的信任问题。虽然根源不同，但信任危机在这三个层面都有体现。

社会信任建设是一项系统工程，有待于社会经济的整体改革。克服信任危机不仅需要社会和个人重建道德，更需要制度化的规范以重新确立转型期和转型期后现代社会的道德规范和行为准则。通过制度化的规范对公众和社会主体信任行为的约束，经过长期的实践和行动，这些制度化的规范会逐渐升华为新的道德规范，自主的新的社会信用体系得以确立。

因此，社会信用体系建设是解决我国信用危机，重建社会诚信的必要之举，它是我国社会主义市场经济不断走向成熟的重要标志之一。建设中的社会信用体系是以相对完善的法律法规体系为基础，以建立和完善信用信息共享机制为核心，以信用服务市场的培育和形成为动力，以信用服务行业主体竞争力的不断提高为支撑，以政府强有力的监管体系作保障的国家社会治理机制。

现代社会是信任机制发生转变的社会，从中产生的信任危机是快速变化的风险社会的基本特征，是一个国家迈向现代社会必然遭遇的一种社会危机。我国可借鉴西方国家的“司法制度”、“信用体系”和“社会保险”等信任制度化建设经验，探索符合中国特色的信任制度化建设。制度化建设可有效降低公众和社会在应对社会人员快速流动、高度技术分工、生产和生活方式巨变所带来风险的各种不确定性，支持和保护各个利益主体的安全感，重塑对其他个体的信任。

二　区域公共危机是公共危机的一种典型形式

公共危机往往始于特定的领域或区域，区域在分析应对公共危机中是一个重要的空间维度。作为公共危机的一种典型形式，区域公共危机或局域公共危机是在一定区域内，通过一定的社会介质产生的或与社会介质相互作用的结果，是一种融合了现代社会公共区域自身的特质、具有区域自身特点的公共危机。

科学技术的发展使得现代社会更加精密复杂，社会的流动性更强，人们之间的联系更紧密，这导致公共危机很容易突破原有地域的限制而向外扩散，形成一种全国性的或跨越国家疆域的，使得相关区域、领域甚至整个社会都受到冲击的，或者引发次生危机事件的公共危机。区域公共危机治理的有效程度和相应的制度建设与实践在一定程度上决定着公共危机的扩散程度和规模。

从公共治理的范畴分析，区域性公共危机爆发有其深刻的社会经济原因，包括区域内部的经济结构失衡，大工业快速发展中出现的环境问题，贫富差距和城乡差距的扩大，以及住房、医疗、教育等民生问题。经过偶然因素的诱发，加之必然因素的推动，这些问题都可能成为区域公共危机的直接根源或导火索。

区域性危机的空间规模也不尽相同。在相邻的同质化区域，区域公共危机可能形成跨区域公共危机，危机的空间范围加大。一定区域内产业结构的相似性、经济联系的紧密性和社会机构的互补或相似性，加上人群的流动和转移频率增大，在很大程度上会使区域公共危机突破传统的区域范围在更大空间范围内蔓延。

近年来，中央政府实施了诸多区域性发展规划，国内已经逐渐形成了以区域协同发展为原则的治理空间，如京津冀、长三角、粤港澳大湾区、黄河流域和长江流域等几大区域经济发展和环境保护带。我国推行的区域发展政策在极大推进区域协同发展的同时，也为区域公共危机的预防提供了逻辑和制度支持。

在这一过程中，以区域性的网络合作平台和沟通机制为代表的区域协同发展机制的建设使得区域内行政主体、各级各类利益主体之间的依赖性和关联性增强。区域内任何一个地方的危机都可能影响全区或在更大的空间范围内产生影响。

区域地方治理单元之间的同质性要求区域内政府主体采用联动的方式，协同应对这些地方性公共危机。在区域层面，鉴于不同行政主体的利益和绩效评估机制不同，协调、沟通成为区域协同建设的常态。在条件允许和符合实际情况的前提下，由中央政府牵头和指导，建立具有权威性的区域协调机构有利于更加有效地防范和应对区域公共危机。

第二节　基于文化与发展转型特征的公共危机与风险管理

一　基于传统文化的转型期利益主体的行为特征

（一）基于霍夫斯泰德文化差异比较分析框架的中西文化对比

危机和风险管理最终要落实到具体的人和社会群体，不同的民族往往具有不同的思维和行动方式，这影响着个体和社会群体如何看待和应对公共危机，这要求政府公共危机治理应当采取适宜的机制和工具，以增强治理的有效性。因此了解人的思维和行为方式及其所处的文化环境是有效地进行公共危机与风险治理的前提条件。

文化特征的分析是一个复杂的命题，涉及内容广泛且抽象。对文化的比较往往能让我们了解一个民族的文化特征以及相应的思维和行动方式，它是了解人们面对公共危机时所采取的行动和思维方式的一个重要途径。荷兰社会人文学家霍夫斯泰德（Geert Hofstede）从六个维度来阐释文化的差异（见表6-1）。

表 6-1　霍夫斯泰德文化差异比较分析框架

维度	解释
权力距离 (Power Distance)	在一个组织当中，权力的集中程度和领导的独裁程度，以及社会成员在多大程度上可以接受组织当中这种权力分配的不平等
个人主义与集体主义 (Individualism versus Collectivism)	个人主义是指对一种松散的社会组织结构的偏好，个人重视自身的价值与需要，依靠个人努力来为自己谋取利益。集体主义则指对一种紧密的社会组织结构的偏好，个人往往以群体内和群体外来区分，他们期望得到群体内人员的照顾，同时也以对该群体保持绝对忠诚为回报
雄性文化和雌性文化 (Masculinity versus Femininity)	指社会上居于统治地位的价值标准。对于雄性社会而言，强调竞争与成功；而雌性社会则完全与之相反，强调生活质量与人文关怀
不确定性规避 (Uncertainty Avoidance)	在一个社会中，人们预防不确定的、含糊的、前途未卜的情境的程度
长期与短期取向 (Long-term Orientation versus Short-term Orientation)	指某一个文化中的成员在面对现代及未来挑战时在多大程度上与历史相联系。在短期取向的文化中，人们在面对社会性变革时倾向于保持旧传统和旧习俗。而在长期取向的文化中，人们崇尚实用主义，鼓励节俭和勤奋
放纵与克制 (Indulgence versus Restraint)	一个文化依据人们会在何种程度上控制自己的原欲和本性，可分为放纵或享受型文化和克制型文化

资料来源：Geert Hofstede, "Comparing Behaviors Across Nations-Some Suggestions to Levine and Norenzayan", *Cross-Cultural Psychology Bulletin*, 35 (3), 2001.

依据霍夫斯泰德和其他一些学者的观点，相对于英美文化，中国文化更强调个人修养，讲求中庸之道、与外界和谐，表现出更强的权力距离意识、更大的集体主义倾向、较小的不确定性规避倾向、更多的实用主义及更能克制自己的欲望等文化特质（见图 6-1）。中国文化与英美文化类似，更多的是以竞争和成功而不是追求生活质量与人文关怀为驱动力。这些研究不一定完全准确，但对我国公共危机管理模式和工具的选取具有一定的启示意义。

与西方文明特别是安格鲁-撒克逊文明不同，受几千年农耕文明的滋养，中国文化形成了重实际黜玄想的思维方式。这从中国哲学的实用性中最能见出。春秋战国时期，尽管先秦各家的思想不尽相同，但实用性是诸家论说的前提，它们都是以寻找社会大变革的方向为主要命题。不同于西方古典哲学，中国哲学既没有像古希腊哲学那样走向抽象思辨之路，也没

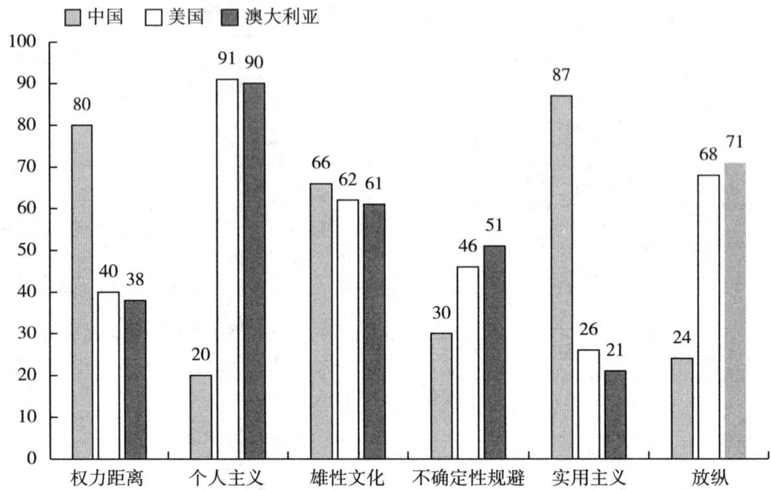

图 6-1　中美澳霍夫斯泰德文化六维度模型系数比较

资料来源：https：//www. hofstede-iusiglcts. com/couutry-comparison/.

有像印度哲学那样寻求个人解脱，中国哲学对世界的认识是为修身养性服务，强调直观体悟、知行合一。

在这一过程中发展起来的辩证思想强调整体观下的矛盾辩证，而不是抽象的逻辑辩证。这种整体性、有机联系和矛盾对立统一的综合辩证是中国传统文化，特别是在哲学的思辨方面，最根本的特征。这种综合辩证思维意味着对多元性和差异性的认同。

古希腊哲学家阿基米德的“给我一个支点，我能撬起整个地球”是西方逻辑推理的典型表述。而中国传统文化以和谐为美，强调世界或环境的整体性，没有所谓的支点，万物共存共生，相互关联，对立统一。这与风险社会对纷繁复杂与多变的公共危机治理的要求十分契合，为区域公共危机的治理奠定了良好基础。

（二）在实用性前提下的整体性和先验性思维方式

1. 整体性思维

整体性思维把世界万物看作一个有机整体，在这一有机整体内，天、地与人之间相互贯通，各要素之间相互依存。李约瑟在《中国科学技术史》

中描述中国文化的整体性思维时说："当希腊人和印度人很早就仔细考虑形式逻辑的时候，中国人一直倾向于发展辩证逻辑。与此相应，在希腊人和印度人发展机械原子论的时候，中国人则发展了有机宇宙哲学。"

古代先哲有不少关于整体性思维的论述，例如道家的庄子在《庄子·齐物论》中曾说："天地与我并生，而万物与我为一。"庄子"齐万物""吾忘我"的天人合一理论是关于整体性思维的典型论述。儒家的孟子也曾在《孟子·尽心上》中说："夫君子所过者化，所存者神，上下与天地同流，岂曰小补之哉?"老子在《道德经》中曾说"圣人抱一以为天下式"。其"万物负阴而抱阳，冲气以为和"的阴阳相济论、"道常无为而无不为"等辩证法理论，都属于"道"的大系统。《易经》则把整体性思维具体化，它以阳爻和阴爻构成的六十四卦，象征天地万物及其变化，表明天地和同，万物化生，人与天地分而相合。《易·系辞传下》说："天下之物，贞乎一者也。"

整体性思维在先秦之后进一步发展和丰富。汉代先哲进一步论说阴阳的对立统一关系，以及阴阳相互调节维持整体平衡的功能，使阴阳学说和五行学说得以完善。北宋张载进一步发展了庄子的形气转化说，把"天地之性"与"气质之性"的对立统一作为社会伦理规范的依据，强调了社会系统与天地系统的统一。同时代的周敦颐则依据《易经》天地和同、万物化生的论说，将宇宙的发生、发展具体化为一个无极—太极—阴阳两仪—五行四时—无穷万物的有机系统。南宋朱熹综合前人理论，用"理"字来概括这种整体性。朱熹称理为太极，认为它是天地万物之理的总体太极，即万物之理。而且，万物作为个体可体现整个太极，人人、物物都有一太极，即所谓的"理一分殊"。这与《易传》中所说的"形而上者谓之道，形而下者谓之器"虽有不同，但都将天地万物视为一有机整体作为哲学思想的源头。

这些论述尽管出发点不同，但都强调天地人作为一个整体系统，和谐共存，这显示了中国文化和哲学思想重视有机联系的整体性。中国哲学的这种整体性思想内外融通，既强调和包容客观存在的天地万物的多种本质、变化无居，又指形而上的宇宙本体。这彰显了中国哲学思想的有机性和思维的活力。

这种整体性哲学思想与重视逻辑推理的西方哲学不同。中国哲学强调事物具有唯一的本质属性。对事物的认知和了解需由点到面、由一到多，强调了解事物的结构是了解一个事物的前提。

2. 辩证思维

与西方主流的形式逻辑思维方式不同，中国文化更强调辩证逻辑，这是中国传统思维模式的一个突出特点。辩证思维强调事物的普遍联系、对立统一与发展变化。它是指通过考察对象内在矛盾的运动变化和各个方面的相互联系，整体性地认识对象。从动态变化的视角认识事物，使辩证思维与静态孤立的形而上学的逻辑思维形成鲜明对比。

辩证思维通常与逻辑思维相对立，它要求观察问题和分析问题时，以动态发展的眼光来看问题，是唯物辩证法在思维中的运用。在辩证思维中，事物的本质是复杂的，“亦此亦彼”或“亦真亦假”。这与逻辑思维中的“非此即彼”或“非真即假”不同。

从先秦老子和孔子，到宋朝张载，以及明清之际的王夫之等，许多思想家完善和丰富了中国的辩证思想。老子的诸多论断如“正言若反”“反者道之动”，老子特别强调“反”，“有无相生，难易相成，长短相形，高下相倾，音声相和，前后相随”“万物负阴而抱阳”，都强调事物是在对立关系中形成，事物是矛盾的对立统一。

孔子的论断如“叩其两端”，“不得中行而与之，必也狂狷乎！狂者进取，狷者有所不为也”，及“执其两端，用其中于民”都强调问题的解决要考虑事物的两面性。中国的太极图蕴含着丰富的辩证法思想：两端互补，相反相成，相灭相生，强调事物的对立统一与和谐。

在中国思想史上也有重视逻辑分析的学者，如墨子和荀子，但他们的观点并未成为主流。东周时期的墨子，他确立了概念、判断、推理的逻辑程序和规则。《墨经》中的“故”“理”“类”丰富了其逻辑思维体系。战国末期的荀子主张对事物及其类别的确定性加以实证性研究，他以名为核心，构建了“名—辞—辩说”（概念—判断—论证和推理）的逻辑思想体系。

作为中国哲学思想中的基本思维方式，辩证思维强调天人合一，着眼于万物之间的相互依存和密切联系，以及以此为基础的发展变化。它强调分析事物和寻求问题解决要以一种“统观”和“会通”的方式。《易经》中的易、道、天、太极和太虚为一体，从阴阳、乾坤、形神、心物和动静等方面强调事物的两面性特征，着眼于“一阴一阳之谓道”和“阳中有阴，阴中有阳”等的对立统一。

运用辩证思维方式看待矛盾时，强调矛盾的对立统一，矛盾之间相反相成、互相补充渗透，而不是把矛盾的对立看成绝对和静态的。也因此，辩证思维模式与框架具有很强的弹性，因而更具现代性和持久的生命力，能更好地看待和应对现代社会复杂和多变的矛盾，包括公共危机与风险冲突等。

3. 直觉体悟

先验性直觉体悟也是中国传统文化中一种典型的思维方式，它强调认知世界，切入事物本质要凭借个人的经验智慧而不是凭借语言、概念、逻辑推理。直觉体悟的哲学思想从先秦的儒、道两家开始，后被佛学思想丰富与推广。儒家的道德直觉、道家的艺术直觉以及佛家的宗教直觉融合，成为中国传统文化极为崇尚的了解宇宙本体和事物本质的一种思维方式。

儒家的道德直觉理论源远流长。从孔子的“默而识之”、孟子的“不虑而知”“不学而能”、荀子的“虚一而静”“大清明”，到张载的“大其心则能体天下之物”、朱熹的“豁然贯通焉”“众物之表里精粗无不到，吾心之全体大用无不明”、王阳明的“致良知”，都主张通过扬弃知觉思虑，直接用身心体验宇宙的终极实在，从而达到与道德本体的契合。

宋代陆九渊将孟子“不虑而知”“不学而能”的思想发展为心学，追求“吾心”与“宇宙”的冥契，“无事则安坐瞑目，用力操存，夜以继日，如此者半月。一日下楼，忽觉此心已复澄莹中立”。

道家则强调通过排除欲望，保持心境的平和与宁静而达到对万物真理的直觉体悟。老子的“涤除玄览”即否定和排除杂念，深入静观。同理，庄子强调“心斋”和“坐忘”。“心斋”更突出强调通过“坐忘”的直觉体悟体验真理，保持心境的虚静纯一、物我两忘，进入浑然冥同大化之境，实现与道合一。

佛学是中国形成直觉体悟思维方式的最重要推动力量，它突出强调通过内心的体验来了解事物，彻见心性之本源。禅宗的参究方法不是立文字，而是直心而行和顿悟，无念为宗，触类是道，即事而真。在禅宗六祖惠能看来，只能通过自己的亲身体验顿悟成佛，排除语言文字、逻辑思维工具，反而更能使主体与客体融合，从而了解事物本质。相反，执着于思辨和语言不能使人真正把握事物本体，会限制人们的认知和理解。

直觉体悟突破了语言和逻辑思维在表达事物本质时的局限性和程序性，从而使得对事物本质的观察与了解更为直接、真实与深刻。语言在表述事物方面往往具有局限性。依赖语言的逻辑思维也就在一定程度上使得我们对事物本质的理解出现隔膜。而逻辑程序本身的复杂性也使得在理解事物本质方面不能开门见山地切入。直觉体悟可以规避逻辑思维的这些局限性。

直觉体悟虽然没有以严格的逻辑推理为基础，但在表述事物的本质方面仍有极强的思维力量。宋代青原惟信禅师曾说，未参禅时，见山是山，见水是水，及至后来，亲见知识，有个入处，见山不是山，见水不是水，而今得个休歇处，依前见山只是山，见水只是水。这些说法没有逻辑思维的构架，单纯依靠个体丰富的直觉体悟，但我们仍然能够感受到其极强的思维力量。

直觉思维由于概念的不确定性，没有明确的内涵和外延，反而具有更多的灵活性和生命力，更具有现代性。在社会大变革的今天，很多概念原本就是不确定的，事情的发展和演变复杂多变，我们很难单纯地依靠现有文字、思维框架和逻辑程序解释清楚。单纯通过逻辑思维表述问题和寻求问题的解决时，事物可能已经发展和演变成为另外一种形式，具有了不同的特质和内容。因此直觉思维在表述事物的本质方面比逻辑思维更具有现代性。

（三）强调知行合一的行为方式

受传统农耕文化的影响，中国的主流哲学思想很少有纯粹的思辨和清谈，具有强烈的实用性和入世精神，强调经世致用，关注理论的实用价值，为解决人生的实际问题服务。“知行合一”的思维方式即是其中的典型代表，它强调知（认识）与行（实践）的统一，亦即经世致用，身体力行。

知行合一的哲学思想始于先秦。孔子说，“知之者不如好之者，好之者不如乐之者”，《中庸》载“博学之，审问之，慎思之，明辨之，笃行之”，都体现出知行合一的思想。明朝思想家王阳明提出“知行合一”，“知”主要是指人的道德意识和意念，这里可以理解为知识或理论；“行”主要是指人的道德践履和实际行动，这里可以理解为社会实践。“知行合一”明确强调认识事物的道理与在现实中的运用密不可分，将中国哲学思想里的经世致用的实用主义和入世情怀推向极致。

作为“知行合一”哲学思想的集大成者，王阳明强调知行是一回事，知中有行，行中有知，知与行之间相辅相成，需将认识与行为方式有机统一起来，反对将知与行孤立开来看。他认为“知之真切笃实处便是行，行之明觉精察处便是知”，又说“知是行的主意，行是知的工夫，知是行之始，行是知之成”。“知行合一”理论对知行的理解，从原本的道德实践领域扩展到社会实践领域，强调思想与行动的统一，这种思想在现代社会具有深刻的现实意义。

二　转型期行为特征再塑及公共危机与风险管理

（一）传统思维与行为方式下的公共危机与风险管理

在辩证思维下的哲学思想指导下，常态化公共危机与风险管理有助于问题的解决和社会的长治久安。中国传统文化源远流长，其中包含着丰富的危机管理思想。从危机预防来说，儒家、法家和道家等都对此相当重视。“物必先腐也，而后虫生之”（苏轼《范增论》）、“物壮则老”（《老子》第五十五章）及“祸兮，福之所倚；福兮，祸之所伏”（《老子》第五十八章）等都是这种辩证思维下的危机防范思想的体现。

这些辩证思维下的危机防范思想都暗含需对危机的预防与管理做常态化处理，而不是着眼于现实和短期的危机处理与应对。同时，整体性和直觉体悟的思维方式有助于危机防范从整体性出发，通过分析事物之间的有机联系，对危机的产生进行追根溯源。实用性的思维方式则着眼于实际问题，不被固有的思维框架束缚，探求行之有效的解决方案。

（二）在从传统社会向现代社会发展过程中行为方式转型的必要性

在从传统社会向现代社会发展转型的过程中，对中国传统文化的扬弃十分重要。传统文化中的一些消极因素于现代化发展十分不利。其中一个明显的消极因素便是人治，如对法律的不尊重，不依法办事，法治化意识的缺失。另外，中国传统文化中的封建专制思想影响很深，特权思想严重，缺少以人为本的现代精神。在危机管理中，这些消极的思维和行动方式都需要被遗弃，传统文化的现代化非常必要。

依据霍夫斯泰德和其他一些学者的关于中西文化的比较分析，虽然中国文化的集体主义倾向和克制文化有助于在公共危机到来时维护社会秩序，但是在权力距离和以竞争与成功为目标的主导价值方面，却不一定对公共危机的治理有利。权力距离容易与现代风险社会所要求的多元主体参与社会风险治理产生矛盾，而单纯强调竞争和成功与社会风险治理中所希望的"以人为本"和人文关怀精神难免产生冲突。

现代社会主义市场经济中，市场成为配置社会资源的基本手段，这要求人们对现有的文化观念进行重新审视和取舍，同时努力学习，适应形势发展需要，在对传统文化和价值观念扬弃的基础上，建立新的文化价值观念和标准。这为有效激励各市场主体发挥主动性、调动广大人民群众创造性、增强现代化的社会主义市场经济活力、推动社会经济发展现代化奠定了坚实的文化基础。

现代社会主义市场经济的发展过程同时也是传统文化的现代化过程。人作为社会经济活动的主体，在任何一项经济活动中，都需要具有一定适应市场经济的观念。在这一过程中，经济与文化相互渗透，相互影响。对传统文化需进行理性的扬弃，完成文化从传统到现代的转型。

社会主义市场经济同时又是法治经济，法治意味着合法性、权威性、公正性。法治在市场经济中既可以引导市场经济向健康的方向发展，又规范政府和市场主体的行为与秩序。同时，法治又可以保障市场主体的平等竞争与正当权利，形成良性的社会主义市场运行机制。这些都是现代文明与现代文化的体现。

现代风险和危机管理机制的建设需以文化从传统到现代的转型为依托，特别是离不开人们法治意识的增强和对多样化利益主体权益的尊重。在此基础上，建立合理又有弹性的管理制度，照章办事，按程序走，防止特权阶层的压制，推动行为方式向现代化转型。唯有如此，才能做到对危机和风险的有效防范与管理。

第三节　弹性公共治理下的区域危机与风险响应能力建设

一　整体性看待区域公共危机的常态化

（一）区域公共危机的常态化

在常态化制度安排框架下，区域公共危机协同治理既是应对区域公共危机的前瞻性要求，也是我国区域协调发展的基本要求。它有助于超越传统地理区域内行政上的条块分割，通过多主体参与打破政府与社会、市场间的界限，从常态化视角完善现有区域联动应急体系，进而构建区域内多主体、全过程与全风险管理的区域公共危机治理网络。

区域公共危机治理网络的构建需要政府之间、政府与社会、政府与市场关系的重构以及权责分配模式、行政理念等进行更深层次、全方位的变革。区域公共危机治理主体需要完成从单个行政主体向多个行政主体联动的治理理念的转变，通过重新审视利益链条上的优缺点，摒弃阻碍区域治理网络建设的不利因素和权责分配模式，强化已有的或增加建立新的治理主体、网络环节或机制，从而完善区域联动治理网络。

另外，在风险社会下，需加强对公共治理主体的风险意识教育，推动风险管理从“一危机一处理”方式向公共危机新常态管理转变。在从传统社会向现代社会转型的过程中，不少地方依赖于中央指示，自身公共危机意识淡薄，治理主体的公共危机意识和素养总体上尚需提高。区域治理主体的多元化也加重了这一问题。

以政府为主导、公众和社会组织参与的多元治理需在转型期从制度和人员素质上相应做出调整，如加强公共危机意识和素养的培养，增强公共危机的预防与管理能力。特别需要加强区域公共危机协同预防和治理的制度化建设，包括财政供给、区域政府主体间协作制度建设、区域多主体参与制度化及制度化的公共危机演练等。

这就需要正确处理公共治理主体的多目标化的平衡问题。在向现代化转型的过程中，地方政府作为区域治理的主体，有着经济发展、环境治理及人民生活水平提高等多重目标。政府对风险社会公共危机的常态化趋势往往缺少深入的认识和必要的准备，公共危机预防与管理很容易被边缘化，公共危机意识和素养的培养容易被忽视。这就需要中央和各级政府加强对风险社会公共危机常态化的教育，注意包括公共危机预防与治理在内的多目标的平衡。

只有这样，才能在风险社会公共危机常态化的情境下，增强对公共危机的预防能力，未雨绸缪，将公共危机消灭在萌芽之中。同时，在公共危机到来时，要有足够的能力和充足的准备，在危机管理框架和规则下，依据公共危机管理的预案，对危机进行管理，不至于慌了手脚，将问题复杂化。

（二）区域公共危机从非常态化到常态化的转变

公共危机和风险的防护和解除有时效性。危机的持续时间有长有短。对持续时间长的要注意做好常态化管理，亦即在做好长期公共危机与风险管理的基础上，恢复正常的工作秩序。恢复正常的工作秩序不是对原有的工作秩序的简单恢复，出于危机常态化管理的原因，这可能需要对以往的工作和生活方式进行相应的改变和调整。

在我国社会向现代化转型过程中，由于原有行政管理体制的影响和行政管理人员思维的惯性，运动式应急处置方式在一些地方仍然存在。所谓运动式应急处置，是指政府作为管理主体，针对某个公共危机事件，动员集中全社会的力量进行突击式的处理。运动式管理往往能在短时间内取得明显效果，在相对静态、社会风险系数低的情境下是有效的，但治理成本，包括危机处理过程中的大量的人员伤亡、财产损失以及社会的失序等，往往很高。

在风险社会危机常态化情况下，运动式管理的短期有效性与高治理成本之间就显得有些不协调，导致运动式管理具有不可持续性。在风险社会下，出现公共危机风险的概率加大，其内容日趋复杂，这使得危机的预防与危机发生后的处理同样重要，它们都是公共危机治理的必要组成部分。应急式管理方式已不能适应风险社会危机发展的特征。

风险社会需要常态化的公共危机治理。常态化公共危机治理意味着要把对公共危机事件的预防和准备工作视为日常管理工作的一部分，而不是阶段性和暂时性的工作。它要求把公共危机的预防嵌入日常的工作和管理，不只是在管理层面，还包括一般工作人员的行为方式。

全过程的常态化公共危机治理机制会极大地改善公共危机治理效果，有效降低和减弱危机爆发的频率和破坏效应。全过程管理要求在把握危机发生规律的基础上，做到事前有针对性地预防、事中有针对性地管控以及事后有针对性地恢复。

第一，在公共危机潜伏期，通过预防可以降低危机爆发的概率和频率。

第二，一旦危机爆发，治理主体可以启用应急管理机制，在治理机制框架下，调动资源，协调治理主体间的关系，对从危机的实际管控到管控的透明化等进行全方位的治理。

第三，在危机即将结束时或危机结束后，公共治理重点转向正常社会经济秩序的恢复和新秩序的建立。

全过程的常态化公共危机管理机制强调危机预防的重要性。这是因为处于量变阶段的危机潜伏期是危机最容易被解决的时期。把对危机的监测和预判作为工作重点和一门科学，从源头抓起，仔细监测、分析诱发危机的潜在风险因素的动态变化及影响这些风险因素变化的周边环境，及时研判和汇报。在确定风险加大后，可增加技术和人力资源，科学论证危机爆发的可能性，并采取相应措施，降低危机发生的概率。

在危机管理中应尽量从不确定性中寻找危机的确定性因素，整体把握危机发展的规律，运筹帷幄，灵活应对。一旦危机发生，治理工作应迅速转向对危机的处理。公共危机往往具有很强的不确定性。这主要表现在危机的动态性，以及危机影响范围和程度的不确定性。危机管理应尽可能在不确定性中找出规律，把握危机的确定性内容，制订详细的预防计划，从源头上扼制危机的爆发。

同时，假使危机爆发，危机的动态特征一方面要求治理主体把握危机的规律性，另一方面要求危机应急机制和手段具有高度的灵活性或者弹性，能依据危机的变化做出动态调整。这也在很大程度上考验着治理主体机制的灵活性以及对资源调动的及时性和判断能力。

常态化治理中要注意保持信息透明和通畅，使治理主体受到民众的信任，同时又可以避免由信息不透明而导致的危机复发的风险。危机爆发后，政府应及时将危机信息公开，以满足公众的知情权，这一方面可以满足公众的心理需求，以便稳定人心，提升政府公信力，另一方面也提醒和鼓励公众承担责任，与政府一起应对危机。

在社会转型过程中，社会信用体系的缺失使得人与人之间、地方政府与公众之间的信任关系不牢固。危机爆发后，如果信息不公开，更容易造成人人自危的情况，这将为公共危机的治理造成障碍。因此建立相应的危机信息透明机制，开诚布公，使公众及早了解真相，并在危机治理过程中，公开信息，随时跟进，有助于增进团结，推进危机的及时解决。

信息的公开也从源头上避免了信息被滥用。信息越早被公开，操纵或篡改信息的可能性就越小。这就使得相关地方政府或部门不滥用权力，避免了出于业绩和升迁的考虑而滥用信息，或者垄断信息，控制对媒体和公众的信息输出，或者篡改信息，掩盖事实真相，为自己的行为找借口开脱，规避道德或法律责任。

（三）区域公共危机治理从碎片化到整体化的转变

1. 区域公共危机治理的碎片化问题

区域公共危机治理往往具有职能导向、部门分割、条块分治等碎片化特征，公众和社会对区域公共危机治理的参与广度和深度不够，区域治理系统缺少必要的黏合性。这与区域协同治理的需求不相适应，降低了区域公共治理的效率，造成了资源浪费。

职能导向和部门分割是指按照公共危机的分类，在公共危机治理过程中，由对应的政府部门分管或由对应的职能部门负责的一种权责划分方式。各个地方政府负责本区域内的公共危机治理，各部门负责各领域内的公共危机治理。这使公共危机治理容易形成部门分割、区域分割的碎片化现象，难以实现区域公共危机治理的整体性和系统性。

受限于行政主体之间的非隶属性，区域内行政主体之间容易各自为政，造成治理主体、资源和权力结构碎片化，区域公共危机治理容易缺少必要的协同与合作。此外，由于区域内的城市和治理主体规模大小各异，行政主体之间依据资源、功能特性，在治理空间上形成非强制性的、或亲密或疏远的关系，最终形成分散化和碎片化的区域治理结构。此外，在有些地区，公众、社会组织与私人企业等主体缺少必要的参与。

区域公共治理碎片化产生的原因主要在于行政主体之间的相对独立性，以及行政主体之间协作机制或区域权威机构的缺失。由于自身的相对独立性，行政主体之间在组织结构、价值取向、资源配置、文化及行为模式等方面出现分割、重复甚至冲突等问题。这使得行政主体在共同面对区域治理问题时，资源共享不足，协同共治机制缺失或不健全，缺少必要的磨合与经验，使得区域公共治理缺少协调性。从而制约公共服务的有效供给，无法实现区域整体治理的有效运作。

同时，治理主体对公共危机缺少必要的共识和认知，这也是区域公共危机治理碎片化的原因之一。由于缺少统一协调的工作机制，行政主体之间、行政主体与其他治理主体之间在对区域公共危机的认识上，包括对危机的本质、危害程度及紧迫性等的认识不尽相同。这对区域协同治理公共危机具有很大影响。

区域内经济和社会发展的差异是区域治理碎片化的深层次原因。由于社会经济发展的差异，区域治理的资源和能力（包括整体保障水平、应急和保障基金等）都会有差异，使得区域治理合作各方在资源投入方面有差异。这就意味着在短期内或暂时性地牺牲经济条件好的地区公众的利益。这在一定程度上，降低了这些地方参与区域公共治理的积极性。从长期来看，缩小区域内部行政区之间的经济水平差距，提升区域协同发展能力是解决区域治理碎片化的关键。

2. 整体性区域公共治理

整体性区域公共治理是区域公共危机治理的一个关键模式。所谓整体性治理就是打破行政主体之间的碎片化工作模式，以公民需求的最大化满足为导向，对区域资源进行有机整合，完善治理主体之间的协作机制或实行大部门式体制，建立权威性的协调机制或整体性的组织结构，实施整体性责任机制，从而实现整体性的公共服务供给。

整体性治理强调整体性和系统性，注重治理主体间的协调与合作。整体性公共治理的主要目的就是要解决区域治理中存在的碎片化问题，建立区域协调机构并增强机构的权威性，或通过建构全新的大部门式体制，将业务雷同、职责交叉重叠的部门进行归并和整合，实现整体性治理。

整体性治理理论源于 20 世纪 90 年代末期英国的希克斯。希克斯认为撒切尔夫人执政时期的新公共管理运动实践将政府职能分化得过细，使政府各部门各自为政，缺少必要的协作。整体性公共治理对公共管理的贡献不仅在治理工具上，更重要的是在治理理念上契合了公共管理对象并非单独存在，而是一个有机体的组成部分的事实和现代理念。这种现代理念是对以往政府治理理念的提升。

整体性公共治理理论虽然产生于西方国家，但是在内在精神上与我国传统文化的思维方式和公共危机治理方式有着一定的内在契合性，两者的根本价值取向一致，即重视事物的整体性。这为我国走出跨域公共危机治理的碎片化困境提供了有益的启示。

区域公共危机治理是公共危机政策的实践基础，是公共危机治理体系架构的有力支撑。它使宏观或抽象的价值准则更具体化，变得具有可操作性。公共危机治理体系也只有通过区域公共危机的实践检验才能进一步丰富和完善。

区域公共危机治理是一个系统工程。从实践层面上看，制度或机制的设定是区域公共危机治理的前提条件和保障。区域公共危机治理应以法律法规为基础。这需要制定有关区域合作的法律或者在现有法律法规基础上充实区域合作内容，确保区域合作有法可依。

区域公共危机治理需要有完善的区域合作联动机制。作为一个复杂的多层次治理体系，完善的区域合作联动机制有助于打破现有的行政管理区域概念，根据实际需求，建立整体性的、不同形式的、多层次的区域应急网络管理体系，整合区域内制度、人力和物力资源，形成合力，实现区域公共危机治理效能的最大化。

二　区域危机与风险管理常态化制度建设

（一）制度建设与区域公共危机治理整合

1. 以人为本，以公共利益为导向的公共危机治理价值理念

整体性区域公共治理注重公共利益，以解决公共问题和满足公众需求为目标，这是整体性治理有效开展的基础。建构区域公共危机整体性治理模式，应当以人为本，结合我国倡导的和谐社会思想和科学发展观，树立以区域整体公共利益为导向的公共危机治理理念。

这种理念意味着，在具体治理实践中要从问题的本源出发，以维护公众的利益和促进区域和谐发展为基本目标，从科学和公平公正视角，建构均衡的利益格局，强化公共服务的有效供给，从根本上遏制公共危机的发生，降低公共危机发生的概率。公共危机发生后，区域内相关政府及部门

应成立区域协调机构，并树立协调机构的权威性，以维护公共利益和保障民生为基本原则，通过协作与联动有效应对公共危机。

2. 区域公共危机治理制度化建设

整体性治理强调治理机制的整体统一。在风险社会来临、公共危机成为社会常态的情况下，公共危机治理的制度化建设对地方政府常态化治理效能和治理水平起着至关重要的作用。地方政府危机治理的相关法律法规和制度建设往往滞后，缺少实际操作性，存在治理各主体的职责不清等情况。政府应进一步把区域危机治理纳入制度化轨道，完善相应的法规体系，明确危机治理多元主体各自的权责，做到区域协同。

实现区域协同必须建立公共危机处理过程中的地方政府合作机制，使区域内各级各类治理主体的合作制度化。机制的具体形式与内容依各地区情不同而各异，可以建立针对不同类型公共危机的应急联动机制，妥善处理危机中各区域利益的分配和补偿机制，并建立地方政府合作的监督约束机制。

区域治理主体应根据本地区情况，制定总体应急预案，同时进一步细化地方各级应急预案，增强预案的可操作性，做到切合实际。公共危机发生后，治理主体依据预案，启用公共危机应急机制。在这一过程中，要根据事件的变化适时修订和调整应急预案以正确反映事件的性质与内容，增强公共危机治理的适应能力。

区域公共危机发生时，应尽快建立区域内行政区划间危机管理协调部门，实现治理协同。协调部门的操作需以一定的制度规则作保障。这是因为在区域公共危机治理过程中，各个治理主体利益和出发点不同，其思路和行动不可避免地存在着利己倾向，追求自己的利益，而这些利益在一定程度上相互冲突。拥有一定的协同治理规则和制度，而非缺少法律约束的倡导型或磋商型等松散型的合作，是协同行为发生的保障，可有效避免相互推诿的情况。

有了基本制度保障，协同治理可以在危机发生后，通过协商、论证和相互妥协制定共同的治理目标。这些共同治理目标可以细化到每一个行政主体身上，也可以按功能划分，细化到每一个协作行动，每一个协作行动可以由单个或多个行政主体完成。整个行动计划由区域公共危机协调治理机构制订并监督实施。

此外，在区域治理中，公众和民间团体往往被边缘化，这有违风险社会网络化治理的原则，在很大程度上制约着区域公共治理效能的发挥。因此，要将危机治理的多元主体的参与制度化，明确规定各个治理主体，特别是社会组织和团体在应急管理中的权利与义务，明确各自职责范围，合理分工合作，确保发挥合力，以有效应对危机。

3. 区域公共危机治理的整合机制

随着区域公共危机治理问题的日益复杂化，无论是从国际实践还是从中国现实来看，整体性治理，以协调与整合为核心，是解决区域公共危机治理碎片化的一条现实路径，是在区域层面对传统公共行政和新公共管理改革过程中产生的碎片化问题的有效回应。

（1）建立区域公共危机治理的统一反应框架

区域公共危机治理的第一步是建立区域公共危机治理的制度化统一反应框架，为危机反应提供基本的行动指南。这一统一反应框架包含制定协调一致的具体行动策略，明确区域危机治理主体的权责、具体任务、行动步骤与可支配资源等。在统一框架下，针对不同公共危机，治理主体之间通过协作，对危机做出一致反应，合力应对危机。

区域公共危机是现代社会常态化的公共危机形态，在治理上需要多元主体联合协作，因而将不同主体的价值取向进行有效整合是开展跨区域公共危机治理的必要条件。在进行区域公共危机治理时，要使人们对某个具体的现实问题或客体具有相同的认知。以相同认知为基础就容易形成一致的目标，也容易采取一致行动。区域公共危机治理中地方政府或职能部门着眼本地或本部门利益的行为违背区域公共危机治理追求的保护整体公共利益的价值取向，容易成为区域公共危机有效治理的障碍。

在统一反应框架建设方面，不少国家采用全危害防控方法来应对各种突发事件和危害，包括对突发公共卫生事件的防控。全危害防控方法是一种综合性应急准备方法，它强调尽管危害源（自然、技术、社会）各不相同，但它们常常以相类似的方式挑战公共卫生系统。因此，不管是何种危害，疫情的防控，包括风险降低、应急准备、响应行动和社区恢复行动等，通常采取相同的方式。

全危害防控方法侧重在防控过程中对防控实力和能力的建设，以满足突发的、大规模的疫情防控需求。它涉及国家治理，特别是公共卫生管理的方方面面，包括宏观上法律和经济措施等的制度化，中观和微观的检测与评估，具体规章制度的制定、调整和实施，卫生服务及与各种利益相关者协调和沟通的规范化等。其主要建设内容如表 6-2 所示。

表 6-2 全危害防控方法主要建设内容

<table>
<tr><th colspan="2">整体实力</th><th colspan="2">应急反应能力</th></tr>
<tr><td>法律措施</td><td>①问责制
②组织结构
③政策制定
④权力下放
⑤行政准备</td><td>检测与评估</td><td>①事件识别
②风险特征确定
③流行病调查
④监测和流行病监测
⑤实验室分析
⑥环境监测</td></tr>
<tr><td>经济措施</td><td>①融资
②劳动力开发
③医疗和基础设施</td><td>规章制度制定、调整和实施</td><td>①感染控制和治疗指导
②以人口为基础的疾病控制
③国家和地方当局之间的沟通和执行法律法规</td></tr>
<tr><td>操作措施</td><td>①实力评估和规划
②演习和练习
③行动后报告和事后评估</td><td>卫生服务</td><td>①预防性服务
②医疗激增应对
③医疗对策、用品和设备的管理
④为医务人员和应急人员提供的医疗服务</td></tr>
<tr><td rowspan="2">社会资本
（公共卫生部门与其他机构的制度化合作）</td><td rowspan="2">①医疗保健提供者
②医疗急救组织
③执法人员
④社区组织</td><td>协调和沟通
（在公共卫生应急准备系统内）</td><td>①危机管理
②与医疗保健提供者的沟通
③与应急管理、公共安全和其他部门的沟通
④与全球、欧洲、国家和国家以下各级的其他公共卫生机构的沟通</td></tr>
<tr><td>紧急风险沟通
（与公众沟通）</td><td>①解决沟通不平等
②动态倾听（心声）和管理谣言
③以准确、透明和及时的方式沟通风险
④培养和维护信任</td></tr>
</table>

资料来源：European Centre for Disease Prevention and Control，Public Health Emergency Preparedness-core Competencies for EU Member States，2017.

（2）治理主体结构整合

区域公共危机治理需要整合，或在一定程度上重建区域治理的主体结构，以适应风险社会多主体参与的网络化治理结构，从而实现跨域公共危机治理效率的最大化。在新的多主体网络治理结构中，政府已经不再是公共危机治理的唯一主体，公众、民间组织和企业等主体都可以纳入区域公共危机治理的网络体系中。

公众、民间组织和企业等是政府区域治理的重要补充。充分调动这些多元主体参与治理，与政府共同分担职责、分享信息，并充分利用各自的资源、技术和人力等的优势，可打通自下而上和自上而下的防控渠道，增强防控的弹性，加强对危机的防控，将危害减到最小。

政府仍将在多元化危机治理网络中占据主导地位，但是非政府治理主体的参与可以丰富治理的内涵，为区域公共危机治理提供更细致化、更人性化的服务。例如，在动员公众参与防控方面，企业或社会团体可以根据情况动员自己的员工或会员参与区域公共危机防控。在危机防控后期，对于社会和公众心理的恢复，专业化的非政府组织具有天然的优势。通过政府力量和非政府力量的整合，能实现优势互补，有利于提高区域公共危机整体性治理的水平。

区域公共危机治理主体结构的整合也需要一定的黏合剂，而不是纯粹依赖规章制度。包括政府行为的透明，政务信息公开，公众和社会组织危机防控的有效沟通和协作，以及政府工作人员和机构与公众和社会组织非正式的友好关系与沟通渠道等。

（3）治理资源结构整合

区域公共危机治理中的资源整合是协同治理的基础。在资源整合过程中应摆脱形式束缚，重实质，鼓励创新。中国文化的先进性在于其是开放的、鼓励学习创新的。这对区域公共危机治理是有利的，可以使其摆脱表面化、重形式、轻实质的作风，省去烦琐的形式，抓住问题的实质，提高工作效率和治理效能。资源整合主要包括组织资源整合、技术资源整合、信息资源整合及人才资源整合等。

组织资源整合是资源结构整合的重中之重。区域公共危机涉及多个行政区域和部门，需打破条块分割，将各种或大或小的组织资源以创新方式有效整合，建立有效的公共危机网络治理体系，增强区域整体的资源调动和指挥协调应变能力。这往往需要建立一个强有力的区域公共危机治理协调机构，往上承接中央政府的指导，向下连接地方政府常设性的专门的危机应对机构，从而有效增强整体的协调应对能力。

在符合条件的情况下，可考虑建立区域公共危机协同管理部门，作为区域治理协调机构，承上启下。这一机构统筹协调各部门在公共危机防控中的利益关系，通过整合区域危机防控资源，实现区域内公共危机治理整合，提高区域公共危机治理的效率。机构的职责包括与其他机构合作进行日常的对危机预防的教育宣传，对危机的预警预测，制定危机预案，以及在战时作为权威性的区域危机协调机构，统筹治理区域公共危机。

在数字化时代，技术资源整合是确保区域公共危机防控正常运转必备的技术条件。这需要从软硬件资源整合，特别是软件整合入手，做到信息共享、信息数据库架构和具体指标统一，使用匹配的数据和信息管理软件支持系统、公共危机预警软件系统等。需要加大力度推进部门间的数据库协同建设，加大对软硬件设施的投资力度，建立相应的人才培养制度，充分整合区域内信息和技术资源，确保区域治理在技术层面更好地协同与整合。

在整体协同的技术条件下，需要区域内信息资源的有效整合。这需要建立良好的信息整合机制，对于区域内涉及不同职能部门的信息进行整合。同时，在信息的输入与输出方面，部门间需做到协同一致，降低整合成本，提升信息的权威性。在信息输入方面，要加强区域内数据信息的收集、统计、分析等的协同性；在信息输出方面，通过区域统一的权威性的信息数据平台，向公众传播危机治理信息和动态，提振公众信心，推动公众参与。

（4）治理权力结构整合

治理权力结构整合是真正实现治理整合的关键，它包括区域公共危机治理的纵向和横向结构的整合。纵向结构的整合是指区域协调机构要承担起“承上启下”的责任，既有效承接中央顶层设计的指导精神和大方向，又要对区域内地方行政治理主体的碎片化的、业务相同和专业化水平低的职能进行横向整合。这需要通过打造区域公共危机治理网络，做到既能把握大局又能实现对基层区域公共危机治理架构的全覆盖，以有效应对区域公共危机。

权力结构整合的新维度是多元主体的制度性参与。在传统的区域公共危机治理权力配置中，政府的主导作用往往被放大，其他治理主体的参与更多的是在执行，其参与效能尚需充分释放。这有违风险社会多元化治理网络的趋势。明确和增强多元主体权责，特别是赋权非政府主体，制定共同的治理目标，以网络化的扁平式、弹性的组织结构来代替传统的机械式、僵化的官僚组织结构。这是实现政府部门、公众和民间组织区域公共危机共治，降低公共危机治理成本，提升公共危机治理绩效，使区域公共危机治理通向现代化的唯一途径。

（5）治理空间结构整合

积极对治理空间结构进行有机整合，逐步形成区域一体化的治理空间网络结构，能使区域治理主体在公共危机事件上迅速做出反应。加强区域之间的基础设施建设是改善治理空间结构的一种最主要方式，区域之间良好的基础设施建设有利于跨域公共危机事件发生地形成一个统一的治理空间整体。通过基础设施建设，改善其交通设施，提高其应对突发公共危机事件的能力。此外，根据不同的政府规模和城市规模以及它们的实力差异，调整功能分区也能促进区域公共危机治理空间上的优化。

（6）打造区域内整体公共危机治理平台

区域平台建设与整合对资源和信息的整合非常重要。由于地方治理的碎片化，区域内各种应急平台高度分散，缺少必要和有效的衔接，这会极大降低区域公共危机预警以及公共危机反应的前瞻性和敏感度，严重降低了整体性区域公共危机治理的效能。因此必须继续推进区域内应急平台之间的对接，整合平台资源，丰富整合后的平台内容，提升区域公共危机预警能力。

（7）通过大数据进行区域公共危机治理整合

以云计算、物联网等为代表的数字化时代的到来，深刻改变了社会的生活生产方式，有助于提升区域公共危机治理的现代化水平。大数据作为一种思维、资源和技术，有利于将传统经验分析的主观治理与理性研判的科学治理相结合，发挥不同思维方式和技术手段的长处。

借助对大数据的采集、挖掘、分析和利用，提升区域公共危机预警预防、应急处置和恢复重建能力，提升区域公共危机治理能力。公众、企业和政府正在且将持续产生丰富的数据资源，这会日益成为区域政府公共危机治理的重要资源。大数据技术的应用同时为区域公共危机治理提供了新的手段和能力。

（二）区域公共危机与风险的弹性管理

孟子曾说“持经权变”，“持经”是指不变的守则，而“权变”则是指灵活的手段。“持经权变”强调一个人的做事方式不要一成不变，需审时度势、灵活机变，随着外部情形的变化而不断变化。以此类推，只有提高对周围环境的直觉反应和适应能力，才能解决问题。

区域公共危机治理中一个必要内容就是在社会大变革中正确认识、预判和预防公共危机与风险，并建立弹性的管理机制，以有效化解危机，并在此过程中推动区域整合。这就需要允许区域公共危机与风险管理具有一定的弹性，除了制定一定的管理框架，以合力规范各相关主体的行为外，还必须要有弹性，允许各利益主体依据所处的特殊情况，运用自身的经验和判断力，做出合理的行动，以应对公共危机的不断发展变化。

建立弹性的公共危机与风险协同管理机制需深入了解危机和风险的社会、文化、经济与体制背景。公共危机之所以出现，与公众的行为和反应直接相关。国家之间在这些方面千差万别，地区之间也是一样。只有真正理解危机产生的行为方式和利益机制，对症下药，才能真正做到追根溯源，制订有效的应对危机的计划，并选择相应的治理工具。

在传统文化和体制基础上，区域公共危机与风险弹性协同管理要采取开放的态度，进行机制创新，拥抱公共危机与风险协同管理现代化的一些基本要素，如透明、公开、科学性和权威性等，利用现代化的协同管理工具，如大数据、电子平台、多媒体等，进行高效的具有弹性的公共危机与风险协同管理。

三　提升城市群公共危机协同治理能力

城市作为社会经济生活的重要载体、地区发展的引擎，是国家治理的一个重要单元。近 20 年来，顺应国际发展趋势，我国新型城镇化建设呈现大都市化、城市群化及城乡融合等特点，日益凸显了城市在应对社会经济问题时的重要性。

随着城市化发展，城市规模逐渐扩大，城市发展呈大都市圈化趋势，人员构成更为复杂，人员流动更为频繁，城市系统的复杂性增加。据国家统计局统计，2018 年末我国城镇化率接近 60%，比 2011 年提高了 8.31 个百分点，年均提高 1.19 个百分点。2012~2018 年河北省在总人口增加 4.1% 的情况下，城市人口增加 25%，城市化率达到 56.4%。

为应对城市大都市圈化所带来的城市系统的复杂性，国家统计局在其新型城镇化统计指标里，增加了反映农业转移人口在就业、医疗、养老、子女义务教育、住房保障等方面的指标，以及反映基础设施、资源环境等城镇化质量的指标。

城市化、大都市圈和城市群的兴起使得城市公共危机治理的复杂程度大大增加。城市化的快速发展，使城市人口过度拥挤、城市绿地减少、城市基础设施不足、交通阻塞、空气污染严重等。城市规模的急剧扩张，导致城市安全保障能力严重不足。同时城市生活的高压力、快节奏、强竞争性、隔离性等，造成城市中人的心理失衡、情绪压抑，人们普遍感到孤独、缺乏安全感、心理疾病增加、犯罪率上升等，城市公共危机发生的频率和程度都大大增加。

（一）城市危机管理的碎片化问题

1. 城市危机管理职能的碎片化

城市公共危机管理体系的宏观运行架构往往是分割式的职能部门负责制。危机管理基本上是以危机管理部门为依托，危机管理部门垂直管理色彩浓厚。城市管理功能的这种高度细化，虽在传统意义上有利于提高管理效率，但容易制约跨部门、跨行业领域的危机协同治理，导致城市危机管理的碎片化。

与区域危机管理类似，城市危机管理碎片化现象主要源自由于城市政府职能划分的细化而产生的缺位和职责重叠问题，这与现代社会城市问题的复杂性和综合性特征产生天然的矛盾冲突。缺位是指由于危机管理职能高度细化，职能部门间缺少必要的衔接而产生的危机管理的真空。职责重叠是指由于分工的细化，许多部门设有危机管理职能，这容易导致在危机来临时，部门间权责模糊，分散城市应对公共危机的资源和能力，缺少必要的统筹和协调管理。

2. 城市危机管理的属地管理特性

城市危机管理的属地管理特性会影响和制约区域之间危机的整体性治理。在后城市化时代，城市群是区域发展中的一个重要特征。以长三角、珠三角、京津冀等为代表的区域整合都以城市群的兴起为主要特征。而城市公共危机事件往往出现跨区域的发展态势，影响范围往往超越一个地方行政单位，产生相邻区域的关联影响。这使得区域内各自为政的城市公共危机治理模式往往难以奏效。在这种情况下，属地管理需要让位于城市群之间的整体性公共危机治理。

3. 城市危机管理主体的单一化

在传统政府管理模式下，政府是城市危机管理的唯一主体，公众和其他社会组织及其成员在治理参与方面被边缘化，处于被动的配合与执行地位。这显然与风险社会危机管理多元主体的网络化特征不相符。特别是随着城市规模的扩大，城市公共危机的性质越来越复杂、空间范围更广、影响群体更多样化，仅仅靠传统政府的力量，难以实现对日益复杂、动态化的城市危机治理，多元治理主体的参与是必然的趋势。

在风险社会中，公众和社会组织在城市公共危机治理中扮演着日益重要的角色。政府只有依靠社会的力量，构建扁平化和网络化的城市公共危机治理格局，才能真正实现对区域危机的有效治理。在政府与非政府治理主体之间建立良好的合作关系与合作机制，鼓励公众和社会组织高度参与社会治理，早已是现代社会治理的一个重要内容。

城市系统日益增加的复杂性对自下而上线性的、以传统社区为治理基层单位的城市治理方式提出挑战。基层社区作为治理体系中的基层单位，虽然可以借助科技和信息化等手段提高其防控效率，但任务繁重，除常规的危机管控外，还需与多个部门配合检查防控工作并需调动群众的参与积极性等，往往显得人力资源不够，这不利于政府对公共危机的预判、了解和防控等。

公众和社会组织作为城市公共危机治理的有机组成部分，在危机预警、应对以及危机后的恢复和重建中有不可替代的积极作用。建立完善由多主体参与，以自上而下为主、自下而上为辅的，网络化的，更为均衡的城市防控与治理机制，以应对城市层面的公共危机治理与发展的复杂性势在必行。

在吸纳多主体参与时，要特别注意公平和更具包容的原则。充分发挥民政部门的作用，建立更公平和更具包容性的城市治理机制，为城市弱势群体（城市贫困人口、城市农转非人口、孤寡老人和其他边缘人群等）提供更多参与的机会。

（二）城市危机协同治理的必要性

城市危机协同治理应当包含六个层面：一是城市部门和政府间协同预警

能力建设；二是政府部门之间危机治理的协同；三是城市区域间、城市之间政府危机治理的协同；四是政府与媒体、社会组织及公众之间危机治理的协同；五是城市危机治理手段的协同应用；六是城市协同恢复能力建设。

1. 城市部门和政府间协同预警能力建设

公共危机治理的重中之重就在于危机预防，它是危机治理的基础和关键。因此，城市危机治理要关口前移，重视危机协同预防能力建设。区域治理主体要把危机预防作为公共危机治理的第一要务，在平时、常态下始终做到对可能引发危机的各种不利因素的实时监测和控制，通过预防措施，尽可能将其扼杀在萌芽状态，同时，要做到未雨绸缪，要对危机的发生有预先的判断和准备，有机地把平时预防与“战时”应对结合起来。

预防能力建设的立足点主要集中在危机预防和准备阶段，包括危机发生风险的协同防范、协同动员准备和社会管理等。一方面，对于政府危机治理主体，坚持综合和系统配套原则，通过政府部门间协同合作（包括军地合作），做好危机治理各项保障工作，协同进行危机准备。另一方面，在政府部门的科学部署下，有效调动公众、社会组织及企业等社会力量，进行危机治理的宣传教育，增强城市居民安全防范意识和能力。

此外，推进社会管理创新，做好城市社会管理是城市社会危机预防的基础。它有利于从根本上消除城市公共危机的“病源”，是城市危机预防的治本之举。要坚持以人为本原则，结合社会管理创新，强化社会管理的协同性，提升城市社会危机的协同预警能力。

协同预警能力是危机协同治理的基本能力。无论在国外还是国内，无论在学术界还是政界，危机管理的重点已经从危机事发后的应急管理转向事前的危机预防和预警。危机预警是危机发生前的准备，主要包括预警信息系统建设、应急预案的制定、危机监测预警。协同预警的目标是尽快地发现危机、识别危机，为管理危机赢得更多的时间和机会。

注重城市公共危机的协同预警。对于城市危机预警，需要不同政府部门协同作战，并不是单一的政府部门能够独立应对的，也可以引入社会力量。例如，日本和美国大都市政府建立网络化的政府部门协同预警体系，推动政府部门在城市危机预警中的协同合作。丹麦等国于 20 世纪 70 年代在社区、警方和全体居民之间共同实施邻里守望制度。

此外，政府要通过制度化、系统化、规范化的预防意识教育，如建立科学的公共危机教育和培训体系，提升公众、社会组织和企业的危机预防意识。第一，根据不同群体的情况，依托互联网大数据平台，开设危机预防和危机应急知识的一些相关课程，进行相应的危机教育，增强公民的公共安全意识和社会责任意识，了解和掌握一定的危机应对知识和基本技能。针对有志于从事危机管理的人员，开设相应的危机管理专业课程和开展颁发危机管理证书的培训，加强危机治理专业人才培养。

同时，鼓励政府、企业和社会组织等定期或不定期进行不同危机状态下的应急演练。考虑设立全国性的公共危机预防和演练日，加强公共危机预防宣传教育和危机预防演练，强化预防意识，增强社会整体预防应对能力。

2. 政府部门之间危机治理的协同

城市政府部门之间的协同治理是城市危机协同治理的核心内容，它是指围绕特定的城市公共危机事件，在城市政府或某一部门的主导下，政府各专业部门之间的有效协调和联动。在新公共管理理念下，部门功能越来越细化，部门之间的协同往往变得可有可无。城市部门间的危机治理也存在这种状况。

政府部门之间危机治理协同需改善危机治理格局，注重对公共危机事件的整体性治理。在分割式的职能部门负责制框架下，各政府部门以各自的利益和绩效为重心，关起门来做事。这虽符合市场理性人的特点，却容易造成部门本位主义，难以发挥合力效应。从利益和绩效机制入手推动部门间危机协同治理机制的建设，可以弥补部门之间专业化分工造成的职能空档，整合由专业化分工造成的职能重叠，从而整合资源，理顺治理脉络。

在风险社会下，公共危机越来越复杂化、综合化，一旦发生公共危机，所涉及的不仅仅是某一个方面，而是多方面，甚至是全局，这就需要全社会参与。从政府部门来说，需要诸多单位，如警察、军队、交通、消防、卫生、社会保障等部门的协同参与。

部门间信息沟通、人力和财力资源协调等，会直接影响到城市公共危机治理的成效。城市各职能部门间，依公共危机的特性，在主导部门的协调和主导下，可通过设立专门的综合协调指挥机构和建立相应的汇报机制等制度化形式，加强各职能部门的沟通与协调，以保证治理全过程的协调一致，最大限度发挥治理效力。

其中，协调部门的权威作用非常关键。如果协调机构缺少权威性，仅仅是一个松散的组织，那很难控制住局势，而且容易增加协调成本，削弱公众对治理的信心。公共危机发生后，应迅速成立区域协调机构，以权威姿态介入区域公共危机治理，向公众明确其是区域公共危机治理（包括治理决策的制定、发布和危机信息的分享与监测等）的唯一权威机构。这在迅速稳定公众心理的同时，也能鼓励社会多主体的参与。在此基础上，依据危机发展和演变态势，把握住最佳治理时机，做出最优决策。

3. 城市区域间、城市之间政府危机治理的协同

城市之间政府的危机协同治理是区域协同治理体系的重要内容，它主要是围绕城市区域之间的公共危机事件展开的城市政府之间的联动与协调活动。自 2003 年 SARS 疫情发生以来，尽管我国大中型城市普遍都建立起相应的城市应急管理体系，但由于行政设置的独立性和对区域危机认识的欠缺，城市之间的应急协调管理机制尚未建立。在区域一体化的情况下，单个城市很难独自应对突发公共危机，处理区域性的突发灾害或紧急事件需加强区域内城市之间的协同治理。

4. 政府与媒体、社会组织及公众之间危机治理的协同

政府与媒体、社会组织及公众之间危机治理的协同是危机协同治理体系的外围要素。政府作为区域治理的主体，要充分发动社会力量，建立社会多元主体积极参与的机制，在资源、功能优势互补条件下，相互协作，形成区域公共危机网络化治理局面。

随着我国社会经济转型，特别是城市人口密集，一旦发生危机事件，必然因影响广泛而迅速成为社会舆论关注的焦点。计划经济时代的全能政府模式显然已经不能满足新的社会需求。政府要充分发挥公民和社会的积极作用。无论是市场、个人还是政府和非政府组织，在公共危机处理中都存在自身的局限性，因而需要在政府主导下，各方积极参与，协同治理，共同发挥作用，更好地实现公共危机治理。

社会资本是现代社会危机治理的一类重要资源。公共危机治理的实质在于多元主体的共治，充分体现了政府加强与社会力量的互助特性，体现了政府对公民意识、公共精神和非政府组织等现代社会资本的诉求。通过建立完善的互动合作机制，政府、公众、社会组织和企业之间进行良好的

互动交流，健全民众参与危机治理的方式和途径，建设互联有序的危机治理网络，可以达到多元化公共危机治理的最优状态。

因此，地方政府必须加强培育多元社会治理资本。例如，加强培育公众良好的参与意识，如对公众志愿精神的培养，让民众认识到自身的重要价值，通过建立完善的激励机制，调动民众的积极性和创造性。要充分利用社区这个良好平台，让民众积极而有效地参与危机治理，发挥其不可取代的作用。此外，需加强非政府组织的培育和发展，通过培训提升其危机治理的专业化能力，增强社会资本的生命力。

从国外经验来看，政府与公众、社区的协同防控机制建设主要涉及三个层面的内容，包括加强政府与公众、社区之间的合作与协同效应（如协作的制度化），促进政府各部门和不同组织之间的协同防控（如建立协同防控机构、制定协同防控战略），以及加强各级政府间、政府与公众和社区之间的交流沟通（如明确并提升交流沟通的重要性，使之具有权威性，并使之系统化、高效、顺畅和透明）等。相关建议如表 6-3 所示。

表 6-3 关于政府与社区、公众的协同防控机制建设的一些建议

主要内容	建议采取的措施
加强政府与公众、社区之间的合作与协同效应	将政府与公众、社区的合作制度化，包括：将与社区有效互动的基本礼仪写到疫情防控指南中；在制订防控计划时鼓励社区利益相关者参与，增强他们的合作与信任；使防控机制更有灵活性，以应对不同地区的疫情特点，并确保主要利益相关者参与有针对性的计划的制订；将长期复苏作为重点防范计划的一部分以解决社会关心的问题和满足社区和公众的需求。 政府与公众、社区合作加强疫情监测和防控，包括：利用社区已有网络，特别是通过社区内主要管理人员或代表，传播患病风险的信息；培养研究人员与以社区为基础的监测网络之间的关系，促进对疫情的监测；向提供数据、其他信息或参与预防活动的社区成员提供信息反馈；对社区内可能接触到的各类人员有针对性地跟进；与私营部门合作促进疫情防治。 其他可能促进协同效应的措施，如明确对利益相关者由参与防控活动所带来的花费等损失的补偿措施；对未受到疫情影响的地区进行模拟训练
促进政府各部门、不同组织之间的协同防控	措施建议包括：采取多部门协同防控方法以迅速应对疫情，识别高危社区或公众群体，为高危人群提供更清晰的信息；建立一个跨部门疫情防控的“健康危机委员会”，进行多部门模拟演练；对所有相关部门进行全面的利益相关者分析和工作流程分析，注意不同部门在应对疫情时出发点不同

续表

主要内容	建议采取的措施
加强各级政府间、政府与公众和社区之间的交流沟通	明确并提升交流沟通的重要性并使之具有权威性，包括：将使公众建立对疫情防控信息沟通的信心作为防控的一个重要内容，可以通过任命权威发言人和与媒体建立专有的沟通渠道来进行；在官方疫情报告中系统全面地介绍社区参与活动，突出这项工作的重要性，促进对这些活动的关注；支持利用社区疾病防控网络来促进公共教育和对防控工作的协调和实施。 使交流沟通系统化、高效、顺畅和透明，包括：确保采取系统性措施来掌握社区对任何公共卫生事件的看法，例如通过社交媒体；为省和市卫生当局的新闻办公室准备应急计划，以确保在严重疫情发生时大量的新闻报道在疫情或事件的每个不同阶段，在所有利益相关的机构内部和机构之间，以及所有相关部门之间，高效、顺畅地交换信息，与民众、社区就疫情或事件的每个不同阶段及进程进行透明、顺畅的沟通。 使协同交流沟通更有针对性，注意地区、群体差别，包括：识别边缘但有潜在风险的群体并与之交流；在计划防控沟通策略时，要注意可能存在的任何城乡差异；需要为更广泛的社区、卫生工作者及相关机构工作人员宣传疫情预防和控制的知识
其他与协同应对机制建设不直接相关的经验	有些措施会间接促进协同机制建设，如当使用“全危害”方法防控时，要注意传染病与自然灾害防控之间的区别；在推广全危害方法防控的同时，鼓励随机应变以更好地应对各种特殊情况；制订明确的备用计划和程序以防一些工作人员因各种原因不能正常工作；在机构内部创造浓厚的学习氛围以更好地应对未来疫情防控；确保从以往疾病暴发中获得的教训被存档并可查看

注：本表为基于欧洲疾病防控中心针对在荷兰、西班牙、冰岛和爱尔兰等国的几起疫情所采取的公共卫生应对措施，特别是社区的参与情况总结的主要经验。这些疫情包括：2016 年 7 月，荷兰 Utrecht 和 Twente 出现了该国最早的两例蜱传脑炎（TBE）地方性病例；2016 年 8 月，西班牙 CastillayLeon 自治社区出现两例克里米亚—刚果出血热病毒（CCHF）；2017 年，欧盟报告了 6647 例 STEC/VTEC，其中 37%因溶血性尿毒综合征（HUS）住院，20 例死亡；2017 年，爱尔兰是欧盟通报确诊 STEC/VTEC 病例最多的国家，有 166.1 万人口；2017 年 8 月 10 日至 15 日，冰岛南部 Ulfljotsvatn 户外和侦察中心出现诺如病毒（Norovirus），数名童子军队员受到感染。

5. 城市危机治理手段的协同应用

危机协同治理主体多元，这在很大程度上要求采取综合的治理手段和技术，尤其是重视使用现代信息技术、大数据分析、多媒体等，实现危机治理主体在治理手段上的协同合作。信息技术在城市危机协同治理中发挥着越来越重要的作用，数字城市、智慧城市建设正如火如荼地展开。引入以信息技术为基础的治理手段和工具，使危机治理主体之间的协同合作在技术上成为可能，并在很大程度上推动协同合作。

6. 城市协同恢复能力建设

作为危机协同治理必不可少的内容，协同恢复能力主要是指城市在危机事件后，恢复正常生产生活秩序、恢复政府良好公共形象的能力。协同恢复能力建设的目标是有效调动各方面力量以最短的时间恢复城市秩序；政府在最短时间内恢复公共形象、赢得公信力。政府部门之间统筹协调、科学规划是城市危机协同恢复的前提。

应当动员多方面资源，充分发挥各级各类社会组织和团体，包括企事业单位、保险机构、基层社区及社会组织等，在灾后恢复或重建中的作用。例如，在灾后恢复或重建过程中，多听取各方的意见和建议，多方论证，制定可行性方案。在救助补偿方面，可以发挥政府、社会组织、企业和金融机构等多元主体的资源优势。在心理抚慰方面，可以通过与专业社会群体的合作对受影响的公众开展心理恢复工作等。

社会经济秩序的恢复和改善，要调拨专用资源，有计划、逐步、细致地进行，中央统筹协调，鼓励跨部门和地区的合作。秩序的恢复往往需要吸取经验教训，在原有秩序上进行一定程度的重建和改善，提高未来应急反应能力，建立可持续的新秩序。恢复行动需在公共危机过后很长一段时间持续进行，这需要调拨专门资源，有计划地开展恢复工作。

与整个防控行动一致，恢复行动也需中央政府统筹协调，系统性地、跨部门和地区地合作恢复，使之高效进行；同时，恢复行动虽主要涉及社会经济秩序，但也不能忽视相关的自然和人造环境秩序的恢复，需整体布局。执行上，应以相关社会经济职能部门为主导，也需负责自然和人造环境的部门（如自然资源和城建等部门）积极参与，整体推进。新西兰重大疫情过后恢复行动公共管理框架如图 6-2 所示。

（三）以城市群为基础，继续建设和完善多样化且规范化的城市协作机制，以满足城市协作治理与发展的需要

城市群的出现是我国新型城镇化的一个主要特点，城市群内部不同城市之间人员流通、社会经济联系已经变得非常紧密。党的十九大报告也提出了以城市群为主体构建大中小城市和小城镇协调发展的格局。城市群依其战略意义及主要城市行政层级等呈现不同形式，如具有国家战略意义的京津冀和粤港澳大湾区城市群，以及由地方省会或中心城市引领发展的石

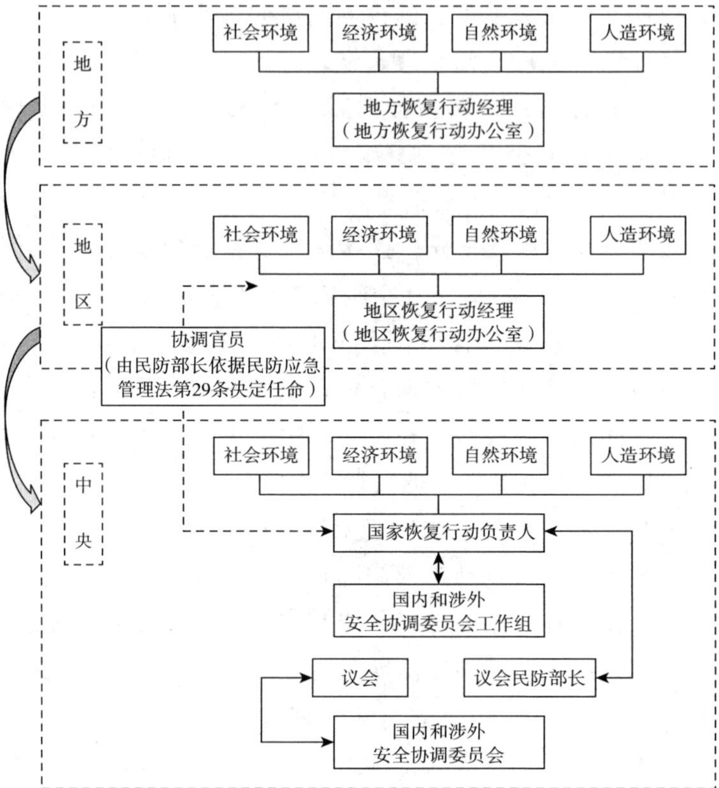

图 6-2　新西兰重大疫情过后恢复行动公共管理框架

资料来源：New Zealand Ministry of Health，New Zealand Influenza Pandemic Plan：A Framework for Action（2nd edition）.

家庄城市群和中原城市群等。城市群的发展壮大对城市之间协作治理的需求日益加大。

对城市群的管理总体上由区域协同发展战略框架，如《京津冀协同发展规划纲要》和《粤港澳大湾区发展规划纲要》等把握。在这些区域系统发展战略框架下，城市或城市群之间的具体合作，除了可以由上一级行政部门或中央自上而下通过法规条例推动和激励以外，也可以尝试通过创新建立更加多样化且规范化的协作机制。城市群协同机制可以是制度化、非制度化或者混合型的，关键是看这些机制是否能有效应对问题的复杂性，是否能引导和深化城市群形成利益共享和风险共担的共同体，以及是否能充分发挥中心城市的带动和辐射作用等。

针对目前公共危机防控状况，城市群可考虑：合作评估重大灾害风险，加快城市群灾害风险信息化建设，加强对风险的预判并建立预警机制，制订城市群灾害预防与治理计划，依计划开展工作，协同调配资源；加强社会资本建设，给予社会资本充分的参与空间，推动民间力量参与城市防控与治理，加强政府与私营部门的合作；建立其他规范化的城市协作机制，如制定战略性发展合作框架，建立不同主题的资源共享平台等。

第七章　数字化时代以大数据推进区域多维度公共治理

第一节　区域公共治理转型的数字化机遇

一　数字化对社会经济发展和公共治理的深刻含义

数字化时代的到来对传统管控方式的扬弃和对推进公共治理现代化的意义丰富且深刻。数字化时代的特征包括大数据、机器学习、智能算法、人工智能和先进的网络解决方案，这些作为基础设施在社会中被赋予了越来越多的任务、责任和自主权。随着数字化的深入发展，它们虽然对公众来说变得越来越不透明，但更为深刻和广泛地影响着社会生活。

例如，人与人之间、组织之间如何沟通，如何建立社交网络，工作场所与工作模式如何变化，如何正确接触和处理媒体和信息，公民与政府机构建立怎样的社会关系，如何通过去区块链提升公民和社会信任水平，提升公共治理的透明度，以及如何正确看待公民赋权，建立适应数字化时代的公民和政府关系等，都受到数字化的影响。

在这一过程中，树立数字化治理理念和提升适应数字化时代的新的治理能力变得十分迫切和必要。这包括在治理理念和行动上在坚持以人为本、以公民为中心的同时，奉行创新理念，通过借助数字化平台和工具实现更精简和高效，更能够引导或利用机会改变现状，充分利用大数据以及新的和越来越多的非结构化数据源进行具体的经济管理和社会治理等。

如何在数字化时代有效进行公共治理，是世界各国面临的新课题。其难度在于数字化具有动态特征，时刻在呈现新的形式和内容，因此一方面要求应对必须及时，另一方面要求应对要具有前瞻性。正确解读和预判数字化时代的社会特征和公民需求，以确保政策的稳定性和连续性。通过数字化和互联网推进我国公共治理体系现代化和治理能力建设，也是我国各级政府面临的重大课题。这是巨大的挑战，但更是机遇，是实现我国公共治理现代化和跨越式发展的良机。

数字化是挑战，这是因为它对政府传统治理模式和思维提出了新要求，需要政府治理，特别是区域公共治理更加注重民众的现实需求、决策的严谨性和科学化、信息的公开和透明，以及更加需要政府与公民、社会之间的互动和信任。这对构建一个高效统一、互联互通、安全可靠的政府资源体系并确保信息畅通提出了新要求，对适应网络时代的基础设施和制度建设提出了新要求。

数字化更是机遇，这是因为数字化，特别是大数据和区块链等数字技术和平台，有利于推动政府从管理者向监管者和服务者转变；有利于推动政府业务重组和流程再造，特别是倒逼区域和地方公共治理的现代化，消除治理碎片化，推动中央与地方的协调和地方政府间协作；有利于提高政府治理的效能。

总体上，数字化的时代特征对我国先验性直觉体悟的传统思维方式是一种挑战。如何在直觉体悟的传统思维方式上，对数字化时代的数理逻辑进行有效的扬弃，是现今社会高效应对数字化的一个关键。

如前文所论，中国的传统思维方式不凭借语言、概念、逻辑推理认知世界，而是以个人的经验智慧直接切入本质，它的优势在于突破了语言达意的局限，压缩或抛弃了逻辑程序，开门见山地切入本质，从而更为简洁凝练，更为深刻，更容易解决问题。而以大数据为代表的数字化时代催生的西方传统的逻辑推理思维，更讲思维的逻辑性。如何在传统直觉体悟的思维方式上有效整合大数据时代逻辑推理思维的优势，是数字化时代我国公共治理现代化的一个重要命题。

二　数字化不改变以人为本的公共治理理念与目标

数字化特别是大数据和互联网是新时代的一个重要特征。它在短时间内，以指数级增长和变化的方式重新定义人们的工作、消费和交流方式以及社会组织的形态，催生了新的组织和管理形式。安全的数字技术改善了那些有能力使用它们的人的生活。但要想从数字化机遇中受益，首先要满足一些技能要求，其次要在安全的数字环境中工作。

一方面，数字技术通过提供更多的信息和服务，降低交易成本，改善人们的生活和工作环境。例如，数字化科技可以简化工作和服务流程，使人们获得多样化教育服务，及时获取医疗信息，在网上购物消费，也可以缩短产业链，通过远程工作，缩短工作成本，提高能源使用效率。数字化使人们的生活和工作的诸多方面更有效率。

另一方面，数字技术给社会带来了不平等风险，因为它们在有技能的人和没有技能的人之间形成了数字鸿沟。这些技能包括纯数字技能，也包括安全驾驭与网络世界相关的情感和社交技能。拥有这种被称为“数字素养”（Digital Literacy）的混合技能，人们能和谐地将虚拟的数字生活与现实生活结合起来，并避免由滥用数字技术导致的心理健康问题。

另一类数字风险与安全问题有关，如网络欺凌和网络安全破坏，也已经影响到了社会经济和政治生活的方方面面，严重影响了社会和谐和稳定，增加了社会治理成本，造成了公共资源的浪费。要使数字化为人们的福祉服务，就需要提供平等的数字机会、培养深厚的数字素养和建立强大的数字安全平台等，使人们充分享受数字化带来的好处。

在以大数据和互联网为代表的数字化时代，作为治理主体的政府需要清醒地认识到这一重要时代特征，以及其所带来的深刻变革，以积极的姿态接受和利用数字化的无限潜能，重塑治理网络结构和治理模式，推进治理现代化，提升治理满意度和治理能力。

然而，数字化时代的到来并未改变社会发展的本质，社会发展归根结底是为了社会个体和群体福祉水平的提升。习近平总书记指出，“让互联网更好造福国家和人民”①，这为数字化时代如何充分利用其所带来的技术优势服务于以人为本的国家治理体系和治理能力现代化的建设指明了方向。

各级政府需要积极转变传统思维和治理理念，在以人为本的基础上，确立数字化时代的数字化新思路和新战略，最大化发挥数字化对新时代政府治理能力提升的作用。具体来说，继续强化以人为本的服务意识，积极借助数字化时代的技术和信息资源以及平台，研判和预判民众的真正诉求，

---

① 习近平：《让互联网更好造福国家和人民》，新华网，http：//www.xinhuanet.com/politics/2016-04/19/c_1118672059.htm。

在宏观大政方针的指导下，及时和前瞻性地把握相关领域的长期发展趋势，应对现实和长期的民众和社会需求。

同时，各级政府需建立既管控又服务的混合型政府理念，通过市场的杠杆作用，有效整合政府、市场和民间组织等社会资源，共同打造理性、共治的社会网络生态环境，从而充分利用数字化提高治理效能；借助数字化时代大数据和区块链等技术和平台，提高公共治理的透明度，加强民主管理，强化政府与民众的互动，建设和巩固持久和高效的政府信任机制。

三　数字化对区域公共治理的新要求

在数字化时代未到来之前，受制于技术和资源，传统上政府在数据建设、管理和使用上具有主导地位。在非数字化时代，信息收集、整理和输出技术相对落后，人工和技术成本高，个人或组织缺乏必要的能力来对大规模和复杂性的数据信息进行收集。

主要信息的收集与分析往往由政府推进，从而形成政府具有所有权的信息收集和分析体系，以及相应的信息管理和使用机制，并在此基础上进行全社会范围内的信息交换。这种信息体系和管理与使用机制构成国家和地方公共治理的基础，是国家和地方公共治理能力的一个必要组成部分。

数字化将从根本上改变政府在信息收集和分析体系中的主导地位。随着大数据技术的应用和区块链的推广，包括手机在内的各种智能化设备的出现，以及各种数字平台的建设，大规模和复杂性数据的收集、整理和维护成本降低，个人、企业和各级各类社会组织在一定条件下，开始具备在广域范围内的信息获取能力。企业等社会主体在一定程度上较政府具有更强、更灵活的信息收集能力。这在很大程度上冲击着传统上必须由政府出面组织的信息体系和信息管理与使用机制。

同时，数字化将传统社会信息相对封闭、信息分享和使用渠道相对单一的状态打破，使社会信息网络主体多元化。在数字化时代之前，政府对信息的分享和管控有很大主导权，同时受限于技术落后的事实，信息不对称是传统信息采集和应用体系的重要特征。信息的分享和使用通过政府构建的有限的渠道和机制进行，政府对信息数据（如反映规模、资源等的数据）和政府行为数据（如有关权责、决策和服务等的数据）可以选择特定的信息渠道和信息量向公民和社会组织分享。

而在以大数据为代表的数字化时代，由多主体参与和主导的广泛的信息收集、存储、分享与使用成为可能，使得政府作为一个信息主体本身与个人、企业和社会组织共享信息成为可能，政府在信息分享和使用上可以与公民实现有效互动，这使得政府与公众的信息樊篱被打破。在这种情况下，公众、企业和各级各类社会组织对政府的要求和期望会更高。通过对公众需求的把握更能推进公共治理对问题准确性的把握，更能有效推进公共治理。

在数字化时代之前，公众对政府掌握的资源和政府行为了解有限，对自己需求的理解也相对模糊，因此对政府和公共治理的要求也相对抽象，往往局限在一般性的公共服务、公共秩序和社会安全等内容上，公众诉求表达缺少必要的逻辑和技术基础。在数字化时代，这一情形发生改变。借助于大数据等数字工具，政府与民众的互动使得信息更加对称，公众诉求更为准确，对政府所提供的服务和公共政策的制定要求更高、更具体。

这些都对区域公共治理提出更高要求。信息对称不仅有助于政府，特别是地方政府更好地了解公民诉求，优化配置区域公共资源，推动区域公共治理更好地为公民服务、为发展服务，同时，这也能促进公民全方位地对政府决策过程和行政程序的了解，增加公共治理的透明度，强化公众信任，更有效提升区域政府治理的效能。

第二节　公共治理数字化转型与区域整合的耦合性

一　公共治理数字化与区域整合的耦合性

公共治理数字化和区域整合是我国从粗放式发展到追求高质量发展过程中两个主要的变量特征。两者的耦合性能更有效推进双方主体的优化，实现双方功能与逻辑的有效契合。

数字化时代的到来，催生了对智慧城市（狭义）、智慧地区（广义的智慧都市圈和城市群）的追求。通过数字化技术，进行智慧公共治理，可以推动区域整合，提升整体区域公共治理水平。区域整合与协同发展的数字化同时也是公共治理现代化的一个重要组成部分。

区域治理数字化的一个重要概念是城市的智慧化管理。智慧城市是继智慧地球的理念提出后，渗透在城市建设中的一种先进理念，由 IBM 在 2008 年提出。其概念的精确性和共通性尚需进一步完善，但从公共治理角度，它可以理解为在数字化时代，城市的公共治理以大数据和信息技术应用为基础，综合运用物联网、云计算、社交网络等新型技术以及信息收集、整理和分享平台，构建而成的公共治理模式。它以城市数字化建设为基础，以现代公共治理理念为原则，以城市与城市群高质量发展为目的。

智慧城市概念的提出既反映了当前城市发展中的突出问题，也代表着未来城市与城市群公共治理的发展趋势。借助以大数据为代表的智慧化城市管理既是现实的需求，也是未来城市可持续发展与长治久安的要求。在后工业化时代，随着经济的高速发展和人口的不断增长，城市规模不断扩大，以城市为主体的各种需求急剧加大，资源大量及持续地被消耗，环境污染日益严重，各种城市问题（如交通和市政建设等）日益严重。这迫切需要对城市的管理更加精细化，对资源的使用和消耗更加理性化，城市发展更加低碳环保等。

城市智慧化管理不改变以人为本的可持续发展本质，而是更加注重以人为本的理念，更加突出城市发展的可持续化、绿色、低碳和环保等。在智慧城市里，城市居民可以自主定义其角色设置和空间使用功能，通过互联网和各种电子化手段对其角色所赋予的功能与任务进行简便易行的数据化处理，实现城市管理的可持续化。

在智慧城市背景下，物联网和云计算技术作为数字化时代的两大核心技术，通过职能感应器，完成对城市动态信息的捕获和处理，从而能适时对城市管理进行动态调整，极大地强化了城市管理对居民需求的反应机制，促进了人们生活方式的改变和生活质量的提高。

城市的智慧化管理离不开城市的数字化建设。数字化建设的一个重要内容是数字平台的建设，包括共享服务平台、地理信息技术平台以及数字化产业链资源平台等。通过数字化平台建设，实现先进的技术互通和信息联网，通过对人、物的位置、身份等的感应，适时地分析，为城市运行提供更加精准的智能服务。

从区域公共治理层面来讲，城市管理的智慧化能增进城市间的联系，强化城市群的协同管理。数字化使城市间的公共服务和发展得以在基础层面实现根本性的互通，为城市群建设和城市间协同管理与发展奠定信息基础。在智慧城市群里，数字化技术能够实现人与物、物与物之间的智能联系，从而搭建起更广泛与坚实的基础服务平台，提供医保、社保、工资、洗衣、购物等一系列的服务，能够极大地缩小城乡和地域差距。

总之，在区域公共治理中，区域整合和数字化公共治理的耦合性是区域公共治理现代化的重要载体。区域数字化治理不改变“以人为本”的公共治理本质。在区域整合的背景下，区域数字化质量要以满足区域内居民的需求（如日常生活和区域内流动需求）为目标。在满足人的需求上，以城市群为基本框架，数字化建设从依托数字经济向数字智能环境、生活以及治理转变，为提升区域竞争力提供强劲动力。

在区域数字化治理过程中，通过数字式公共服务、政府运行和公众参与式城市治理倒逼地方传统治理模式的转型，能进一步推进区域内公共治理的协同运作。新型的综合式数字化治理模式将区域发展与宜居的生活环境有机结合，最终构建由绿色、创新及智能等理念引领的现代经济形态和模式，实现区域高质量发展。

二　城市与区域智慧化公共治理

（一）数字化建设推进区域公共治理现代化

1. 数字化推动区域政务信息公开透明常态化，提高政府公信力

政务信息公开透明是现代公共治理的一个重要标志。数字化则是政务信息公共透明的一个主要推手。在传统管控方式下，地方政府信息的不透明是常态，公众诉求往往涉及政府所掌握信息的公开化，政府信任度往往因此受到影响。数字化时代的到来使地方政府信息必须公开，这能为地方创造机会，提高政府公信力，使政府更高效地解决实际问题。

增加政府行为的透明性和加强公民监督不仅不会阻碍政府工作的进行，反而有利于政府工作的开展。这是因为通过政府信息公开，进一步强化了政府工作和公共治理的合法性，体现了现代政治文明权力来源于公民的本质，使工作人员可以心无旁骛地开展工作。

同时，政务信息的公开透明也使得政府工作处于公民的监督之下，对政府工作的开展施加压力的同时，也可使得工作中涉及的推诿扯皮、官僚主义等弱化，增加政府改进自身工作与优化结构流程的动力，促使政府部

门内和部门之间的工作得以高效开展。另外，公民监督和反馈也使得公共治理主体能及时发现公共治理问题，推动公共治理模式的改进和优化，推动体制改革。

政务信息公开早已是我国政府针对公众需求所努力的方向。早在 2008 年 5 月 1 日，我国已经实施《中华人民共和国政府信息公开条例》以保障公民、法人和其他组织依法获取政府信息，提高政府工作的透明度，建设法治政府，充分发挥政府信息对人民群众生产、生活和经济社会活动的服务作用。数字化时代的到来更会加大这一条例的实施力度。

政务信息公开不仅势在必行，更有助于重建公众信心，提升政府公信力，推动正常的社会经济秩序的进步。信息公开既有助于投资者更好地分析决策，还有利于吸纳社会力量更好地参与社会治理，增加政府透明度，提高政府公信力。我国目前在电子政务、政府信息公开方面已取得不小进步，但和其他国家一样，随着数字化的深入，政务信息公开在理念上、战略上、内容的广度和深度上，特别是在区域层面，还有很长一段路要走。

2015 年 8 月 31 日《促进大数据发展行动纲要》印发以来，我国政府积极推动政府数据资源共享，制定了政府数据资源共享管理办法，整合政府部门公共数据资源，促进互联互通，提高共享能力，提升政府数据的一致性和准确性，明确了各部门数据共享的范围边界和使用方式，推动跨部门数据资源共享共用方面格局的形成。

政府数据统计共享和开放平台（包括金税、金关、金财、金审、金盾、金宏、金保、金土、金农、金水、金质等信息系统）的建设，以及信用、交通、医疗、卫生、就业、社保、教育、科技、资源、环境、气象等民生保障服务相关领域的政府数据的共享已取得长足进步。这已经在逐渐克服大数据发展和应用中存在着的政府数据开放共享不足，产业基础薄弱，缺乏顶层设计，统筹规划、法律法规建设滞后，以及创新应用领域不广等诸多问题。

2. 数字化建设与区域行政体制改革协动，深化简政放权

充分借势数字化，发挥大数据技术的作用，在区域范围内打破部门和地方之间“信息孤岛”的局面，实现部门间数据共享。这有助于实现权责分明，简化行政流程，增加部门间的信息交流，建立基础数据库、专业数据库和应用数据库，打通相关各部门之间的数据链，以技术的强制力克服政务数据碎片化、信息资源共享程度低等问题。

同时，数字化建设与区域行政体制改革协动可增强区域预测和决策能力。在破除官本位和管制思维、简政放权的前提下，各级地方政府通过大数据技术实现对数据的搜集、处理和分享，有效全面地将区域信息科学地反映出来，避免信息不对称造成决策失误，减少政府决策中的不确定性，避免区域内政府间信息的不对称和对区域总体情况的把握的缺失。

数字化可提高地方政府行政质量和效率，推动区域内政务协调，强化区域政务一体化监督。在行政管理中运用大数据技术可以及时了解公民的需求，建立以需求为导向的信息化平台，实现“放”和“管”的良性互动。同时，通过大数据建立项目并联审批平台，形成审批大数据资源库，实现各部门统一受理、同步审查、信息共享、公开透明，精简服务审批流程，提高行政质量和效率，促进政府对各项事务的一体化监管。

3. 区域治理的大数据思维和行动能力建设

区域治理的大数据思维和行动能力建设从根本上有助于推动区域公共治理的数字化。打造区域内大数据平台，建立区域内部门间和地方政府间协调一致的电子政务系统，从而从决策基础上打破部门利益割据，实现部门融合协作，提高政府行政能力。

这就要求区域内各级地方政府及公务人员对数据共享与开放具有责任意识，包括必须制定和遵守数据开放原则和数据使用规则，树立开放包容意识，促进数据共享和各部门行政协同。在此基础上，重视大数据的无限价值，有效利用数据。

区域大数据思维和行动能力的培养还需正确引导地方政府公务人员，提高其分析大数据的能力，形成大数据思维，运用大数据分析政府治理问题，提高解决问题的能力，通过将大数据思维渗透到政府治理理念，改变和完善区域公共治理的理念以及政府工作方式、决策思路和决策架构，从而使大数据变成区域治理的信息基础和有力武器。

4. 实现区域多元参与和合作共治的愿景

大数据开创了政府治理新生态，虽然政府依然是公共治理的核心，但其他治理主体的参与意识和参与能力在逐渐增强，传统的由政府实施的治理方式已经无法满足新经济发展的要求。各种大数据平台的建设以及共享理念的普及使治理主体多元化的总体势能逐渐累积，为多元化合作共治奠定了基础。

在区域治理层面，就要求中央和各级地方政府，从制度上破除体制机制障碍，实现数据的互联互通，允许和鼓励社会各主体参与区域公共治理，培育和创建新的公共治理生态圈。区域治理的政府主体除了需要加强地方政府间协调外，还需主动吸收社会各级主体参与大数据治理。

面对日益复杂的治理难题，区域政府主体需变被动为主动，走以人为本的群众路线，有效动员民众和各级各类行政主体，群策群力，提高解决治理问题的质量和效率。这一行动的前提是实现区域内大数据和信息的共享和透明，提高政府的公信力，并使政府行为为大众监督，以此优化资源配置和合理规避风险。

政府需要加大力度培养民众和个体的参与意识，采取多样化的手段培养其参与公共治理的能力。民众应紧跟时代潮流，从自身诉求出发，利用大数据参与地方治理，运用各种现代手段对地方政府治理进行反馈和评价，树立主人翁意识，与地方政府共同在大数据的运用下，提升公共治理的多元化参与度。

（二）破除信息孤岛，以信息共享推动区域科学化协同治理

1. 整合区域内政府信息系统，理顺优化区域协同政府服务

（1）打通政务信息孤岛，搭建区域政府数据一体化平台

2016 年 5 月李克强总理在全国推进简政放权、放管结合优化服务改革电视电话会议上指出：“现在我国信息数据资源 80%以上掌握在各级政府部门手里、‘深藏闺中’，这无疑是极大的浪费。除涉及国家安全、商业秘密、个人隐私的以外，都应向社会开放，使之转化为社会财富”“过去较长时期，一些地方和部门的信息化建设各自为政，形成一个个互不相连的‘信息孤岛’和‘数据烟囱’，严重制约了政府效能的提升，给企业和群众办事创业造成很大不便。必须下决心打通数据壁垒，拆除‘隔离墙’，实现各部门、各层级数据信息互联互通、充分共享，最大程度地便民利民。”①

数据孤岛的形成有其深刻的时代根源。在数字化时代之前，公众对政务信息的需求并不强烈。政府为了适应社会治理专业性与广域性的要求，

---

① 李克强：《深化简政放权放管结合优化服务 推进行政体制改革转职能提效能》，新华网，http：//www. xinhuanet. com/politics/2016-05/23/c_ 1118910840. htm。

形成了条块分割的管理架构，各部门信息数据的采集以各自单位和体系为依托，信息和数据的采集、使用和存储以服务其专属的部门职能为主，缺少与其他部门、民众和其他社会主体的共享机制。在信息标准、范围和内容上也都不尽相同，从而逐渐形成相互隔离的信息孤岛。

数字化时代的到来对政府数据的需求加大，同时有助于克服条块分割的政府数据孤岛现象。一方面，民众对政务信息的需求加大，要求政务信息更加公开化，政务更加透明。另一方面，从治理的角度，随着治理问题的复杂化，公共治理更加需要政府部门之间的协调以及各级社会主体的参与。

数据和信息共享是协调与多主体参与的基础。信息孤岛现象变得不合时宜，导致了严重的公共治理与服务资源的隔离，也越来越阻碍治理问题的解决，抑制了公共治理现代化水平的进一步提升。借助于大数据技术，构建基于整个政务框架的大数据平台，为解决信息孤岛问题提供了技术条件。

大数据平台的建设有助于增强政府的回应性，解决日益复杂和多面的区域公共治理问题。所谓政府的回应性，体现为对公民诉求给予及时的回应并提供具体有效的解决方案。非数字化时代受限于治理碎片化和信息技术的落后，很难对公民复杂的诉求提供高效的回应。相对于单一部门职能领域内的公民和社会主体诉求，政府面对涉及多部门的公众和社会主体诉求时，受限于信息不对称和单部门运作方式等很难及时提供回应方案。

大数据技术使得满足复杂多面的公众需求成为可能。构建以大数据为基础的有效的跨部门统筹信息数据分享与协同调度机制，使得部门间信息对称和部门协调成为可能。这就在很大程度上能够更好更快地回应公民和社会主体的诉求。政府回应性的增强是大数据时代政府内部优化、政府与民众和其他社会主体良性互动的结果。它需要统筹各类治理主体的需求和利益，做好总体设计，激发各类治理主体的活力，形成良性的回应机制。

区域层面的公共治理也需以大数据为基础，促进区域内各级各类政府部门间数据的整合与共享，破除“信息孤岛”。同时鼓励区域内各级各类政府部门和社会主体收集持续动态化的大数据，推动具体的行政职能部门在公共交通、食品监管、医疗卫生等各领域节省行政成本的同时，提供更及时、高效的公共服务。这需要做到以下几点。

一是把大数据作为强有力的工具用于决策制定和创新，打破区域内条块分割的管理和决策格局，促进区域协同治理。

二是利用大数据宣传相关法律法规和管理制度，使其为社会主体熟知，消除信息不对称现象。

三是通过政务数据公开共享，引导各级社会主体，包括企业、行业协会、科研机构、社会组织等主动采集数据并开放数据库。

政府必须搭建数据一体化平台，以应对大数据技术发展、应用与大数据治理意识和能力严重脱节的现象。构建基础数据库，实现数据跨部门和地方的收集，是搭建大数据平台的第一步。这就要求区域治理主体成立项目工作组，制订详细的工作计划，根据相关政务数据的类别确立数据的收集、整合、存储、分享与应用统一的标准和原则，通过相关部门的协调运作，构建数据一体化平台。

区域治理主体可以通过不同功能的大数据一体化平台，有效协调处理区域内行政事务。同时，区域内大数据平台的建设又可以获得舆情和社情信息，从而了解社会主体的需求和动向，预判事情的态势，能够更加有效、精准、及时地提供服务，在必要时对危机事件进行预防和干预，从总体上提升区域治理能力和水平。

（2）实现区域内数字化一站式服务

实现区域内数字化一站式服务是数字化时代实施区域政务协调的一个重要标志。它最能满足民众的需求，最能体现区域政务协同的程度。整合区内政务信息系统，要在区域政务服务大框架下，以各省区市为单位，整合各省区市政务信息系统，实现省区市辖范围内的所有地方政务系统全部无缝对接省级政务平台。

与传统区域治理中出现的效率低、层级多、协调性弱等功能性治理模式不同，数字化时代为区域内政府简化服务，降低成本，加强公共部门之间的协同合作，制定统一的流程标准，实现数据共享、数字化治理提供了可能。实现区域内数字化一站式服务，将实现真正以民众为中心的区域治理理念。

在数字化城市治理时代，以人为本的区域治理模式更能成为现实。依据大数据，政府将以公众需求为导向来开展工作，在全区范围内开展具体的操作。政府将借助 ICT 方案来进行数字化流程改造和优化，建立以民众、社会组织和企业等社会主体为中心的一站式区域服务体系。

实现区域内数字化一站式服务的第一步是要做好功课，了解现实数据和信息情况。其中包括开展基本情况和专项调查，厘清各地区、各部门政务信息系统的真实情况，探究不同信息源的信息内容和信息容量，并向专业信息收集和维护人员了解和探讨如何克服“信息孤岛”问题，实现信息内容和信息技术的兼容。

另外，从政务规范角度，由区域内主要治理主体，如发展改革委和网信办等部门联合牵头，制定区域内政府信息合理化框架，统一规划，通过建构政务信息共享标准体系，在信息性质和内容，信息收集、存储、分享和使用方式等各方面形成共识。必要时可以考虑标准体系立法。在此基础上，统一、协调、完善区域内各级各类政务信息网站，实现政府信息资源由区域内各级政府主体和政府部门共享，以及政务信息由公民、社会组织和企业共享。

数字化一站式服务使公众可以通过单一窗口获取整合后的区域公共服务。例如，在区域内提供数字化一站式服务，公众可通过一个物理或虚拟柜台申办业务，相关机构可以根据服务要求在数字平台上进行系统处理，最终反馈到公众使用的物理或虚拟柜台，整个过程都可以在数字平台上完成。政府和城市公众通过网络完成公共服务的提供和接受，可显著提升办事效率，降低服务成本，同时推动政务平等化，提升政府形象，促进社会和谐。

对于区域治理来说，实现数字化一站式服务的关键是实现数字服务相互操作性，实现数字公共服务在各部门之间的合作与共享。数字服务相互操作性设计有助于降低城市治理和公众所需公共服务的成本。在构建区域相互操作性框架时，需成立包括政策分析人员和技术人员在内的多功能项目组，以满足实现相互操作性所需的内容和技术的复杂性要求。

横向上，要求对区域内各政府主体和部门的法规进行整合，避免法规之间相互冲突，然后按照相关标准实现数据交换标准的统一，从而实现各部门之间的数据无缝对接。纵向上，需做好数据后台处理与前台整合，将面向区域内公众的前台虚拟或真实设计与后台通过统一的数据平台无缝衔接，避免信息缺失和拥堵。

（3）建立以大数据平台为依托的精准公共服务体系

随着社会财富的增加和国力的增强，公众对公共服务的精准性提出更高要求，传统的公共服务的批量性生产已经不能满足公众的需求。传统公共服务体系的基本特征之一是输出的公共服务往往是同质性的，关系民生的服务（如教育、公共交通乃至医疗服务等）大都是标准化、同质化的服务，这是为了使这些最基本服务为大多数公众所享受。如工业化时代大机器生产的产品一样，公共服务缺少人性化，很少能针对公众的个体需求提供服务，从技术条件上也无法针对民众提供更为具体和精准的服务。

数字化时代的到来，特别是大数据平台的建设，为建立精准公共服务体系提供了强有力的技术支撑。通过大数据平台，政府可以收集和分析关于公民精准服务诉求的数据，在区域范围内对公民个体服务需求信息进行收集、整理并归类。在此基础上，通过整合全社会公共治理与服务资源，为公民提供差异化和个性化的精准服务，充分满足公民的个性化服务诉求。

2. 充分利用大数据技术优势优化区域内政府协同决策

在区域协调层面，大数据可以推动区域内政府主体在决策过程中的沟通与科学化，促进区域政策的协同。依托区域大数据平台，区域内各级政府主体可以在政府决策的全过程（问题的发现、论证，决策的权衡、选择，最终政策的制定、出台实施和评估）进行协调。

大数据平台可在区域治理的全过程提供数据支持，如决策数据提取与分析系统、结合人机智慧辅助决策的专家系统、预先实现决策后果的虚拟模拟系统和对公共政策长期追踪评估的系统为政策的制定提供信息，从而实现区域内协同决策的科学性和一致性。

以大数据平台为依托的区域协同决策也改变了传统时代的单向度政务优化决策模式。在传统时代，政府决策往往由内部始、由内部终，只有有限的公民反馈与调研，政府决策，特别是地方政府决策缺少客户导向性，未必能真正反映公众和社会需求，政府的决策过程也往往不以翔实的数据和分析技术为依托，缺乏科学性。

在大数据时代，依托大数据平台，政府能通过公民意见收集系统收集汇总公众的意见，大数据平台增加了政府了解和收集民意的渠道。数据库和数据平台的建设也使得科学化地分析民情，进行不同政策的考虑与选择，以及科学化地分析政策制定和实施后的跟踪和评估成为可能。

3. 以大数据平台推动区域跨省市、跨部门联动机制构建

大数据本身不能推进部门的协同。区域内各级政府主体必须通过构建

大数据平台，在区域协同治理理念上转被动为主动，发展和探讨合作和联动的可能性，而不是“等靠要”，完全依赖中央政府的指令来进行联动与合作。通过大数据平台的建设，可以发现区域内各级政府主体工作流程的互操作性和适应性，探讨打通区域内跨部门、跨省市的工作流程。在此基础上，充分发挥大数据平台的优势，实现区域跨省市、跨部门联动，统筹规划和配置公共治理和服务资源，设计区域工作流程，实现区域内公共资源、公共治理模式和内容的共通。

4. 充分统筹利用区域社会资源优化政务流程与服务

在数字化时代，大数据平台的建设不仅要消除各级政府间和部门间“信息孤岛”现象，打造政府大数据平台，实现政府体系内的政务资源共享和流程优化，还要增进政府数据平台和社会数据平台的联系，构建全社会大数据共享平台，并在这一平台的基础上，使公众和各级各类社会主体共享整个社会的公共服务资源。全社会大数据平台的共享与开放有助于建立完整的社会资源统筹与调度系统，从而实现政府、社会、市场系统的协同供给和服务。

（三）城市和城市群智慧化管理

1. 城市和城市群智慧化管理的部门协调

现代城市是一个高度复杂开放的有机系统。随着现代公共治理理念的普及，各级各类社会主体的网络化参与度提高，除了管理内容上的多变性和复杂性增强外，治理主体也日趋多元，这都增加了城市和城市群协同管理工作的复杂性。

在这种情况下，城市管理由单一主体的政府管理向多元主体的公共治理转变，由以物和事为中心向以人和组织为中心转变，由以市容环境为主的城市微观管理向微观与宏观管理相结合的城市综合型管理转变，这是未来城市管理发展的新方向。坚持以人为本的治理理念需要改变城市和城市群管理体制上的人与物或事分离的局面，实现城市管理转向源头治理，将人与物的管理相结合。

区域内城市和城市群智慧化管理为这种转变提供了一种有效的实现路径，它为政府相关管理部门整合城市管理与社会管理资源、实现公众参与提供了有效的对接平台，既展现了技术上的优势，也符合未来公共治理的网络化和互动性特点。

在数字化时代，城市和城市群智慧化管理的一个重要内容是部门协调。作为创新实践，数字化城市和城市群管理涉及诸多部门和内容。无论是民生问题（如教育、卫生和交通等问题），还是企业信用、产业发展和环境保护等问题，都在数字化建设和智慧化管理上要求区域内各省市、政府各部门、政府与其他社会主体之间进行统一的协调和配合，这样才能将城市，特别是城市群智慧化管理落到实处。

除了中央在政治上的支持和组织领导在规划、指导和保障资金投入上的支持外，在区域层面关键是要转变治理观念，充分重视智慧化管理在提高城市和城市群治理效能方面的作用。这就需要充分考虑和协调各方的利益和矛盾冲突，转变政府职能、设置组织机构、建立制度机制和重建业务流程以适应智慧化管理的趋势。

城市和城市群协调机构的设立是智慧化管理的第一步。为解决政府各职能部门协同不足、各自为政的问题，可考虑针对具体的问题成立统筹领导工作小组或数字化城市管理监督指挥中心，指导和监督各城市职能部门的智慧化工作进度，发现问题和解决问题，督促各职能部门协同完成任务。一定要赋权这些协调和统筹机构，使之能跨越城市和职能部门，按权力和责任开展工作，与各级政府主体一起建立协同工作机制，厘清职能部门协同工作职责，做好衔接沟通并全力落实责任。

2. 数字化人口管理与监督平台建设

数字化人口管理与监督平台是城市和城市群智慧化管理的基础。它是指建立在与人口社会管理（包括常驻和暂住人口）和公共服务内容（卫生、教育和交通等）相关的数据库基础上，用于城市公共环境秩序运行、监督、管理的工作平台。城市和城市群智慧化管理的一个主要内容是以数字化人口管理监督平台为载体，实现城市管理与社会管理的有效对接。

人口管理是社会管理的重要组成部分，数字化人口管理与监督平台有助于以城市和城市群为基础和网络的区域社会治理采取标本兼治的方式，通过协同共治，解决城市和城市群协同管理中存在的诸多深层次问题。通过建立数字化人口管理监督平台，制定和开发全面和具有前瞻性的管理和监督指标并将之纳入城市和城市群管理体系，构建一个全流程治理的工作体系，可形成城市和城市群管理的科学化的长效机制。

借鉴数字化城市管理的“双轴化”经验，将人口的社会管理权与监督权分离是一个有益的尝试，更多由社会主体参与的数字化城市管理也有待开发。监管分离的“双轴化”城市管理模式由北京市东城区首创。“双轴”是指监督轴和指挥轴。其中监督轴由独立于市政市容委之外新成立的城市管理监督指挥中心构成，专门负责城市管理的监督与评价工作。指挥轴由下设的城市管理指挥中心组成，负责对城市管理中出现的问题进行处置。

“双轴化”管理体制的创新之处在于借助大数据信息技术平台，将监督职能和管理职能分开。管理和监督作为两个轴心各负其责，相互制约。管理中心负责决定由谁处理和如何处理，而监督中心对城市管理是否存在问题、管理问题出现后是否可以结案有最终决定权。同时，建立监督评价体系、整合管理资源，使专业部门间产生协同效应，可以克服多头管理、条块分割的弊病，实现统一和建立统一的管理模式。

将城市和城市群管理与社会管理结合起来，有助于发挥社会管理的优势，包括既有的社会管理组织体系完整、引导方法和协调手段多样等，使城市和城市群管理的许多问题可以在未充分暴露之前就得到有效的解决，从机制上实现对潜在问题和风险的规避。特别重要的是，既有的社会组织体系注重多元社会主体的参与，使城市和城市群治理的社会参与由分散模式转向聚合模式，这有助于推动城市和城市群治理主体的多元化参与机制建设。

建立数字化人口管理与监督平台有助于在城市和城市群治理中坚持以人为本的科学发展观。建立政府统合的数字化人口管理监督平台，从需求角度来说，可以掌握公众和社会需求的范围、数量和方式等，以及需求在区域空间上的分布。建立人性化的监督指标体系，从制度和标准上使民众的权益得到保障，为未来治理手段和政策的选取与实施奠定良好基础。这有利于各级各类治理主体对城市和城市群公共治理的效能进行监督，改变城市管理中常见的以物和事为中心的工作思路，真正实现以人为本的现代公共治理。

从治理和监督供给角度来说，可以掌握现有的服务供给数量、供给途径以及协同供给的方式等，相关服务人员如社区治安巡逻员、流动人口协管员、城市管理协管员、城市管理监督员、交通协管员和社区保安员等。这样，治理主体可以明确供给是否满足需求，并在此基础上做到相应的增减。通过协同配合可以降低各类组织分散管理和监督成本，提高城市和城市群管理的效能。

（四）区域数字化社会治理的信息博弈

如何提高区域内以政府为主导的治理主体的社会治理能力、满足社会的诉求、维护正常的社会秩序已成为区域整合中一个十分重要的问题。数字化也有利于提高整个区域的社会治理能力。在数字化过程中，区域各级各类政府主体除了注重社会建设、加大有关社会改革的力度外，也需更加注重借助数字化技术，从技术和基础设施层面，推动社会治理体制和机制从旧到新的转换，创新社会治理手段，满足区域整合中社会主体对社会治理的需求。

各地有很多借助数字化的政府治理创新探索，其中最为突出的就是全国普遍推广的网格化社会管理系统。所谓网格化管理，是指依托统一的数字化平台，将城市或农村所辖范围按照一定的标准划分为单元网格，通过加强对单元网格的部件和事件的巡查，建立一种监督和处置互相分离的治理模式。网格化管理通过管理对象、过程和评价的数字化，可以提升管理的敏捷性、精确性和效能。

北京东城区于2004年首创网格化管理新模式，借助数字化技术，将城市部件管理和万米单元网格管理相结合，建立信息交换平台和指挥中心、监督中心，以期对网格内发生的事情实现精准、高效、全时段、全地段覆盖的精细化管理。这种管理方式的最大创新之处如下。

第一，将管理对象、管理过程和评价机制建立在数字化的基础之上，通过综合管理为精准化治理创造技术条件。

第二，在一定网格内，实行封闭管理，建立起一套规范统一的管理标准和流程，将发现、立案、派遣、结案四个步骤形成一个闭环，从而提升管理的能力和水平。

第三，将过去被动应对问题的管理模式转变为主动发现问题和解决问题的模式，提升政府及其相关机构的应对和处置能力。

网格化管理在全国不少地方得以实施，并取得较为明显的成效。以广东佛山南海区为例，该区在200多个社区实施网格化管理后，共划分出近千个网格，实时收集数据、发现和处理问题，其涉及的内容、领域众多，包括民政、卫生、消防、安监、流动人口管理、人社、城管、环保、国土等九个部门。

全国网格化管理在实践中也有不少新的发展。如把大数据运用于网格化管理中，进一步提升了网格化管理的能效。同时，网格化管理的应用范围也在扩大，如有的地方网格化管理已经不限于街区、社区治理，也被应用于天气预报和党建等领域。另外，网格化管理模式也在不断创新（见表 7-1）。这些都拓宽了网格化管理的应用范围。

表 7-1　网格化管理的实践

地区	主要模式
唐山市路南区	“三全七化”网格体系 构建以“社情全掌握，矛盾全化解，服务全方位”为总体目标，以“网格化定位，责任化分工，精细化管理，亲情化服务，多元化参与，规范化运行，信息化支撑”为基本框架的“三全七化”社会管理体系
山西长治	“三位一体”管理模式 “党的建设、社会管理、公共服务”三位一体的网格化社会管理服务运作模式
宁夏石嘴山大武口区	“4+6”运作模式 每个网格配备由街道干部、社区工作者、下派干部、社区警员组成的“四员”和由社区老党员、4050 人员、低保户、热心公益事业的人员组成的“六员”，明确他们的岗位和职责、管理范围，在居民区设立岗位服务台，公布他们的联系电话，便于居民及时反映问题、表达诉求

网格化管理虽然顺应了数字化时代社会治理的潮流，并在一些地方取得了成效，但也存在诸多问题。网格化管理容易出现对个体控制和监管的趋势，这就对网格化管理人员的素质和能力提出更高的要求，需要对这些管理人员进行一定的监督，以免使网格化管理偏离既有的目标和轨道。网格化管理也存在一定的成本问题。例如，网格化管理员的聘用和网格化管理的执行都需要一定的成本。如何整合现有城市和城市群治理资源，将成本内化在现有城市社会治理的体系内，还有待探讨。

网格化管理的另一个突出问题是个人隐私问题。如何更好地保护个人隐私是网格化管理必须要考虑的一个问题，以防公民隐私信息的外泄、公民的隐私权被侵犯。必须加大力度防止网格化管理中出现漏洞，加强对公民隐私权的宣传和教育，以及加大公民隐私权被外泄、侵犯后惩罚的力度，以应对公众隐私权意识的增强与隐私权泄露和被侵犯低成本的不匹配现象。

三　通过区块链推动区域公共治理现代化

习近平在 2019 年 10 月 24 日中共中央政治局就区块链技术发展现状和

趋势进行第十八次集体学习中强调，区块链技术的集成应用在新的技术革新和产业变革中起着重要作用。我们要把区块链作为核心技术自主创新的重要突破口，明确主攻方向，加大投入力度，着力攻克一批关键核心技术，加快推动区块链技术和产业创新发展。①

区块链是一种按照时间顺序将数据区块以顺序相连的方式组合成的链式数据结构，通过密码学的技术确保分布式账本的不可篡改和不可伪造。它是一种特殊的分布式账本或者是一种特殊的分布式数据库。区块链是多边自治的，靠密码学原理和集群优势保证不可更改地记录价值的产生和转移行为，具有上链数据不可篡改的特性。

区块链数据库中的数据只能增加、阅读而不可被更改或删除，任何的信息变化都会被记录在链上并共享给参与者。区块链系统通过公钥与私钥的权限分配来控制数据的访问权，进一步防止数据篡改。共识机制是区块链的核心，其作用是防止系统内数据被篡改和伪造。区块链技术是首个可以通过技术来实现构建信用机制的计算机技术。

区块链技术正被越来越多的行业运用，我国各省市在政府报告中提及了区块链，将其作为深化数字经济改革的重点技术。习近平总书记提到的区块链重点应用场景包含了金融、民生、基础设施、信息以及政务，未来这些领域将陆续落地基于区块链技术的应用。例如，金融领域是实体经济的中介与支撑，众多交易与结算环节对数据的安全性要求极高，且流程环节涉及多方主体，如果在金融领域的交易系统中引入区块链技术，可以完善信任机制，降低中介成本。

将区块链应用到公共治理中也是数字化治理的未来发展趋势之一。由于信任度的缺失以及相对烦冗的数据管理和维护，各级政府部门间以及政府部门与社会主体之间的数据共享存在很多困难，这可能影响政务流程与决策的效率。区块链的引入能推动数据共享，提升政府效能。

在公共治理领域，政府与区块链技术有相似之处，即都定义了规则，然后执行预定的规则，同时维护社会以及社区中人与人之间的信用机制。

---

① ［视频］《习近平在中央政治局第十八次集体学习时强调，把区块链作为核心技术自主创新重要突破口，加快推动区块链技术和产业创新发展》，中国政府网，http：//politics. cntv. cn/special/gwyvideo/2019/201910/2019102501/index. shtml。

基于区块链技术的智能公共治理通过数据共享和去中心化的网络模式可以大大提高政府效能。

区块链的分布式和安全特性有助于公共治理构建跨级别、跨平台和安全可靠的信息交互平台，实现各政务部门之间、政务部门和其他社会主体之间的数据共享，从而简化治理流程，使公共治理摆脱传统的业务和单据繁多的传统业务处理模式，为公共治理赋予新的动能，从而打造一个数据透明的高效信用社会。

在区块链的网状结构中，每个节点都能接触到区块链网络中所有的信息和数据。通过数据共享，每个节点都能够收到其他节点的数据通信，不需要再额外拷贝数据分享给对方。将区块链网状结构融入政府政务系统中，通过全方位数据信息的获得，可以简化处理流程。随着公众和社会主体的问题日益复杂化，一个政务流程可能涉及人社、医疗、房产、民政各部门。基于区块链技术的这些部门的信息共享使得各方的协作变得容易。从一个区块链节点或端口，就可以完成整个政务流程。

同理，区块链网状结构还有助于实现透明化管理，对网络和数据的监管，从一个监管节点对接相关区块链就可以实现。现在通过跨链技术，监管机构只要成为网状结构中的一个节点即可实现信息监督，这将极大提高政府的工作效率，改变以往逐层级任务传达和审计的过程，而且也可以规避这一过程中数据共享壁垒高、速度慢和数据不准确的问题。

从区域整合的角度，区域层面的区块链建设可以为区块链的应用提供一个空间试验场，从根本上为实现区域治理的协同性奠定基础。区块链技术与区域各行政主体的多省市（节点）的行政架构方式相契合。区块链与区域治理在价值追求上类似，都强调协同和合作。这些都有利于区块链在区域协同治理中的应用。

四　发挥治理模式拉动效应，构建区域协同治理共赢格局

（一）数字化加速后城市化时代城市与区域空间结构网络化与扁平化

运用数字技术而不是空间集聚（亦即城市化）推动公共服务区域一体化，打造高质量发展的新动能，是城市化发展到一定程度的必然结果，它

是后城市化时代的一个主要特征。

在后城市化时代，城市和区域空间结构逐渐从高度集聚型向离散型转变。空间结构是指社会经济客体在空间中相互作用所形成的空间集聚形态。在福特主义（Fordism）时代，大批量生产和消费是其典型特征。表现在城市和区域空间结构上就是生产要素在城市和区域的高度集中。大量生产性的超大城市如处于美国铁锈地带的底特律、克利夫兰和匹兹堡等出现。

而到了20世纪七八十年代，生产方式和组织方式发生了变化，这导致了福特主义向后福特主义（Post Fordism）的转化。后福特主义是指以信息和通信技术为基础，以满足个性化需求为目的，生产过程和劳动关系都具有弹性的生产模式。在后福特主义时代，由于计算机辅助设计、计算化控制方面的技术进步的支持，小批量生产变得经济，这使得地理上的分散变得可能，福特主义时代的生产与消费集聚和郊区化空间结构开始瓦解。

到了数字化时代，远程通信技术使得同时集中化（高级命令和控制功能）和分散化（低级的生产功能）变得容易。劳动力、资金、生产、市场的空间多向流动以及网络技术的进步使分散的、面向顾客所需的生产得以发展，加之生活及政府发展政策的变化，已重新塑造了城市与区域空间结构，亦即后城市化空间格局。

数字化也可以解决目前城市规模过大带来的人口膨胀、交通拥挤、住房困难、环境恶化等问题。除了需优化城市和区域空间结构外，通过数字技术支撑的区域公共服务一体化可以缓解和改善这些问题。

在数字化、全球化和知识化的影响下，在后城市化时代，城市的发展正由单一发展向群体或多中心化方向发展，原有的行政等级联系开始被削弱，尽管隶属关系可能没有根本性变化，但在功能上更多向新的网络化转移。随着数字通道的逐渐畅通，在由数字化信息元所组成的网络体系中，城市间、城市与区域间的信息流动构成日益复杂的数字化网络系统，日益强化区域内空间结构的离散型特征。

城市和区域空间的离散打破了原有的垂直等级体系，建立了新的更加扁平化的空间网络体系。更加扁平化的空间网络体系的优势是它有利于发挥低级节点城市的作用，从而能够推动各城市间的有序合作和协同竞争，从而实现区域内城市间共赢的局面。

数字化时代更加扁平化的城市和区域空间网络呈现动态和开放性特征。

在这一网络中，信息自由和无等级的传输使处于节点上的城市和其他空间网络节点的社会经济活动都从中受益，并以一种和谐的方式形成良性循环。经济活动并不与节点的高级程度相符，而是依据空间节点的定位与比较优势进行。虽然处于高级节点的城市往往集中在知识型服务业活动上，但处于低级节点的城市或空间单元也并非只能集聚在次等的制造业活动上。经济活动的选择将更加动态与开放。

城市与区域空间网络的动态和开放特征的一个标志是真实地理空间与数字化虚拟空间构成的二元空间将成为数字化时代社会的主要空间形式，从而使得区域空间节点中居民的生活和工作方式更具开放性。在互联网和物联网的条件下，空间距离对居民日常工作、购物和消费的限制会大大减弱，原有的区域生产和生活配置理论与模式逐渐瓦解。

在数字化背景下，依托虚拟空间，电子商务、远程工作与远程教育等将逐渐成为人们的主要行为方式。这使得城市与区域构成要素间的相互作用方式得以重塑，以开放的模式丰富了城市与区域空间节点生活和工作方式的内涵，催生了新的以属地为依托的社会经济现象和活动模式。

信息网络是数字化时代最为重要的基础设施，因各地财力的差异、政府投入的不均衡和技术与人才禀赋的差异，不均衡基础设施建设投入的不同容易造成信息网络层级的差异，从而制造新的不均衡，容易导致机遇信息垄断的城市等级网络体系的出现，从而使得扩散与聚集处于一种更加不确定的环境之中。

在这一环境中，一些处于信息枢纽和高级节点位置的城市可能趁势而起，逐渐强化其信息集聚功能而形成信息化大城市，成为未来国际化或具有主导地位的信息之都。而另外一些城市则在此过程中因不具备较强的信息集聚能力而逐渐被边缘化，甚至没落。这又逐渐形成以数字化信息集聚为基础的中心与边缘结构，出现新的不均衡发展。

（二）数字化加速区域整合，推动区域一体化和城市群建设

1. 数字经济与区域实体经济的融合

2019年底召开的中央经济工作会议明确提出“要大力发展数字经济”，各省各地区也纷纷出台相应文件强调大力发展地方数字经济。在数字化时代下，以互联网、人工智能、云计算、大数据、区块链等为代表的数字技

术的广泛应用，推动了以数据驱动和智能主导为特征的数字经济时代的到来，推动了新一轮科技革命和产业变革。

数字化时代的一个主要特征就是数字经济的崛起。数字化代表一种技术和基础设施，以数字化为基础的数字经济也已逐渐成为数字化时代新经济的一种典型形态。数字经济的发展具有双重的经济作用，不仅自身是面向未来的经济形态，也通过数字化技术升级和产业融合带动了核心产业部门的升级转型和快速发展。

大力发展数字经济是实现区域跨越式发展的时代机遇。在重大发展机遇面前，区域整合与发展要顺应发展趋势，充分利用数字经济对区域经济的整合、叠加和乘数效应，取得发展先机，打造和增强数字化时代区域经济的新竞争优势。与传统经济相比，数字经济具有数据要素化、知识智能化、流动性、互联和物联化以及集聚虚拟网络化等重要特征和优势。随着互联互通时代的到来，区域整合要结合数字经济的这些特征，充分利用这些网络的开放性和流动性，整合技术、信息、知识和资本等生产资源，为区域整合与发展服务。

数字经济通过与现行社会经济的融合，创造出新产品、新技术、新产业和新业态等，成为经济发展的新动能，为实现高质量发展提供新的动力。其中，数据是数字经济的核心要素和竞争优势。党的十九届四中全会通过的《中共中央关于坚持和完善中国特色社会主义制度、推进国家治理体系和治理能力现代化若干重大问题的决定》，首次将数据单列为一种生产要素，也肯定了以大数据为基础的数字经济将在 21 世纪国际竞争中发挥关键作用。

数字经济与实体经济的深度融合是实现区域整合与发展转型的重要路径之一。实体经济往往是区域发展中的主力军，肩负着就业和民生的重要任务。通过大力发展数字经济，探索数字化与实体经济深度融合的新模式，可加快传统产业现代化转型，深化国际合作，提升创新能力，带动区域内生产要素的优化分工，推进协同创新，整合区域优势资源，推动区域产业链建设，增强区域整体竞争力。

2. 数字化城市网络对区域经济起整体拉动作用

在后城市化时代，除了传统的中心城市外，三四线城市也是区域城市网络的重要节点。这些城市网络的信息化和数字化对区域经济具有重要的拉动作用。城市网络的数字化和信息化使辖区经济活动主体能够充分和高效地利用信息，使信息快速流动，从而大幅度提高生产和经济效益。特别是在经济全球化背景下，通过开放和动态的全球信息网络，加深国际参与程度，区域经济活动可以强化信息增值功能，推动创新，从而提高城市和区域发展的竞争力。

城市网络信息化与区域数字一体化是大势所趋。目前，我国形成了长三角、珠三角、京津冀三大城市群，但在数字一体化的广度和深度上仍需大幅度提升，改变不同地区、不同部门账户数据不互通、技术不兼容、信息质量参差不齐、省际的“信息孤岛”现状，推进公共交通、政务、医疗等与老百姓密切相关的各项服务在区域内的数字一体化。

从区域发展战略而言，可在区域范围内加强区域城市网络的信息化建设，使之成为区域信息化发展的枢纽，对接国内和国际以信息为基础的双循环价值链，拉动区域经济的发展。同时，城市网络的数字化建设也催生了以数据为基础的新兴产业，使区域经济在数字经济发展中更具深度和广度，使区域产业结构更加合理，进而促进区域经济在数字化时代的升级和全面发展。

数字城市网络与数字城市建设一脉相连，呈现互通和开放的网络特征。数字城市采用的基础平台主要由空间数据、属性数据、应用模型系统等组成，通过对数据的更新、查询、处理、分析在生活和工作中被应用。系统中的数据和信息可设定安全级别，并依此分类。可收集、存储和使用数据和信息，并与国家信息基础设施对接。因此，数字城市是一种开放、分布式的，基于互联网环境的数据系统。

数字城市的本质是从数字化的角度重新认识和理解其城市特征，对真实的物理城市及其相关经济社会特征进行统一的数字化度量和监测。它为城市发展和增进相互之间的联系赋权，借助数字化技术和分析工具，对城市的人流、物流、信息流、交通流进行管理与优化，特别是推进技术、人才、资本等各种生产要素的优化组合，能有效带动区域社会经济发展。

数字城市网络强调在数字城市基础上打造具有区域特征、服务区域数字一体化的开放网络。培育数字化城市网络体系，可以发挥数字化中心城市对区域经济的扩散效应和辐射作用。以数字化城市（传统中心城市和非中心城市）为依托，尽快建立数字化城市网络体系，使城市间的联系在深度和广度上都得以加强，这将促使城市空间体系扁平化与网络化，从而有利于形成全国范围内以数字化中心城市为节点的城市网络。

在城市和区域信息化建设及数字一体化过程中，城市与区域数据的整合异常重要。面对城市和区域这样一个复杂系统，只有对各种不同的数据加以整合，提升区域整体数据质量，才能有效地利用数据，消除数据混乱和繁杂的现象。因此，有必要制定数字化治理框架，由政府主导，对不同来源、不同性质与用途的信息加以整合，同时加大政府和民间资本投入，增强城市区域间信息通道建设，总体上提升区域城市网络的信息处理、分享、应用能力和水平。

3. 数字化带动城市群建设

（1）数字化推动城市群发展和城乡融合

数字化使城市规划、建设、管理手段产生了革命性变革，推动了城市的都市圈发展，提升了城市群协同发展能力。特别是在后城市化时代，传统的城市化从区域内超大城市的集聚转变为中小城市遍布的空间分布。数字化使得城市网络日益扁平化，从而带动城市群的发展。这也使得城市群的建设变得异常重要。

面对这些新的更高和更复杂的要求，数字化可以提高城市群协同管理和建设的质量和快速应变能力。传统的静态和闭合的单一城市管理模式已越来越不适应后城市化时代城市群迅速发展的趋势，而数字化城市群建设使城市与城市之间的社会经济资源、自然和生态环境系统数字化、网络化，为城市群发展的优化决策提供了强大的数据基础设施和技术手段。

数字化将使城市群发展和规划更具有协同性和可操作性，从而提高城市群协同建设和管理的效率。借助于数字化信息的丰富与相应的技术手段，城市群发展也更具有科学性、前瞻性和及时性，它提高城市群建设的实效性，优化城市资源配置，提升城市群整体生活质量，推动城市群的可持续发展。借助区域内部各种生产要素资源（包括人才、资本和物流等）和各种民生资源（包括医疗卫生和教育等）大数据共享，可全方位促进城市群内部的融合黏性，推动区域内城市群整合与总体建设。

从广义上来讲，通过数字化建设可极大推动新型城镇化建设。在新型城镇化建设过程中，要坚持与数字化建设的协调统一，要使数字化建设服务于新型城镇化建设的整个流程与领域。其中涉及加大数字化手段在规划和统筹城乡一体的经济结构、空间结构和生态结构方面的应用，实现新型城镇化的经济信息化、围绕社会和谐建设的社会和民生信息化、围绕提高治理能力的电子政务和数字化治理等，使新型城镇化建设充分利用数字化带来的技术优势，提升新型城镇化建设和治理水平，提升城镇发展质量。

（2）数字化推动农村农业发展和乡村振兴

对农村地区来说，数字化能推动乡村振兴。在数字化时代，信息化能够有效缩小城乡知识差距和经济差距，在转变经济增长方式、调整经济结构、提高竞争力等方面发挥着重要的作用，以数字化带动工业化转型，开发新的发展模式。

数字化为许多区域，尤其是为落后地区经济实现跨越式发展提供了机遇。信息具有共享性和增值性，使用后没有损失，同时信息无区域限制，这就避开了落后地区特别是西部地区的地理劣势。用信息化带动工业化，为传统产业提供了再次创新的空间，进而实现区域经济的跨越式发展。这对于经济和社会发展落后地区的弯道超车具有重要的战略意义。

通过数字化可创造促进乡村振兴的新的生产力，整体带动和提升农业农村现代化发展水平。在这个过程中，需要重构三大要素：一是具有一定数字技术知识和生产运营经验的劳动者，这需要培养一大批具有数字化知识和应用经验的劳动者；二是与数字技术相结合，以数字化生产工具为主的劳动资料；三是引入生产过程的劳动对象的数字化应用水平。

在农村和农业生态保护方面，通过建立区域性的乡村农田土壤生态的数字化监测与保护平台，可对农田土壤生态环境进行监测和跟踪，从而对土壤生态环境加以保护。数字化也可使卫星遥感技术、无人机、高清远程视频监控系统与“5G+物联网传感技术”在保护农村和农业生态环境、统筹山水林田湖草系统治理方面得到广泛应用。通过大数据管理工具和方法，采用大数据分析、数据挖掘、物联网以及人工智能等手段，强化对农村和农业生态环境的监测与保护。

在经济和产业发展方面，数字化可以优化农村经济和产业的空间布局。科学的产业布局要充分利用大数据的分析工具，通过对地理位置、资源环境、社会经济、政策规划等各种因素的数据分析，实现总体经济和产业在空间和功能上的最优组合与最优配置，并利用数字化的产业集聚平台，实现产业在空间和功能梯度上的集群效应。

数字化也可以推动农村地区的社会发展，如通过远程学习、远程访问提高农村人口的受教育水平。这也为农村女性提供了与男性同样的在线资源和机会，使她们能够在社区、政府和全球有更大的发言权。此外，数字化对于实现所有可持续发展目标至关重要，因为它们不仅是可持续发展三大支柱（经济增长、社会包容和环境可持续）的催化剂，而且在当今互联互通的世界中提供了一种创新的、有效的实施手段。

（三）通过数字化推进区域整合与发展的主要路径

通过数字化推进区域整合需打破地区分割，丰富区域一体化内涵，建立共同基础设施，提供共同公共服务，做出共同制度安排，建立共同大市场，实现共同发展价值。

1. 做好顶层设计

要充分利用好数字化推进区域整合，首先要加强顶层设计，做好政策衔接工作。2018 年，国务院印发《关于加快推进全国一体化在线政务服务平台建设的指导意见》，提出要在 2022 年底前全面实现“一网通办”。在该意见指导下，区域公共服务一体化应强化标准规范，推进服务事项、办事流程、数据交换等方面的标准化建设。充分利用各地区各部门已建政务服务平台，整合各类政务服务资源，协同共建，整体联动。同时将区域公共服务一体化的工作绩效纳入考核范围，列入国务院重点督查事项。

2. 依区情稳步实施

在做好顶层设计的基础上，要做到依照地区实际情况，统筹规划，有步骤地实施区域公共服务一体化措施，最终实现区域经济和社会服务的一体化。包括：在社会便民公共服务领域，打破地区之间数据、信息的壁垒，完成社保、医保、公积金等账户一体化管理；推动公交、地铁、图书馆、体育馆等公共交通和公共服务设施的联网通用；实现涉企领域的工商、税务和信用服务等的区域信息的一体化。

可以打造一体化示范区，充分发挥示范区的引领作用，探索区域数字化公共服务新路径。如长三角地区是我国发展水平较高的地区，打造长三角公共服务一体化示范区，必将带来积极影响。一是加快其区域内生产要素的流动，进一步释放长三角区域数字经济活力。二是作为公共服务一体化先行先试地区，长三角可充分调动政府、企业的积极性，利用区块链、人工智能、物联网、云计算等先进技术，发挥引领带动作用，为区域公共服务一体化探索出一条可行的数字化发展路径。

3. 开发和普及政府区域数字化产品

建立区域协同机制，开发区域数字化产品，进一步强化区域公共治理的协同作用，发挥数字化产品的影响力。深化数字化治理体系改革，要继续上下联动、内外合作，通过实施数字化精准智控模式，构建更加智能、精准和协同的跨区域治理网络体系。

超级大区要顺应区域一体化发展趋势，必须在区域内建立各类数字化产品的互认通用机制，推动建立区域统一标准的数字化产品、服务识别和互认机制，注重推进区域高频服务事项一码通，为智慧地区和智慧城市群建设提供有效支撑。

数字经济的发展能够实现经济的倍增、转化和叠加效应，提升数字服务能级，建立更加高效的公共服务体系。例如，以健康码为例，实现从现在的疫情防御到今后健康赋能的功能转换，建立起跨区域一码通和一码式服务的健康码赋能体系，不断丰富健康码的数据库系统，推动服务对接，开发区域数字化产品，完成健康码的服务功能转型，为区域公共服务提供强大的数字化支持。

4. 城乡数字一体化

在超级大区里，乡村数字化建设应当与智慧城市建设并行，促进城乡融合发展，实现公共数据的共享。与城乡融合总体发展方向一致，城乡数字化也需融合发展，避免城乡之间出现数字经济鸿沟，造成新的城乡不平等。这不仅需要强化乡村信息基础设施建设，还需提升乡村广大农民的数字知识水平与应用数字技术的技能，借助数字化推进新型农民培养，这也是数字乡村驱动乡村振兴的关键一步。同时，需注重以数据链驱动和提升农业产业链和价值链，支撑农业数字化转型升级和乡村的高质量发展，这对乡村振兴至关重要。

5. 创新区域数字化投资方式

加强区域管理的创新能力需要稳定的资金来源。稳定的资金来源不仅可以资助实验和研究，还有助于获得当地公共部门劳动力之外的技能和能力，这对创新工作至关重要。例如，数字化专项资金在决定创新能力方面至关重要。区域整合与发展需要采用基于合理估值实践的创新金融机制。

一系列以土地为基础的金融工具、基础设施基金和可持续发展债券，可为区域建设，特别是区域公共空间、基础设施、社区发展和住房等方面的数字化建设提供资金支持。

（四）瑞典斯德哥尔摩地区数字化的实践

在以数字化推动区域公共治理方面，斯德哥尔摩地区走在欧洲各地的前列。斯德哥尔摩地区的26个市和斯德哥尔摩县议会已经就16项合作原则达成一致。这些原则涉及以下五个方面：信息安全、信任、联合、签名和基础设施。这些原则是地区电子协作的基础。该地区的市政当局和县议会已经在发展电子服务，以便更好地协调和监督他们自己的工作。

与此相一致的是，该地区每年都会编制一份电子发展报告。为了支持该项工作，在瑞典地方当局和地区协会的支持下，正在建立一个以信息技术为基础的服务和商业发展自我评价工具 eBlomladan。

该地区的参与者还就区域数字议程达成了一致，并正在为下一步做好准备。该地区明确了数字化公共治理重点关注的四个领域：数字基建、数字素养、数字公共机构、数字市场。

1. 区域数字化需要区域内机构之间的互操作性

区域数字化的一个基本需求是参与者之间的互操作性。互操作性问题包括实现信息管理自动化的方法、使用开放标准的条件和创建基于服务的体系结构，还包括确保澄清法律和司法条件。指导原则需要成为一个商定的框架，以建立一个公平的竞争环境。一个挑战是就从战略基础设施规划到具体措施协调的任何事情达成一个共同的综合观点。

2. 区域数字化更大的雄心和更大的协调范围

斯德哥尔摩地区率先在瑞典公共部门利用数字化。在这方面，斯德哥尔摩地区在很多方面很早就采取了积极的行动。然而，区域内和许多具有发展潜力的具体领域存在相当大的差异。提高现有合作的目标水平，以确保对电子发展采取一致的方法，是未来的一项重要任务。更协调的开发工作可以创造更大的客户价值并降低成本。区域公共行为者之间需要（在国家、区域和地方一级）进行横向和纵向协调。数字化也应成为公共部门普通业务发展不可分割的一部分。

3. 区域数字化创造合作的激励机制

斯德哥尔摩地区的经验是，未来电子政府的工作基本上应该假设有两个激励合作的因素——从公民的角度创建公共电子服务的需要，以及成本效益。长期目标应该是提高公共服务和公共管理的质量，同时削减成本。如果电子政府的合作设计不当，将严重阻碍成本的降低。

在瑞典和斯德哥尔摩地区，不同的城市在电子政务方面有不同的情况，也有不同程度的进展。与瑞典市政自治管理模式相联系，理解并考虑共享所有权的电子服务支持过程和不共享所有权的电子服务支持过程之间的差异是很重要的。

同样重要的是协作自愿，也就是说斯德哥尔摩地区内的不同行政单位要自愿进行协作，并且基于能够重用已进行的投资的解决方案。“合作的16个原则”，由斯德哥尔摩地方当局协会（KSL）提出，在适当的情况下，也应该为国家和欧盟层面的合作工作提供基础和灵感。

4. 区域数字化需电子服务真正应用到实际中

斯德哥尔摩地区的许多城市已经提供了大量的电子服务，这大大便利了公民和其他外部利益相关者的日常生活。然而，在大多数情况下，它只是简单的在线数字表格，市政活动的人工流程保持不变。区域公共服务的电子化还未真正实现。

政府机构相信，推行真正的电子服务，对充分发挥电子政府的潜能，以及建立一个长期可持续发展、具有成本效益的公共机构，是十分必要的。它既为市民简化了手续，又简化了基本的业务流程。要做到这一点，必须把电子服务直接纳入基本业务系统，使有关的基本业务流程得以全面重建和合理化。

斯德哥尔摩地区的市政自治使得该市各地的治理程序千差万别。要想电子服务完全真正整合到区域基础业务流程中，区内各市政当局必须共享业务流程并使用相同的基础业务系统，以“共享”电子服务。在这种情况下，合作的重点应该放在两个方面。

首先，应该建立协作，以分担建立基础设施和管理数字服务所需的成本。这可能涉及身份验证、签名、支付和其他方面的基础设施。其次，应在一致的电子服务方面从公民的视角建立跨行政边界的协作。

第八章 结论

公共治理现代化是全球大变革时期，继续推进我国高质量发展，推动中华民族复兴的关键。2013 年 11 月 9 日至 12 日在北京召开的党的十八届三中全会提出，“全面深化改革的总目标是完善和发展中国特色社会主义制度，推进国家治理体系和治理能力现代化”①。这对于中国的政治发展，乃至整个中国的社会主义现代化事业来说，具有重大而深远的理论和现实意义。

一 以需求为导向，走一条跨越式发展、伦理化的实用主义公共治理道路

西方国家的公共治理体系，从欧美国家到日本，虽然有一定的相似性，但从来都不是一个模式，每个国家都是依据各自国家的国情和时代不同而产生、调整和演变，以应对本国日益复杂的治理问题。其公共治理的方式在产生背景、理论基础、核心理念、人性假设、政府角色、治理目标、组织结构、价值取向等方面既有相同之处也有相异之处。

这些治理体系依赖于基于自身社会经济特点逐渐形成的治国理念，从实践中摸索，价值理性与工具理性相融合，以问题为导向，在组织结构、政府角色、治理方式、治理目标、价值取向等方面作出变革。其中，执政党将自身党派的价值正确性，转化为自己的政治主张，决定和指导自己的执政原则、方针和施政方向。

西方国家公共治理的异质性的启示在于，公共治理的本质是依据国家机器自身的价值判断，解决国家自身发展中存在的问题。因此，对国家社会经济发展过程中的治理内容的深入剖析与理解、宏观把握，尤其是相应

① 《十八大以来重要文献选编》上，中央文献出版社，2014，第 512 页。

的价值判断是国家治理的逻辑原点。这就要求我们为提升人民福祉水平，必须脚踏实地走一条有自身特色的现代化公共治理道路，而不是套用一套特定模式。

交流互鉴是文明发展的本质要求，于国家治理也不例外。特别是在全球化的今天，在坚持文化自信、探索国家治理现代化的同时，以开放和学习的态度，对西方公共治理理念进行有效扬弃，能使我们吸收西方公共治理中代表现代化共性的先进理念与做法，为我所用，使我们少走弯路，加快建设基于中国优秀传统文化的国家治理现代化体系的步伐。

塑造国家和社会的公共价值是现代化国家治理的基础。2019 年 10 月 31 日中国共产党第十九届中央委员会第四次全体会议通过《中共中央关于坚持和完善中国特色社会主义制度、推进国家治理体系和治理能力现代化若干重大问题的决定》。习近平指出："推进国家治理体系和治理能力现代化，必须完整理解和把握全面深化改革的总目标，即完善和发展中国特色社会主义制度、推进国家治理体系和治理能力现代化。我们的方向就是中国特色社会主义道路。"①

在全球化背景下，西方势力式微，中国处于向现代化迈进的转型期。我国总体上仍是一个发展中国家，还处于从传统农业社会向工业社会以及后工业社会过渡时期，离建成社会主义现代化强国还有很长一段路要走。转型期出现的社会经济矛盾，既有传统性的，也有现代性的，既有直接的经济矛盾，也有间接的深层次的体制和社会心理矛盾。这种复杂性对中国公共治理提出了巨大挑战。

首先，转型期国家治理现代化的治理基础有待进一步夯实。法治是治理现代化的基础。中国的法律制度有待完善，公民的法治意识仍需加强，需要实现从人治到法治的转变。中国的公共治理有时仍然受到传统的官本位思想的束缚。公众也受到官本位思想的影响，自主活动的能力弱，参与公共治理的意识不强。这会极大阻碍国家治理现代化建设的步伐。

其次，在向现代社会转变过程中，不管是中国还是西方发达国家，其社会发展所追求的都不再是单一的经济增长或经济价值的提升，而是全面的反映社会经济和生态环境文明总体性的人民福祉水平的提高。这意味着

---

① 《习近平谈治国理政》，外文出版社，2014，第 105 页。

现代社会公共治理存在一定的共性，公共治理的价值更为丰富和多元，公共治理的复杂性和整体性增强。

最后，得益于全球化和后工业化信息技术的高速发展和知识经济的推动，社会结构日趋网络化。在后工业化时期，交通更加便捷，人与人之间的物理交往距离缩短，空间社会网络扩大。通信和互联网技术高速发展，社会进入数字化时代，虚拟空间社会网络也空前扩大。全球化也加强了国家与国家之间的社会经济联系。这些使得现代的社会经济秩序呈现极强的网络化特征。这将对国家治理，特别是工具理性的选择影响深远。

在传统与现代性并存的社会发展状态下，中国的公共治理现代化必须两肩挑，将眼光放长远，走一条跨越式发展与建设的道路。跨越式发展一般是指生产力的超常规快速发展，是发展中国家在传统工业化道路上赶超发达国家的战略行为。它不是注重短期回报和单项突击的投机行为，而是在尊重发展规律前提下的均衡发展和战略性超车。

在公共治理的现代化建设上，跨越式发展意味着以问题为导向，一方面，要着力解决现代化转型所面临的经济、社会和政治等多方面的问题，提升中国公共治理的现代性。另一方面，要迎头赶上，同时解决好现代社会中出现的各种问题。在这一过程中，以公共价值的塑造和公共利益的追求为目标，做到两方面的有机结合。

从我国独特的治理生态来看，这是一条伦理化的公共治理道路。传统文化中的德治思想造就了中国社会独特的治理生态。这意味着国家治理必须走伦理化的公共治理道路，在公共治理现代化过程中，要注重探索一条兼具伦理和法理的道路，在法治化和规范化的基础上，通过伦理化的手段增强国家治理的弹性，丰富国家治理的内涵，通过伦理和价值方面的共识正确地引导社会行为，推动社会进步。

走伦理化治理的道路不仅是一种对传统的治理行为方式的继承，在现代社会也有它的先进性。后工业社会的网络化特征使得群体性弱化，人们对群体的依赖性减弱，个人自主性增强，公共治理在追求公共利益的同时应能满足正义伦理的个体价值诉求。只有走伦理化的道路，让人们从内心的道德规范出发，激发个体的积极性和主动性，才能真正做到有效的公共治理。

二　区域公共治理承上启下，是国家治理体系的重要空间单元

区域公共治理为中观层面的公共治理，是国家治理体系现代化的重要内容。区域是既不同于国家，也不同于地方行政区域的空间概念。它指的是基于地理和功能边界的同质性区域，如我国珠三角、长三角和京津冀地区等，往往超出法定的行政区划，跨越几个行政区，但空间上相互连接，有着紧密的历史、文化、社会或经济联系。

在全球化背景下，区域整合与发展在国家发展中扮演着日益重要的角色。国际著名的超级大区很多，如美国波士顿—纽约—华盛顿走廊，荷兰兰斯塔德地区、巴西的圣保罗-里约热内卢大区，以及作为我国社会经济发展的“三架飞机”的京津冀地区、长三角地区和粤港澳大湾区等。

超级大区的崛起有深层次的原因。一方面，世界各地都面临着经济、技术和社会发展所带来的持续变革，特别是在数字化时代，居民的经济社会活动范围扩大，并形成网络化空间格局。另一方面，城市的集聚效应、全球化增强了城市在区域和国家经济竞争力中的核心作用。城市的持续经济增长和空间扩张导致城市在经济上与其周围的区域相互依存。

超级大区的崛起提升了区域公共治理现代化的迫切性，也对以往以行政区域为单位的公共治理方式产生挑战。在这一过程中，地方治理主体在区域整合与发展中将担负更大和更重要的责任。地方政府在中央指导下，在区域层面通过区域公共治理推动区域整合与发展，这既是挑战，更是机遇。

区域公共治理于国家治理现代化的意义在于，一方面，它将地方层面的公共治理放在一个更大的同质性空间，使得公共治理的效能有了规模经济的属性。另一方面，它从实践的角度推动转型期在应对公共治理不确定性方面的实验性，从而以较低的社会成本，开发有效的公共治理的新模式，并进行示范推广。

区域公共治理承上启下的作用也将改变传统的单纯地从中央到地方的指令性接收方式，中央和地方可以充分利用区域空间平台，实现宏观战略指导和方向把握与微观实施行动的有效衔接。在这一过程中，区域公共治理的创新性、实验性和探索性变得异常重要。缺少创新、实验和探索，容易造成懒政和行政损耗，不利于区域整合和协调发展的推进。区域治理质

量高低和先进程度在很大程度上决定了国家治理现代化和治理能力建设的落实情况和纵深推进程度，是国家现代化的一个重要衡量指标。

区域公共治理要完成从单纯的行政性执行到多方面的自发性实验的转型。区域公共治理，需要在中央政策的大力引导下，依靠区域内地方政府间对区域整体利益所达成的共识，运用组织和制度资源去推动区域整合，从而塑造区域整体优势，高效率解决区域公共事务，达到区域协同发展的既定目标，建构一个行之有效的区域公共治理机制。从地方政府的行政性执行指令或政治性执行到自发性实验，实现的将是区域公共治理质的飞跃。

只有在整体区域治理框架下，注重发挥地方政府在区域问题治理方面的主动性和积极性，区域公共治理才有可能取得预期的成效。这就要求地方政府在区域公共治理框架下既要处理好本地区行政边界内的相关事务，也要与区域内其他地方政府展开协商，联合解决共同面对的问题。在这一过程中，需要中央政府和地方政府的配合、协调和合理分工。

2018 年 11 月，中共中央国务院发布《关于建立更加有效的区域协调发展新机制的意见》。该意见把促进区域治理体系和治理能力的建设提升到了更为重要和紧迫的位置。传统发展模式中的地方政府的锦标赛式竞争和封闭式创新已然不能适应中国区域发展的实情。在各种区域发展战略下，地方政府间需要突破行政边界，只有加强相互之间互利共赢的合作，才能更好地应对转型期的各种复杂问题，完成区域发展的重要任务。

该意见提出了关于区域协调发展的新的十六字方针，即“统筹有力、竞争有序、绿色协调、共赢共享”，在治理结构上它突出了中央与地方的功能分层，明确了中央政府的统筹功能，包括一系列的战略规划，也明确了地方政府的实施主体责任，尤其是在区域合作、区域互助和区际利益补偿方面的作用。同时，实现共赢共享的利益格局为参与区域协调发展和治理的利益主体创造了激励机制，可充分发挥其主动性和积极性。

以城市群空间体系框架为基础的公共治理是区域公共治理的重要内容。区域公共治理可依托城市群的空间城市体系。建立以不同层级的城市和城镇为节点的空间治理模式，来应对区域范围内的公共事务。在这一框架下，城市群的功能意义大于它的行政意义。也就是说，不管何种形式的行政改革，均衡的城市群空间架构符合后城市化时代的空间特征，对于促进区域资源的优化配置具有重要作用。

其中，要特别注意避免超大城市或中心城市一家独大，注重开发次级城市或城镇以应对后城市化时期所面临的诸如交通和环境等的挑战，使区域发展的空间布局更为均衡与合理。在后城市化时代，超大城市或中心城市一家独大已不符合发展潮流，要避免资源的过度集中和浪费。次级城市或城镇的发展壮大才是构建后城市化时代更均衡和合理的城市群空间体系的关键，是城市群空间体系得以发挥其优越性和潜力的基础条件。

同时，区域公共治理是政府、非政府组织、私人部门、公民及其他利益相关者为最大化实现区域公共利益，通过谈判、协商、合作等方式对区域公共事务进行集体行动的过程。它强调非政府组织与公民参与的重要性。区域公共治理必须继续推进公民和社会参与、公私合作与协商治理的模式，扩大和加深政府利益主体之外的其他利益相关主体参与的广度和深度。

此外，中央政府在区域层面建立与地方政府相关的激励—约束机制，来推动地方政府积极参与公共治理，推动其强有力地执行中央关于跨区域公共事务的政策，是区域公共治理成功的关键因素。从理论上来看，中央政府激励—约束机制的适宜性对地方政府的行为模式选择有重要影响，不同的行为模式将带来不同的治理成效。这种激励—约束机制要从区域公共利益出发，使地方政府能平等地参与区域治理过程，并从中受益。

三　以人为本、以法治化为基础的区域公共治理核心价值再塑

（一）以人为本、以法治化为基础的整体性公共治理

习近平在十八大以来的一系列讲话中，多次提到“人民”和“群众”两个词，强调“以民为本”的治国理政的思想，把“坚持以人民为中心”作为新时代中国特色社会主义的一个基本方略进行系统论述，强调要“坚持以人民为中心的发展思想”，贯穿着不忘初心、践行宗旨的人民性。这些朴素深刻的治国理念既是对国家治理本质的坚持，更是对历史的传承。

在现代社会，特别是从传统向现代转型的过程中，各种社会经济和政治问题日益复杂化和多变，政府与公民之间的委托代理关系也呈现新的形式。公共治理需要公民与社会组织的多方参与才能应对问题的复杂性和多变性。政府作为代理人往往需要借助民间力量使国家治理机器良性运转。同时，公民的参政议政意识增强，有意愿表达和维护自身的利益诉求。因

此，以民为本的合作和协同治理成为现代国家治理的重要特征，它能使公共治理在面对复杂的问题时，更好地把握问题的实质，从而寻求更有效的治理方式。

以人为本的治理理念，要以法治化为基础，民本位不仅是一个道德理念，更是一个法治理念，它意味着以公民权利为中心的制度安排和价值理念。以法治化为基础的以人为本，能使国家治理更好地践行以人为本的治理理念，保护公民个体和集体的公共利益，而不被个别利益集团左右。同时，以法治化为基础的以人为本，更能规范人们的行为方式和社会关系，有助于升华为法律与人本一体的道德规范和准则，形成优良的社会治理资本。

转型期社会经济的高速发展提高了社会的流动性和开放性，这逐渐打破各行政区之间的地理空间界限，使跨行政区域的要素流动、社会交往和信息传播成为一种常态。除了超大城市（如北京、上海和深圳等）对全国劳动力和其他生产要素具有特殊的吸引力外，大部分社会流动和开放就近完成，集中在区域中心城市。这些不同形式的社会流动和开放造成的集聚都具有典型的区域特征。

随着区域问题的多样化、复杂化和频发性，区域公共治理问题成为社会的新常态。区域问题往往涉及利益主体多，影响范围广。如何集中区域内治理资源，包括不同行政治理主体的财政和人力资源，以及包括民间组织在内的区域社会资本，在区域内整体性研判问题，通过沟通、协商与合作，实现对区域公共问题的有效治理，维护并提升区域公共利益，这是区域公共治理必须回应的问题。

传统的以行政区域为主体的“属地管理”导致区域内治理碎片化现象，使得公共事务得不到有效解决，抑制了区域治理效能的发挥。它一方面降低了整体治理的成效，导致公共治理失灵。另一方面，把区域公共治理与行政区域内公共治理分隔开，容易增加治理成本，影响原有的公共治理效率。这种低效的碎片化公共治理有时甚至成为区域公共危机的诱因，加大公共治理的难度。

整体性公共治理通过强调以公民需求和问题解决为治理导向，追求公共利益的最大化，不仅实现了政府在治理过程中从政府本位到公民本位的转变，也实现了从行政管理导向向问题导向的转变。它以公共利益为出发点，以公民需求的公平性为原则，通过整体性看待事物的有机联系，发现问题，解决问题，预防问题的产生，从而为公众提供一整套有效的治理服务。

整体性公共治理主张以全局战略和整体思维为总体治理框架，主张公共治理需从碎片化公共治理模式中走出来，从部分走向整体，从分散走向集中，通过对碎片化治理主体、治理资源和治理过程的有效整合，建立多政府部门和包括行政主体、企业、公众与社会组织在内的多治理主体的网络治理关系，实现在全局战略下的合作治理。

整体性治理对区域多维度的合作与整合要求更高。这里的多维度整合含义很广，包括治理理念的多维度、治理目标的多维度、治理功能的多维度、治理主体的多维度和治理方式的多维度等。在区域层面，从碎片化治理转向整体性治理是一项系统工程，只有持之以恒地优化整合区域公共治理资源，才能真正实现区域治理的成功转型。

在治理理念上，整体性公共治理意味着以制度为保障，通过设立区域治理的统筹协调机构，强化区域公共治理的激励与约束机制，加快区域内地方政府对区域共同利益与价值达成共识，进一步推动区域利益协调与资源共享。在空间治理格局上，建立以中心城市为中心的区域多层次空间治理体系，加强区域内城市与不同行政区间的协调与整合的黏性与开放性，增强区域空间治理体系的可信任性，通过区域整体性治理，实现区域公共利益的最大化。

（二）变革型领导力是现代区域公共治理的核心价值之一

现代区域公共治理的核心价值之一是变革型领导力。社会大变革使得区域在向高质量发展过程中的不确定性增加，问题日益复杂化，各种社会经济关系在不断冲突中重新确立。正确应对这些挑战，除了坚持中央的领导外，还有很多具体的问题要自己解决。这对以地方政府为主的区域治理主体的领导力提出了更高要求。变革型领导力成为区域整合和发展的一个关键因素，它是对领导力的一种更深入的发掘，强调在变革的时代中发挥实际有效的作用。

变革型领导力有两个特征。首先，变革型领导力有其适时性。变革型领导者要正确理解和把握时代潮流、社会经济发展的需求，勇于顺应变化，调整自身的组织行为模式，提升自身的行动能力，从根本上推动组织发展。其次，在适时性的前提下，变革型领导力重在行动，能够制定有效的行动方案并开展行动。在区域层面，这就意味着，变革型领导者要勇于把自己新的理论思考和想法应用于区域公共治理的实践，通过实践检验其可行性。

在现代化转型期，变革型领导力在区域整合与公共治理中起着重要的引导作用。在现代化转型期，区域社会结构发生巨大变化，社会需求也更加丰富与多样，区域治理主体结构也会日趋多元化。社会问题的多发性与突变性，治理策略的开放性与弹性都要求以政府为主导的区域治理主体能在转型期复杂的环境中具有审时度势的先见力和快速把握机遇、规避风险的先决力，并具有高效的管控力，能迅速做出反应，并有效执行。

这就要求区域领导者紧跟时代步伐，通过建设知识系统全面和具有实践经验的团队，审时度势，把握新的形势，在观念上有先见力。在行动上要有先决力，敢于破旧创新，对传统的治理观念和治理模式进行有效的扬弃，在坚持中央精神的原则下，勇于将观念与行动有机结合起来，在新形势下进行区域整合与公共治理模式的创新。

区域整合本身就是一个变革的行动。一直“等靠要”中央的指示只会错失区域整合良机，有时甚至成为区域整合的障碍，在区域竞争力建设中处于落后地位。变革型领导力要求在遵循中央指导精神和相关文件要求的情况下，能大胆创新，及时和科学地开展行动，充分把握区域变革先行所带来的制度和治理红利，推动区域整合与发展的良性运行。

变革型领导力的培养要注意个体领导力与制度领导力的互动耦合。个体领导力是因个人权责与其职能的外部性而外化的领导力。制度领导力是指领导者通过制度工作内化的领导力。它通过制度化和组织管理可减少个体领导力带来的权力过度集中、资源分配不合理和官僚主义等问题，是对个人领导力的有效补充与监督。

个人领导力与制度领导力的平衡是变革型领导力充分发挥其优势的关键。制度领导力强调领导者的嵌入性，把领导者作为组织结构的一部分。制度领导力为个人领导力的发挥提供制度保障，有助于发挥个人领导力的主观能动性，给予领导者足够的活动空间去探索新的公共治理途径。两者之间只有通过互动耦合，做到良性平衡，才能真正发挥变革型领导力的优势。

（三）创新是区域公共治理应对问题复杂性的新常态

与传统管理体制不同，区域公共治理本身往往体现为现有行政体制下的跨域治理，如我国的京津冀地区、长三角地区和粤港澳大湾区，国外有大巴黎地区和纽约大区（纽约—新泽西—康涅狄格州）等。在这种情况下，有效的区域公共治理需要区域内各行政主体合作探索不同于传统行政管理的形式进行合作治理，也就是说创新是区域有效公共治理的必然属性。

区域治理创新首先必须要解决区域治理碎片化问题，理顺区域内行政主体之间的关系，从实质上推进区域整合的进程。创新不能和稀泥，必须要从区域公共利益的角度出发，明确区域内不同行政区间哪些权力、资源和利益必须共享，哪些可以保留，用于自身辖区内的治理。如果在这些方面互相扯皮，没有明确的价值取向，任何形式的创新都只会流于形式，无法真正有效提升区域治理质量。

转型期的区域治理创新需要真正做到理论与实践相结合。一方面，地方公职人员需要加强理论学习，对转型期区域现代化发展的质的转变有深入认识与理解。另一方面，区域公共治理要不断创新，勇于实践。实践是检验真理的唯一标准。在转型期复杂的社会状态下，“等靠要”中央指令的不作为行为，是区域治理缺乏领导力和创新性的表现，容易延误治理的有效时机，增加终极治理成本。

区域公共治理创新要从源头开始，首先进行并强化理念创新。理念创新的第一步就是要确立对整体性区域公共价值的认识和遵从。这意味着，第一，区域公共治理的逻辑源头是公共价值下的公共利益，是为维护和提升区域的公共利益而进行；第二，公共利益的目标是综合性的，也就是说它涉及区域的经济、民生和生态环境质量等多方面的内容；第三，公共利益目标之间不是互相矛盾、非此即彼的关系，它们是有机联系的整体。

整体性区域公共治理要求区域内不同行政区域治理主体必须提升区域整体治理的意识，完成从行政区划管理模式向区域公共治理模式的转变。对于战略性的全局性的公共治理问题，要把公共治理的全过程，包括治理问题的确定、利益主体的治理参与、治理方案的选择以及治理方案的实施与监督等首先放在区域层面考虑，然后落实为地方行动，而不是相反。

整体性区域公共治理模式要求地方政府淡化地方主义和部门主义，强调地方政府之间的协商与合作。行政区之间长期的相对独立性与竞争关系所造成的行政区管控理念与区域整体性公共治理理念之间存在着不可避免的矛盾。这种矛盾容易造成对区域性问题的不作为，社会经济发展转型中产生的新的社会问题和矛盾也极易被忽视。

要以问题为导向，进行区域公共治理制度创新。一方面，区域公共治理创新要有适时性，要以满足需求、解决问题为出发点。另一方面，区域公共治理的制度或机制创新也是从根本上提升区域治理成效的重要内容。制度能起到约束和指导政府和其他治理主体行为的作用。区域性制度可以减少地方政府的寻租行为。区域治理中的碎片化事实意味着区域公共治理制度缺失或不完善，这使得区域公共治理的制度或机制创新仍有很大的空间。

多中心治理是区域公共治理制度创新的另一个重要领域。多中心治理模式是指区域治理中除了政府治理主体外，还包括其他各利益相关主体或社会力量，包括企业、公众和社会组织等。区域公共治理创新，应该通过制度化的形式，通过完善已有的制度或建立新的制度，提升区域内利益相关者参与公共治理的意识，保障其参与权的有效行使，实现真正意义上的参与，增强政府主导的区域治理的弹性和灵活度。

区域协作治理是区域公共治理创新的另一重要领域。构建行政主体间有效的区域协调机制是区域整合与发展的唯一路径，是对区域公共治理的必然要求。在区域协调机制缺失的情况下，机制建设或再造成为区域协调治理创新的关键。其中包括多方面的制度和机制创新，如区域协调机构的设立与完善以及合作机制创新等。

空间概念也是区域公共治理创新的一个重要维度，亦即在区域空间治理格局上下功夫。后城市化时代的到来，由大都市圈和大中小城市协同并进的均衡的城市群发展成为区域空间布局的主要形式。区域公共事件的发生、区域公共事务的组织都是在这种空间格局下有意识或无意识地展开。因此，区域公共治理的创新必须高度重视区域公共事务的空间发展脉络，推动与空间发展格局相适应的治理创新。

（四）公共信任是央强地弱下区域公共治理顺利推进的社会基础

区域公共治理要实现对区域公共事务的有效管理，仅仅依靠政府这一单一的行为主体是不够的，公众、社区和民间社会组织的参与是公共治理的重要方面。通过政府与社会的互动，增进共识，加强协商，使以政府为主体的主要利益相关者共同面对区域公共问题，共同致力于维护公共利益，通过协商合作顺利推进公共治理。

协商合作除了靠制度的推动外，公共信任也是一个重要社会基础。公共信任是指尽管存在着信息的不对称，人们仍基于道德规范产生对他人的普遍的信任，因而做出相应的行动。它通过人与人之间的信任，促使个体产生协作意愿。公共信任能降低社会交往和交易成本，是社会良性运转的基础，是重要的社会资本。基于公共信任的政府与社会、民众的关系，可增进彼此的互动，有助于推动公共治理发展。

公共信任和公共精神更是区域协同治理的社会资本和黏合剂，是区域治理重要的道德、心理和社会基础。在区域层面，公共精神表现为对区域整体或公共价值与公共利益的追求和实践。基于区域公共信任，它更强调个体对区域整体价值的认同，个人利益服从于区域整体利益，个人行为嵌入集体行为的价值理性，是区域公共治理工具理性的基础，能有效破除区域集体行动的困境，推动公共事务的处理，增强区域的吸引力和竞争力。

在区域层面，利益主体之间的矛盾更为显性化，社会矛盾更突出，在社会转型期更是如此。没有公共信任和公共精神，区域公共治理仅仅体现为一种对权力的自上而下的遵从，而非主动积极的参与，这虽然短期会取得一定效果，但无形中会提高治理成本，长期下去会极大降低治理成效。

在央强地弱的行政管理体制背景下，公共信任和公共精神在区域公共治理中扮演着尤为重要的角色。在央强地弱的情况下，区域公共治理中的弹性合作行为往往缺少制度化的激励措施。区域治理中组织和个体行为的承诺在很大程度上基于公共信任，柔性的协商合作治理模式成为区域治理的一种主要模式。把公共信任和公共精神作为实现区域善治的伦理基础有利于推动公共治理的进程，提升公共治理的成效。

公共信任和公共精神的重建和再造是转型期的现实需求。重建意味着在转型期公共信任缺失的情况下，原有的优秀的公共信任的价值取向与行为选择要积极有意识地被恢复和壮大，在区域层面，通过对传统公共信任和公共精神的扬弃把区域社会经济发展的心理和精神根基固守住。公共信任和公共精神的再造意味着在对原有的传统公共信任和公共精神进行扬弃的基础上，完善市场机制建设和社会经济结构转型所带来的对新的区域公共信任和公共精神维度的需求。

区域公共信任建设是一个复杂工程，从宏观的信任框架到微观的信任行动，包括心理层面实现区域治理的自觉自愿，以制度保障信任关系的可持续性，以及培养区域治理协同主体的道德性和伦理性。在此基础上，加强公共精神的建设要广泛植根于当地文化和民俗以及社会交往的认同和磨合。

总体上，区域公共信任的建设主要有四个维度，包括信任制度保障、可信任政府行为模式转型、刚性组织信用规范以及个体诚信行为规范与激励。法律制度通过规范社会主体间的信任行为，使社会信任得以确立和实现；区域可信任政府建设是社会信任建设的关键之一，政府对社会行为的榜样和示范作用会长期存在，在地方尤其如此；刚性组织信用对巩固社会信任关系起着关键作用，是对整个社会信用体系的有力支撑；在区域层面，将对个体诚信行为的规范、激励与区域公共利益有机结合在一起，更能增强规范和激励的有效性。

（五）多样化协作是整体性区域公共治理的主要形式

协作治理模式是对现代化转型期问题多样化与复杂化的回应，也是为了更好地应对这些新问题的特征与有些公共机构能力的不均衡问题。单纯依赖层级式政府管理已不能正确把握问题的实质和动态特征，不能真正有效解决问题。特别是在区域治理层面，公共治理问题往往涉及多个行政区划，行政区社会经济发展的异质性加重了问题的复杂化，只有通过区域内多样化协作才能实现有效治理。

多样化协作治理是整体性区域公共治理的主要形式，包括协作方向（如中央与地方的纵向协作和地方政府之间的横向协作）、正式和非正式的协作机制（法治化和伙伴关系等）、协作功能和内容（社会、经济和环境等）、协作主体（政府、私营部门、公民与社会组织等）及协作时效（短期或长期等）的多样化等。通过协作内容和形式创新，可加强资源和优势整合，推动问题的理解、讨论和解决。

协作公共治理的主要特征是多主体参与公共治理。在协作公共治理模式下，各参与主体积极参与公共治理的全过程，包括最初的发现和定义特定的公共治理问题、对公共治理问题的分析、公共政策的选择与论证，以及对公共政策的制定与执行等。在制度化保障的前提下，各参与主体在这一过程中享有实质性参与决策的权利。协作公共治理模式下的各参与主体在参与过程中也更具有主动性。这与在传统公共治理模式下的利益主体参与有本质区别。

在协作公共治理模式下，通过制度化的保障，使各参与主体参与公共治理时具有平等地位。政府或行政主体虽然仍占据主导地位，但各参与主体具有平等参与相关公共事务的权利，与行政主体不是管理者和被管理者的关系。在公共治理的全过程，这些参与主体，无论是政府、企业、协会还是民间组织等，通过制度化的保障，都可以更平等和积极地表达自己的意见，行使自己的权利，履行责任与义务，并接受必要的制度化监督。

在协作公共治理模式下要特别注意公平与效率的平衡问题。协作治理的优势是通过多方参与保证公共治理全过程的公平。但这不意味着要以牺牲效率为代价，它并不违背追求效率的目标。一方面，协作治理本身通过集思广益，有助于对问题本质和治理方案可行性的把握，从而提升治理效率。另一方面，决策的过程虽然复杂，但政策的论证、制定和执行可以通过制度保障和领导力建设等措施避免协作过程中的低效率问题。

区域协作治理是实现区域包容性增长与发展的重要途径之一。公平合理地参与经济增长的过程，分享经济增长的成果是包容性增长的最基本含义。协作治理与包容性增长所倡导的生存与发展权利的平等理念相契合，是有效推进包容性增长的重要途径之一。协作治理强调平等地参与公共治理是其逻辑的起点，在协作治理框架下，各参与主体不仅平等参与公共治理的全过程，也通过协作治理增进不同利益相关者在不同层面共享的集体福利。

区域协作治理过程往往是非线性的。因各地区的实际情况不同，如区域内不同行政主体的强弱不同、具体公共治理问题的本质与复杂性不同，以及区域内治理环境不同，这些都对区域协作治理有很大影响，使其呈现不同的表征。它一般包括协作治理的初始条件、制度设计、领导力建设以及协作治理过程的信任建设等几个关键内容。领导者在协作治理中要保证公平，特别是对程序正义有正确的理解与把握，能坚守程序正义的原则。

区域协作治理要特别注重信任建设。信任是区域协作治理机器运行中的润滑剂和催化剂，一方面可以减少制度运行中的摩擦，提高其运行效率，另一方面可以激励不同利益主体为共同利益而努力。它首先以制度为基础，只有参与主体各自的权利、责任和义务以规范和制度的形式确立下来，各参与主体的行为方式才有参照标准，并依据制度和规定，行使自己的责权利，最终上升为协作机制下的行为规范。

四　转型期全球本土化背景下的区域可持续发展

（一）在全球化背景下，区域可持续发展需放眼全球，立足本地

党的十九届五中全会通过的《中共中央关于制定国民经济和社会发展第十四个五年规划和二〇三五年远景目标的建议》将“加快构建以国内大循环为主体、国内国际双循环相互促进的新发展格局”纳入其中。[①] 这种双循环发展格局可以充分利用和发挥国内和国际两个市场不同的消费、技术和人才等资源优势，是推动我国社会经济向现代化转型的重大战略部署。

在全球化背景下，在地方、国家和全球三个层面互动中，地方的重要性日益增强。这出于以下几个主要原因：一是全球化使得地方跨越国家边界和全球的联系加强，全球价值链是其中一种重要表现形式，地方通过参与全球价值链，在市场、技术、人才和资本等方面直接与全球经济接轨；二是在全球化过程中，产业和经济活动也在通过空间集聚形成独特生态系统，为企业和地方创造独特区域竞争优势；三是在全球化过程中，全球及地方的经济活动仍然要充分考虑地方特质和市场需求。

与此同时，区域整合和治理目标从单一化的增长目标转向系统化的多目标发展。人们越来越认识到，增加社会福祉而不是单一地将 GDP 作为社会经济发展的指标，更能够为政策制定者提供一个足够丰富和准确的发展图景。通过向人民提供实现更大福祉的机会并帮助他们抓住这些机会，决策者不仅将福祉作为一种内在的目标加以促进，也通过投资居民的潜力，

---

① 《中共中央关于制定国民经济和社会发展第十四个五年规划和二〇三五年远景目标的建议》，中国政府网，http：//www.gov.cn/zhengce/2020-11/03/content_ 5556991.htm。

使其成为长期经济增长、社会发展和稳定的关键驱动力。

包容性增长与发展是增加人民福祉的必由之路。包容性增长是指在经济增长过程中为经济参与者提供公平的机会，社会各阶层都能通过全社会公平的货币和非货币方式的分配，从经济增长的成果中受益。也就是说，除了分享增长带来的好处外，人们还必须积极参与增长与发展过程。包容性增长可被视为扩大参与机会，包括参与生产性经济活动和对增长进程的方向拥有发言权。

包容性增长除了关注经济增长外，还关注生活条件和赋权的全面改善，是一种先进的发展观。它支持通过更好的教育、交通和就业，将人们与劳动力市场中存在的机会联系起来。包容性增长意味着必须寻求积极影响和塑造就业机会，包括提高雇主对技能的需求，优化经济中的职业和部门构成，最终提高工资水平，改善雇佣合同的条款等。

从区域治理模式和内容上来看，包容性政策和行动意味着加大公民和社会参与公共治理的力度，使公共治理更能对社会需求及时做出反应，增加公众对公共治理的信任；加大力度推动协调各级各类部门间的合作，实施整体性治理；通过应用新技术和增加新的服务内容、服务方式，提升政府的治理和服务效率；将收入和利益的再分配纳入事前而不是事后的公共政策制定等。

（二）建立均衡的区域城市空间体系是城市群空间治理的关键

城市是国民社会经济生活的一个最主要载体。进入 21 世纪后，城市发展已呈明显的后城市化特征。其中包括城市发展的大都市圈化和城市空间格局的扁平化。大都市圈化意味着城市空间范围扩大，城市对周边的辐射能力增强。城市空间格局扁平化是指一个地区一市独大的局面逐渐被打破，由不同层级的城市组成的空间体系兴起。在这一发展过程中，建立均衡的区域城市空间体系成为区域治理的关键。

随着城市发展的大都市圈化，以大都市圈为基础，加强以城市群为基础架构的区域公共治理，是推进区域整合和协调发展的重要契机。特别是在后城市化时代，随着交通基础设施的发达，城市规模逐渐扩大，大都市化明显，人员流动更为频繁，人员构成更为复杂，城市系统的复杂性增加，对城市治理和发展的需求更加多样化。

此外，在区域层面，随着城市空间格局更加扁平化和城市群兴起，同一地区内甚至相邻地区城市与城市之间的人员流动更加频繁、经济联系更加紧密，双城记甚至多城记，已是很多人的生活方式。同时，大城市高生活成本的压力和对生活质量的迫切要求，使得人们逐渐远离城市 CBD，城乡之间的联系更加紧密，界限更加模糊，城乡融合与一体化成为未来发展趋势。

城市群的均衡发展一方面可以有效解决资源过度集中于大城市而带来的大城市病问题，在更大规模上发挥区域比较优势和集聚效应，增加区域总体人民福祉。通过层级的城市群结构，大城市的发展可以在更大空间范围内有效转移生产和生活资源，从而有效改善工作和生活条件。另一方面也可以通过合理的空间布局，以城市为节点，优化提升不同行政区划间公共领域的均衡投资，带动中心城市、周边三四线城市和乡镇发展，促进城乡融合。

建立均衡的区域城市空间体系是城市群和区域空间治理的关键。其中前期的空间治理规划是实现都市圈可持续发展的保障。空间规划的目的，在经济上是实现建立统一市场、形成产业梯度结构和产业链、促进显性的经济增长的目标；在社会与环境发展和生态保护上，是促进交通和通信等基础设施硬件水平的提升，以及空间、环境及公共服务等方面的区域协调等。

充分发挥空间规划的引领作用，需要城市群协商制定与国家公共治理的总体目标一致的区域公共治理共同目标，即增加区域人民福祉。在这一目标指导下，坚持以问题为导向，依据城市群所处的历史背景、公共问题的实质以及不同利益群体的利益诉求，以多元化主体参与的方式，通过协调不同城市区划的利益，制定相应的治理方案与措施，有效避免由目标差异化所造成的冲突和资源浪费，解决城市群的公共治理问题。

建立以中心城市为轴心、次级城市为节点的均衡的区域城市空间体系是城市群治理的空间基础。一方面，着力打造城市群中心城市的轴心地位，特别是充分发展其在资源、人才和信息等方面的优势，发挥其在新型技术产业发展和创新创业方面的引导力，增强节点城市的高质量服务能力，从而增强其整体辐射带动能力。另一方面，要加大对节点城市的政策扶持，提升其在人才吸引和创新能力建设方面的能力，推动节点城市与中心城市联动的高质量协同发展。

（三）城市群建设与农村农业发展的互利共生关系

城乡融合是区域整合和协同发展的有机组成部分。2020 年 4 月 9 日发布的《2020 年新型城镇化建设和城乡融合发展重点任务》要求加快实施以促进人的城镇化为核心、提高质量为导向的新型城镇化战略，增强中心城市和城市群综合承载、资源优化配置能力，提升城市治理水平，推进城乡融合发展，为全面建成小康社会提供有力支撑。该文件从提高农业转移人口市民化质量、优化城镇化空间格局、提升城市综合承载能力、加快推进城乡融合发展等方面提出了要求。

城乡融合建设必须超越分割式城市和农村发展方式，将城市和城市群发展与新农村建设统一起来综合考虑。这除了需要考虑城市中心地区和周边农村地区的一体化外，也要在更大空间布局，考虑城市和农村如何在公共服务供给、人居环境建设和经济发展方面做到有机结合与衔接。这就需要建立和加强城乡合作伙伴关系，将城乡关系管理放到突出地位，更有效地利用和规划土地、更好地提供服务（例如公共交通、卫生和数字化），以及更好地管理自然资源，促进城乡综合福祉的增加。

如果管理得当，城市与乡村之间的相互作用是经济、社会和环境可持续的平衡区域发展的基础。基于地方政府与公民"更接近"的假设，区域发展越来越多地与地方分权的进程相关联。这意味着它对公民更加负责，并且更好地理解地方需求和优先事项。如在绿色增长、住房、运输和通信基础设施等方面，要更好地了解地方与城乡居民的不同需求，力求通过城乡关系的和谐互动实现经济、社会和环境可持续发展的平衡。

城乡人口流动，特别是农村人口向城市的流动是以人为中心的城乡融合发展的内在要求。农村人口向城市的转移在转型期是个长期存在的客观事实，不是短期的社会现象，它符合城市和农村社会发展的规律。因此，必须继续加大力度解决在城市务工的农村人口的"流动性"或不稳定的问题。城市基本公共服务的供给必须同时满足城镇居民的需求和未有所在地户口的务工人员的需求。

城乡融合过程也是区域生产要素配置、增长方式和产业结构调整和优化，完善区域产业链和价值链，培育新动能，实现新旧动能转换的过程。

在城乡融合过程中，推动新动能的培育，包括绿色可持续发展、战略性新兴产业和新型服务业的发展，可以加快城乡融合，最大限度地优化资源配置、提高经济运行质量，使绿水青山变成金山银山，形成优势互补、联动发展、互利共赢的区域协同发展新格局。

（四）领导力是承前启后的后工业化时代城市群建设的核心

在区域层面，越来越多的人开始关注领导力在区域发展中扮演的重要角色。在区域层面，后工业化时代所面临的问题涉及方方面面，如食品安全问题、环境污染问题、医疗保障问题、收入差距问题等引起了公众的广泛关注。面对纷繁复杂的公共治理问题，除了需要加强政府的服务功能外，也对区域整合中领导者的领导力提出了更高的要求。与工业化社会相比，后工业化时代的开放式和网络化的区域发展格局对领导力提出更高要求。

区域领导者或团体需要对后工业化时代的区域发展和整合的方方面面有充分的了解和把握。有高的领导能力的地方可能比那些没有培养领导能力的地方在经济上更成功。想要在未来取得成功的地方，需要规划并实施领导力建设和发展战略，以便在短期和中长期为它们提供有效的领导力。强化与社区的联系与互动，了解民众需求和获得民众支持，也能有效促进领导力的提升。

在区域整合和协同发展方面对公共治理的领导力的核心需求之一是领导者的引领作用。引领的前提是领导者专业素质的提升和对后工业化时代社会经济发展特征的准确把握，对相关发展问题和发展趋势的综合判断。其中包括协调和引领区域整合和发展，引领区域空间规划和以人为本的生产要素配置，以及引领科技创新驱动的新型城镇网络化建设等。

（五）区域产业和创新生态系统建设需多领域融合、多主体参与

组织黏合性是产业集群和创新生态系统的内核。区域创新和产业集群组织黏合性体现在组织内部成员之间的互动，包括企业与供应商的互动，企业与客商的互动、企业与竞争对手的互动以及企业与大学、研究机构、第三方服务机构的互动等。客户为满足自身的需求，可以将自身对产品功能或质量的要求提供给供应商，而供应商将客户的信息进行汇总并提交给企业，企业的生产商根据供应商提供的各种信息来重新设计修改产品。

主要竞争性企业在融资、技术和人才、物流等方面与第三方服务机构展开交流与合作，筹措资金、购买技术和聘用所需人才，或通过与物流公司合作，使客户能够及时获得购买的产品与服务等。主要竞争性企业在进行新产品的研发过程中，也可以与客户或供应商进行沟通与交流，从而促进隐性知识在集群创新网络中的流动与扩散。

在产业集群创新网络的核心网络层中，不仅企业与供应商或客商之间可以进行不同程度的合作，而且网络中企业的竞争者对产业集群创新网络的发展也起到了非常重要的作用。这主要在于集群创新网络中每个企业自身能力有限，因而网络中的竞争企业往往也会采取与其他主体进行合作的策略来减少自身进行技术创新所带来的各种风险。

主要竞争性企业通过与大学、科研机构、第三方服务机构以及政府之间的互动，提升和强化其竞争力。第一，大学或科研机构的研发提高了知识的存量，为企业创新提供了所需的各种知识或技术，从而为企业提供了更多创造新技术的机会。第二，集群创新网络内的大学或科研机构培养了大量的人才，这为集群创新网络内的企业提供了更多的技术创新资源。第三，企业与大学或研究机构共同承担某些项目的合作研发。

政府通过与其他行为主体之间的互动引导和带动区域创新与产业集群发展。首先，政府可以通过制定和采取相关措施来促进集群创新网络内大学或科研机构与企业合作，以解决技术成果转化积极性不高的问题。其次，政府通过采取相关措施来促进资源在产业集群创新网络内的流动，提供知识与信息。最后，政府可以建设集群创新网络发展所需的各种基础设施，以及通过建设有利于产业集群创新网络中主体交流的各种正式或非正式平台等，来引导和促进产业集群创新网络中合作的开展。

高等教育机构在区域高质量发展中起着重要作用，是知识和创新的重要来源之一。在区域层面它们培育人力资本，推动创新蓬勃发展，加强社会资本的建设，这是吸引外来投资的重要指标之一。同时，它们能提供新的人才培养、持续教育、终身学习以及文化服务等。此外，高等教育机构也是税收和其他收入的主要来源。高等教育机构通过加强与区域社会经济发展的联系，增加收入，寻求额外资金支持以及实现资源共享，从而提升高等教育机构自身的发展能力。

全球价值链是区域产业竞争力建设的现实路径。参与全球价值链可以增强产业集群的持久竞争力。产业集群竞争力建设与参与全球价值链相互促进和推动。通过参与全球价值链，产业集群可以以规模化的形式分享收益，实现收益激增，同时强化集群的专业化功能，特别是在技术、人才、产品与服务方面形成更加专业化的区域生产网络，从而产生区域植入优势，打造产业集群的持久竞争力。

依托全球价值链的全球创新链，对转型期处于价值链中低端的生产和经济活动有十分重要的推动作用。全球创新链是创新发展的主要组织形式。通过全球创新链，利用全球先进的人才、技术及其他创新资源，提高创新能力，推动全球价值链升级。转型期的区域产业集群和经济活动应加速构建全球创新链，充分利用全球创新链与全球价值链之间的双重螺旋关系，提升其在国家价值链中的地位。

建立国内和国际价值链双循环的策略是转型期区域产业集群参与国际价值链的现实选择。一方面，参与国内价值链可充分利用国内的强势需求，有利于区域产业集群的市场开拓和总体规模提升。另一方面，通过参与国际价值链，可以充分借助国际价值链的人才、技术和资本优势，提升产业集群的创新能力和对国际市场的把握能力，提升其总体竞争力。国内和国际价值链双循环是互补关系，相互推动和促进。

在这一双循环战略下，要充分发掘区域特质，整合优化区域产业链资源。在碎片式管理的长期情景下，区域产业链资源的潜力包括供求市场资源，人才和技术等创新资源，生产原材料、过程和工艺等生产资源，以及第三产业的服务资源等都有待进一步开发。区域产业链整合与优化要注意培养竞争优势，特别是在创新、市场开发、产业链上企业之间的竞合以及资本使用和第三产业服务上下大功夫，从而调整和优化嵌入全球价值链的模式。

同时，要充分发挥区域自贸区的带动作用，整合区域竞争性资源。通过自由贸易区整合地区优势资源，打造区域竞争力，是实现区域可持续高质量发展的一个重要途径。自由贸易区能有效推动区域产业链整合，实现与国际市场的对接。自由贸易区也能促进新产业、新业态、新模式的出现和发展。自贸区要发挥其带动作用，需依托现有的区域空间经济体系，促进区域统一市场建设，加强其产业链国际化程度。

五 公平是新时期区域新公共服务一体化的第一要素

（一）区域公共服务一体化是实现区域公共服务目标的有效路径

2018 年 12 月，中共中央办公厅、国务院办公厅印发了《关于建立健全基本公共服务标准体系的指导意见》，要求各地区各部门结合实际认真贯彻落实。该意见指出，建立健全基本公共服务标准体系，明确中央与地方提供基本公共服务的质量水平和支出责任，以标准化促进基本公共服务均等化、普惠化、便捷化，到 2035 年，基本公共服务均等化基本实现，现代化水平不断提升。[①]

区域公共服务一体化的实质是强调程序正义而非结果正义，它从以人为本的理念出发，为区域内不同社会阶层，无论职业、收入和受教育水平的差异，也不论出身和户籍等先天条件的差异，提供公平享受教育、医疗和社会保障等资源的条件与机会，从而赋予民众基本的生存权利和条件，使之能为达成自己的发展目标而努力。

公共服务一体化或整合是区域整合的重要内容。区域公共服务一体化为国家公共服务的目标提供了一个有效的视角和实现途径。随着区域内社会经济联系的加强，要想实现区域协同，推动更高质量发展，区域服务一体化势在必行。这一现实需求也使得公共服务一体化在区域范围内的实现有了现实基础，更利于目标的实现。

区域公共服务一体化的形式可以有多种，其核心是公平，它是区域公共服务一体化的第一要素。不以公平作基础，公共服务整合只能流于形式，会导致区域整合落于空谈，失去其实质意义。这遵循了国家治理中以人为本的理念，也在追求效率的目标上，成功迈出了第一步。

与我国以人为本的治理思想一致，在新公共服务理论下，公民的权利与义务得到充分重视。新公共服务理论、服务理念，凸显了公民权利、公民意识、公民身份和公民价值，这些都对回应区域内公众需求和意愿，推动区域公共服务和管理一体化，构建服务型区域公共治理政府有着重要借鉴意义。

---

① 《中共中央办公厅国务院办公厅印发〈关于建立健全基本公共服务标准体系的指导意见〉》，中国政府网，http：//www.gov.cn/xinwen/2018-12/12/content_ 5348159.htm。

在现代社会，特别是转型期的区域公共服务一体化方面，政府既是掌舵者也是服务者。一方面，转型期区域公共服务面临着很多未知事物，新的服务模式和新的服务思路依靠以政府为主导的治理主体的前瞻性和运筹帷幄。只有加强掌舵职能，才能加快区域一体化的步伐，确保其先进性。另一方面，在这一过程中，要明确和满足公众的权利、需求，对公共利益有敬畏心，在处理具体事务时，更多的是服务。

维护公共利益是区域公共服务一体化的原则，它不是公民个人利益的简单叠加或集合，而是从区域公共服务一体化和提升区域公共服务质量的角度，从了解公众的需求出发，所确定的区域公共利益。它既是公共利益，更是公共责任。区域治理主体在推进区域公共服务一体化方面，必须以公共利益为出发点，以保护和提升区域公共利益为目标，以区域公共治理主体的协作为主要途径，团结不同利益群体，共同履行公共责任，采取协调一致的行动。

（二）后二元制城乡公共服务一体化重在发展和整合

受制于传统的城乡二元化体制框架，城乡统筹关系尚未完全理顺，城乡公共服务一体化的矛盾与问题仍旧突出。根据城乡公共服务一体化的自身特性和发展规律，城乡公共服务的主要矛盾体现在农村公共服务水平低与城市公共服务水平高的不平衡、农村公共服务发展慢与城市公共服务发展快的不均衡，以及城乡公共服务缺少必要的衔接与整合等。城乡公共服务矛盾的实质是城乡公共服务的不均衡。

随着城乡二元制的逐渐解体，区域城乡公共服务一体化需转变观念，在公共服务供给上，从政策原点上消除城乡有别的观念，秉持以人为本的发展观念，以服务区域内居民的公共服务需求为基本目标。在此基础上，扩大增量，整合存量。针对城乡公共服务的巨大差异，加大农村公共服务供给，同时做好城乡公共服务的整合，使区域内居民可以跨越城乡鸿沟，自由平等地享受区域内各种公共服务。

在区域范围内破除户籍制度限制是城乡公共服务一体化的一项重要内容。在向现代化转型的过程中，以农村居民转为城镇人口为主要特征的城镇人口增加将继续成为社会流动的主要表现。然而农村居民向城市的流动往往受限于城乡公共服务的隔阂，农村居民向城市转移后，未能真正享受城市所提供的各种服务。需采取切实可行的措施使城市公共服务惠及城镇农村流动人口，使其享受与城市居民同等的公共服务，从根本上消除区域一体化障碍。

在区域公共服务城乡一体化建设的过程中，政府的支持力度和方式直接决定了城乡公共服务协同建设的质量和效果。区域公共服务一体化过程中，多头利益主体的矛盾和冲突不可避免且容易显性化，只有进行强有力的政府主导，坚持以区域内居民的共同利益为原则，才能拓展思路，以创新的方式，从实质上打破城乡二元结构下的各种制度壁垒，做到城乡互帮互助，协同建设。

此外，城乡公共服务一体化是新时期“三农”工作的社会保障。它虽然强调在公共服务领域的一致性和公平性，但并不意味着城乡社会经济公共边界的消失。城市和农村自身独有的社会经济功能仍然存在，两者相互补充。作为“三农”工作的一项重要内容，城乡公共服务一体化与新农村建设和农村民生建设的有机结合能有效推进“三农”工作。

农村和农民的现代化转型是确保农业发展现代化的最核心内容。加大城乡公共服务一体化建设力度，扩大乡村公共服务增量，加快农村基础设施和公共服务设施建设，有助于促进城乡要素平等交换和公共资源均衡配置，提高农村人口素质，吸引人才在乡村创新、创业和投资，这能让广大农民平等参与现代化进程，共同分享现代化成果，为乡村现代化发展奠定坚实的社会基础。

同时，应注意加大城市周边及农村地区的公共服务基础设施建设，以农村城镇为轴心，通过不断增加农村公共服务的财政投入，扩大农村公共服务供给，满足农村居民不断增长的公共服务需求；以人为本，通过城乡协同扩大农村居民转型公共服务供给，包括农民在向城市流动过程中相关的教育、职业和技能培训，向新型职业农民转型的管理、经营、营销和农业技术培训等多方面需求等；完善城市边缘地区和边缘人口的公共服务供给；等等。

（三）从帕累托优化视角以发展推进区域公共服务均等化

帕累托最优，也称为帕累托效率，是指资源分配的一种理想状态。它是指在没有使任何人境况变坏的前提下，使得至少一个人的境况变得更好。

帕累托最优是从社会福利的角度来界定公平，其实质是一种价值判断。它对政府决策或治理活动有很大的价值指导意义，即政府决策或治理应通过提高效率，最大限度地实现帕累托公平。

在区域公共服务领域，人们追求帕累托最优的过程，就是在公共治理决策的过程中，充分利用有限的人力、物力、财力，优化资源配置，在不影响他人享受公共服务的情境下，区域内居民平等地享有更优化的公共服务。其核心是促进机会均等，重点是保障人民群众得到享受基本公共服务的机会，而不是简单的平均化。

区域公共服务均等化不是使少数人受益，也不是使大多数人受益，而是遵循普遍受益的原则，让区域居民共享区域社会经济发展的成果，让所有人具有平等地享受区域内公共服务的权利。它需要以制度正义为基本保障。实现公共服务均等化不仅需要经济基础，更需要科学合理的制度构建作保障，其本质上是程序正义。只有从制度建设入手，对区域公共服务进行全方位和全过程审视和重建，才能把公共服务均等化的根基打牢。

区域公共服务均等化在制度建构上首先要做到制度公正。所谓制度公正就是要从“以人为本”的价值理念出发，在区域公共服务制度设计、制定和实施的全过程遵循“普遍受益”的公平正义原则，为区域所有居民，尤其是弱势群体，提供均等的公共服务，从而保障区域内每一个居民享受区域社会经济发展的成果。

受根深蒂固的城乡二元结构的影响，在原有体制下的修修补补很难真正实现区域公共服务均等化。在中央指导方针和精神的指导和鼓励下，变革性的制度创新是唯一的出路。只有通过变革性的制度创新，破除思维定式，才能真正打破原有的城乡二元利益格局。制度创新是公共服务均等化制度构建的核心。

在区域公共服务层面，一个重要的制度改革指向是在诸多方面（如制度、权力结构、公共财政和执行）理顺关系，优化区域协调机制。公共服务是一个复杂系统，区域内不同省市往往在服务内容、规范及基础设施等方面存在很大差异。区域公共服务均等化的首要任务就是以制度的形式将这些要素之间的关系理顺，做到整齐统一。只有这样，才能形成制度合力，保证区域公共服务均等化的实现。

打破行政壁垒和条块分割，促进公共服务资源的合理流动与优化配置是整合区域公共服务，真正实现公共服务区域一体化的关键。我国的公共服务资源，基本上是以行政区为界进行统筹和分配的。这样的分配体制，在一定范围内效率是较高的，推动了行政辖区公共服务水平的提升。但受经济发展水平、地方政府财政的影响，各地的公共服务发展水平尚不均衡，未能有效支撑区域一体化建设，给区域高质量发展造成了障碍。

在后城市化时代，区域空间网络以城市为节点。区域内公共服务的不均衡，容易造成超大城市对人才、资本和服务资源的集聚，中小城市和农村的发展就会受到限制，这会缩小城市群以及区域整体的辐射范围，区域发展潜力会受限。相对均衡的区域公共服务水平，会为经济发展提供更大发展空间，促进各种经济要素更大范围、更合理的配置，为区域高质量发展提供持久的动力。

（四）以区域空间多中心化推动区域公共服务均等化

多中心化是推动区域公共服务一体化的必由之路。《2019年政府工作报告》强调要深入推进新型城镇化，坚持以中心城市引领城市群发展。一个地区的优质公共服务资源不可能完全集中在一个城市，这不仅违背公平的原则，也不利于效率的提升，会抑制城市和区域整体发展的活力与潜力。一个地区可以发展建设多个中心城市，这能更有效整合区域公共资源，做到资源统筹规划和配置。多中心化在很大程度上被认为是实现更均衡的发展空间格局和更高水平区域发展的一种必要手段。①

区域多中心化是后城市化时代城市地理和工业发展的普遍趋势。一般来说，在许多地区，传统的城市中心和郊区的许多地方的功能等级和二元性正在逐渐演化为一个更高的层次，多中心的城市系统为后城市化时代提供了一个可能包含更广泛的区域的城市发展模式，使城市发展尽可能规避大城市弊病，使区域发展更为协调与均衡，避免过度集中和边缘化现象。

多中心城市的区域通过中心城市的网络化协作，为整个区域提供更为均衡的公共服务，如教育、医疗及文化休闲等。这在很大程度上能抵消公共服务过度中心化所带来的不公平和低效率。这就需要加强在区域内对多个中心城市的培养。我国的城市群面积不到全国土地面积的20%，城市群

① 《2019年政府工作报告》，中国政府网，http：//www. gov. cn/guowuyuan/2019zfgzbg. htm。

之外有约80%的土地面积，可通过政策支持，将地级市的中心城区培育成区域性中心城市。促进区域协调发展，发挥区域性中心城市对整个区域的带动力。

在多中心城市的区域发展网络中，要加强都市圈通过其社会经济功能拉动公共服务供给的作用。都市圈往往以大城市为核心，通过提高都市的辐射力和带动力，拉动周边地区的发展，消除行政壁垒，促进交通一体化和公共服务一体化。在核心城市的引领和带动下，周边的中小城市和小城镇将获得发展机遇，其公共服务水平也相应提升，逐步形成都市圈内城市协调发展的态势。

在加快区域性中心城市培养方面，需要建立区域协调机制，加大中心城市在交通、医疗、教育和文化等方面的政策和财政倾斜力度，提高区域中心城市的宜居程度，破除“一市独大”现象，提高都市圈公共服务支撑力和带动力。在建立区域多中心的基础上，按照实际服务管理人口规模配置公共资源，有利于提升中心城市辐射和带动周边地区发展的能力，更好地发挥中心城市应有的带动作用，促进中心城市都市圈与城市群公共服务的公平和优化配置。

六　风险社会要加强公共危机与风险区域协同管理的弹性

（一）区域危机是现代风险社会公共危机的一种典型形式

现代社会是风险社会，公共危机是一种常态。在全球化背景下，人类活动范围扩大，相互联系加强，人类与自然、人与人之间的互动频率增加，由人类社会生活实践所导致的全球性风险逐渐占据主导地位。尤其是进入21世纪以来，自“9·11”事件及SARS出现到2020年底暴发的新冠肺炎疫情，各种公共危机事件层出不穷，牵一发而动全身。风险社会的到来，加之非传统安全、社会转型以及危机管理的不完善等，促成了危机常态化发展。

在向高质量发展的转型期，各种社会经济关系和秩序在重新确立，很多矛盾、冲突和不和谐是无形的，如果预防不当的话，很容易造成大规模社会公共危机。从根本上说，这些社会危机主要来源于社会结构层面上的问题，包括社会阶层的差距、利益不均衡、社会迁移、社会流动性弱、基本民生福利缺失，以及其他社会不平等问题等。一旦某种诱因或偶然事件出现，这些矛盾就会爆发，从而造成社会动荡。

在应对危机过程中应从全局考虑，追本溯源，探求危机的根源与实质，同时对危机进行辩证的分析，找出危机发生的各种原因，厘清危机之间的相互关系，从而以科学化的视角，以人文关怀的态度，基于中国传统的文化特征，从实践和经验出发，寻求系统、全面的公共危机的预防和治理方案，推动社会主义和谐社会的建设。

当前我国正在逐渐建立和完善适应中国国情的公共危机应急管理机制，在过去的公共危机治理实践中取得了一定的成就。但鉴于危机的常态化，我国也迫切需要在传统的以人为本、以法治化为基础的框架下，重新审视风险社会危机常态化内涵，我国从传统到现代转型期所面临的深刻的社会组织结构转型，及其所带来的思想、文化和民众的心理危机，进一步完善现有公共危机治理模式的系统化和常态化机制。

区域危机是公共危机的一种典型形式。公共危机往往都最初始于特定的领域或区域，因而区域在分析应对公共危机中是一个重要的空间维度。作为初始公共危机的一种典型发展形态，区域公共危机或局域公共危机是在一定区域内，在现代社会特性作用下，人或物与社会介质相互作用的结果，具有区域自身的特点。

区域公共危机在一些情况下可能突破区域或领域界限，向外部扩散蔓延，在全国传播或跨越国家疆域向外传播，使得相关区域、领域甚至整个社会都受到冲击，或者引发次生危机事件。科学技术的发展使得现代社会更加复杂，社会的流动性更强，人们之间的联系更紧密，公共危机极易突破原有的领域、区域、地域的限制而向外扩散。

从公共治理的范畴分析，区域性公共危机爆发有其更深刻的社会经济原因，包括区域内社会结构的不合理，区域内部的经济严重失衡，大工业快速发展中出现的环境问题，贫富差距和城乡差距的扩大，以及住房、医疗、教育等民生问题，等等。这些长期积累的社会问题随时都可能成为区域公共危机的直接根源或导火索。

区域地方治理单元之间的同质性要求区域内政府主体采用联动的方式，协同应对这些地方性公共危机。在区域层面，鉴于不同行政主体的利益和绩效评估机制不同，协调和沟通成为常态。在条件允许和符合实际情况的前提下，由中央政府牵头和指导，建立具有权威性的区域协调机构更有利于有效地应对区域公共危机。

（二）区域公共危机管理要基于文化与发展转型特征

危机管理最终要落实到具体的人，而不同的民族往往具有不同的思维和行动方式，这也在很大程度上影响着公共危机治理机制和工具的选取及有效性。中国传统文化，特别是在哲学的思辨方面，最根本的特征是整体性、有机联系和矛盾对立统一的综合辩证。这与风险社会对复杂与多变的公共危机治理方式的要求十分契合，为区域公共危机的治理奠定了良好基础。

整体性思维把天、地与人看作密切相关的整体，在这一系统中各要素之间存在着互相依存的联系。辩证思维则从对象内在矛盾的运动变化中、从组成其各个方面的相互联系中进行考察，以便从整体上、本质上完整地认识对象。先验性直觉体悟强调以个人的经验智慧而不是凭借语言、概念、逻辑推理认知世界，切入事物本质。知行合一强调知与行的统一，亦即知识与实践的统一。

在辩证思维的指导下，常态化公共危机与风险管理有助于问题的解决和社会长治久安。直觉体悟的思维方式则有助于从整体性出发，通过分析事物之间的有机联系，对危机追根溯源，探究危机产生的本质。实用性的思维方式则有助于探求有效的解决方案。

同时，在从传统社会向现代社会发展转型过程中，对中国传统文化的扬弃十分重要。传统文化中存在一些消极因素，如人治，缺少对法律的敬畏，特权思想严重，缺少民主精神等。这些都与现代化的治理理念格格不入，于现代化发展十分不利，传统文化的现代化非常必要。在危机管理中，这些消极的思维和行动方式都需要被遗弃。

现代市场经济的发展，要求人们对现有的文化观念进行重新审视和取舍，同时努力学习，适应形势发展需要，学习和建立新的文化价值观念和标准。社会经济的现代化过程同时也是传统文化的现代化过程。在这一过程中，人是社会经济活动的主体，其任何一项经济活动都需要具有一定适应市场经济的观念文化。在这里，经济与文化相互渗透，相互影响。对于传统文化需进行理性的扬弃，完成文化从传统到现代的转型。

风险和危机管理机制的建设需以文化从传统到现代的转型为依托，特别是离不开人们法治意识的增强和对各利益主体的尊重。社会主义市场经济同时又是法治经济，法治化意味着合法性、权威性、公正性。在此基础上，建立合理又有弹性的管理制度，照章办事，按程序走，防止特权阶层的压制，推动行为方式向现代化转型，做到对危机和风险的有效应对与管理。

（三）危机与风险响应能力建设要注意加强常态化和弹性建设

1. 整体性看待区域公共危机响应机制的常态化建设

（1）区域公共危机响应机制的常态化建设

在我国社会向现代化转型过程中，依托原有行政管理体制和行政管理人员思维的惯性，运动式应急处置思维和方式在一些地方仍然存在。所谓运动式应急处置，是指政府作为主要管理主体，针对某个公共危机事件，动员集中全社会的力量进行突击式处理。

运动式管理往往能在短时间内取得明显效果，在相对静态的社会风险系数低的情境下是有效的。但治理成本往往很高，包括危机处理过程中大量的人员伤亡、财产损失以及社会失序等，同时也往往意味着在危机爆发前没有采取足够的措施去预防危机。

在风险社会危机常态化情况下，运动式管理短期的有效性与多频次发生的高治理成本就显得不协调，容易导致运动式管理的不可持续性。在风险社会下，公共危机风险的概率加大，内容日趋复杂，这使得危机管理的预防与危机发生后的处置同样重要，两者都是公共危机治理的有机组成部分。应急式管理方式已不能适应风险社会危机发展的特征。

风险社会需要常态化的公共危机治理建设。常态化公共危机治理是指要把对公共危机事件的预防和准备工作视为日常管理工作的一部分，而不是阶段性和暂时性的工作。它要求把公共危机的预防嵌入日常的工作和管理，不只是在管理层面，还包括嵌入一般工作人员的行为方式。

全过程的常态化公共危机治理机制会极大改善公共危机治理效果。全过程管理是指在把握危机发生规律的基础上事前有针对性地预防、事中有针对性地管控以及事后有针对性地恢复。通过预防可以减小危机爆发的概率，降低公共危机爆发的频率。危机爆发后，治理主体可以启用应急管理机制，调动资源，协调治理主体间的关系，进行全方位的治理。在危机即将结束时和危机结束后，公共治理重点转向正常社会经济秩序的恢复和新秩序的再建。这种全过程的常态化治理机制能有效降低危机爆发的频率，减轻破坏效应。

公共危机往往具有很强的不确定性。这主要表现在危机的动态性，危机影响范围和程度的不确定性。这使得在危机管理中，政府和其他治理主体很难有效整合资源，有效应对危机。在危机管理中应尽量从不确定性中提取危机的确定性因素，整体把握危机发展的规律，运筹帷幄，灵活应对。一旦危机发生，治理工作应迅速转向对危机的处理。

常态化治理中要注意保持信息的透明和通畅，以确保治理主体获得民众的信任，同时又可以避免信息不透明导致的危机复发的风险。这在数字化时代尤其必要。危机爆发后，政府应及时将危机信息公开，以满足公众对信息的知情权，这也是为了满足公众的心理需求，以便稳定人心，提升政府公信力，提醒和鼓励公众与政府一起面对危机。

在社会转型过程中，社会信任体系的缺失使得人与人之间，政府与公众之间的信任受到严重影响。危机爆发后，如果信息不公开，更容易造成人人自危的情况，这将为公共危机的治理造成障碍。因此建立相应的危机信息透明机制，开诚布公，使公众及早了解真相，并在危机治理过程中，公开信息，随时跟进，有助于增进团结，推进危机的及时解决。

信息公开也从源头上避免了信息被滥用。信息越早被公开，操纵或篡改信息的可能性就越小。这就使得相关地方政府或部门不会滥用权力，从自身的业绩和升迁考虑，滥用信息，或者垄断信息，控制对媒体和公众的信息输出，或者篡改信息，掩盖事实真相，为自己的行为找借口开脱，规避道德或法律责任。

（2）整体性区域公共危机响应机制建设

整体性公共治理成为区域公共危机治理的一个基本原则。所谓整体性治理就是打破行政主体之间的碎片化工作模式，以公民需求最大化满足为导向，对碎片化问题进行有机整合，建立治理主体之间协作或大部门式体制，建立权威性的协调机制或整体性组织结构，实施整体性责任机制，从而实现整体性的公共服务供给。

整体性治理强调整体性和系统性，注重治理主体间的协调与合作。其主要目的是消除区域治理中存在的“碎片化”现象，建立并增强区域协调机构或机制的权威性，或通过建构全新的大部门式体制，将业务雷同、职责交叉重叠的部门和服务进行归并和整合，实现政府整体性治理。

整体性治理强调治理机制的整体统一，这也是区域公共危机治理的需求。区域公共危机治理需要有完善的区域合作联动机制。完善的区域合作联动机制有助于打破现有的行政管理区域概念，根据实际需求，建立不同形式的“多层次、网络状”的区域应急管理体系，整合区域内各方资源，推动区域公共危机整体性治理。

在公共危机成为社会常态的情况下，公共危机治理的制度化建设对地方政府常态化治理效能和治理水平的提升具有至关重要的作用。地方政府危机治理的相关法律法规和制度建设往往滞后，缺少实际操作性，存在治理各主体职责不清等情况。政府应进一步把区域危机治理纳入制度化轨道，完善相应的法规体系，明确危机治理多元主体各自的权责，加强区域协同机制建设。

区域治理主体应根据本地区情况，制定总体应急预案，同时进一步细化地方各级应急预案，增强预案的可操作性，做到切合实际。公共危机发生后，依据预案，启用公共危机应急机制。在这一过程中，要根据事件的变化适时修订和调整应急预案以正确反映事件的性质与内容，增强公共危机治理的适应能力。

有了基本制度保障，协同治理机制可以在危机发生后，通过协商、论证和相互妥协制定共同的治理目标。这些共同治理目标可以细化到每一个行政主体身上，也可以按功能划分，细化到每一个协作行动，每一个协作行动可以由单个或多个行政主体完成。整个行动计划由区域公共危机协调治理机构监督完成。

此外，要将危机治理的多元主体制度化，明确规定各个治理主体，特别是社会组织和团体在应急管理中的权利与义务，明确各自职责范围及合理分工合作，确保有效治理危机。在区域治理中，公众和民间团体往往被边缘化，这有违风险社会网络化治理的原则，在很大程度上制约着区域公共治理效能的发挥。

城市群的崛起使得城市危机协同治理在区域公共危机管理中具有重要意义。它包含的要素有六个：一是城市协同预警能力；二是政府部门之间的危机治理协同；三是城市区域间、城市之间政府危机治理的协同；四是政府与媒体、社会组织及公众之间的危机治理协同；五是城市危机治理手段的协同应用；六是城市协同恢复能力建设。

针对目前公共危机防控情况，城市群可考虑：合作评估重大灾害风险，加快城市群灾害风险信息化建设，加强对风险的预判及建立预警机制，制订城市群灾害预防与治理计划，依计划开展工作，协同调配资源；加强社会资本建设，给予社会资本充分的参与空间，推动民间力量参与城市防控与治理，加强政府与私营部门的合作；建立其他规范化的城市协作机制，如制定战略性发展合作框架以及建立不同主题的资源共享平台等。

2. 对区域公共危机与风险的弹性管理

区域治理中一个必要内容就是如何在这些社会大变革中正确认识、预判和预防公共危机与风险，并建立弹性的管理机制，以更有效化解危机，并在此过程中推动区域整合，提升区域公共危机治理效能。这就需要允许区域公共危机与风险管理具有一定的弹性，除了制定一定的管理框架，以合力规范各相关主体的行为方式外，还必须有弹性，使各利益主体有权依据所处的特殊情况运用自身的经验和判断力，做出合理的行动，以应对公共危机不断发展变化的态势。

建立弹性的公共危机与风险协同管理机制需深入了解危机和风险存在的社会、文化、经济与体制背景。公共危机之所以出现，与公众的行为和反应直接相关。每个国家在这些方面千差万别，地区之间也是一样。只有真正理解根深蒂固的行为方式和利益机制，对症下药，才能真正追根溯源，制订应对危机的计划和选择相应的治理工具。

在传统文化和体制基础上，区域弹性公共危机与风险协同管理要采取开放的态度进行机制创新，拥抱公共危机与风险协同管理现代化的一些基本要素，如透明、公开、科学性和权威性等，利用现代化的协同管理工具，如大数据、电子平台、多媒体等，进行高效的具有弹性的公共危机与风险协同管理。

七 数字化时代以大数据提升区域多维度公共治理

（一）数字化是区域公共治理转型的重要机遇

数字化时代的到来对扬弃传统管控方式和推进公共治理现代化意义深

远。通过数字化和互联网推进我国公共治理体系现代化和治理能力建设也是我国各级政府面临的重大课题。这是巨大的挑战但更是机遇，是实现我国公共治理现代化和跨越式发展的良机。

数字化时代的特征是大数据、机器学习、智能算法、人工智能和先进的网络解决方案作为基础设施在社会中被赋予了越来越多的任务、责任和自主权。随着数字化的深入发展，它们虽然对公众来说变得越来越不透明，但更为深刻和广泛地影响着社会生活。

数字化对政府传统治理模式和思维提出挑战，政府治理，特别是区域公共治理需更加注重民众的现实需求，决策过程需更加严谨和科学化，信息的公开和透明更加需要政府与公民之间的互动和信任，这对构建一个高效统一、互联互通、安全可靠的政府资源体系并确保信息畅通，以及相应的制度建设，提出了新要求。

数字化更是机遇，这是因为通过数字化，特别是大数据和区块链等数字技术和平台，有利于推动政府从管理者向监管者和服务者转变，有利于推动政府业务重组和流程再造，特别是倒逼区域和地方公共治理的现代化，消除区域公共治理的碎片化，推动中央与地方的协调，加强地方政府间协作，有利于提高政府整体治理的效率和质量。

总体上，数字化的时代特征对我国先验性直觉体悟的传统思维方式是一种挑战，如何在直觉体悟的传统思维方式上，对数字化时代的数理逻辑进行有效的扬弃，是现今社会高效应对数字化的一个关键。以大数据为代表的数字化时代催生的是西方传统的逻辑推理思维，更讲思维的逻辑性。如何在传统直觉体悟的思维方式上有效整合大数据时代逻辑推理思维的优势，是数字化时代我国公共治理现代化的一个重要命题。

数字化时代的到来不改变以人为本的社会经济发展的本质。社会经济发展归根结底是为了社会个体和群体福祉的增加。习近平总书记指出，“让互联网更好造福国家和人民”[①]，这为数字化时代如何充分利用其所带来的技术优势为以人为本的国家治理体系和治理能力现代化的建设指明了方向。各级政府需要转变传统思维和治理理念，在以人为本的基础上，确立数字

① 习近平：《让互联网更好造福国家和人民》，新华网，http：//www.xinhuanet.com/politics/2016-04/19/c_ 1118672059.htm。

化时代新思路，最大化发挥数字化对新时代政府治理能力的提升作用。

以大数据为代表的数字时代，使由多主体参与和主导的广泛的信息收集、监测、存储、传播与扩散成为可能，使得政府作为主要信息主体，与个人、企业和社会组织共享信息成为可能，使得政府在信息收集和使用上可以及时与公民实现有效互动。随着政府与公众的信息樊篱被打破，公众、企业和各级各类社会组织对政府的要求和期望会更高。通过对公众需求的把握，能推进公共治理对问题准确性的把握，更有效推进公共治理。

（二）以公共治理数字化推动区域整合与发展

公共治理数字化和区域整合是我国从粗放式发展到高质量发展过程中两个主要的特征。数字化时代的到来催生了对智慧城市的追求。通过数字化技术，进行智慧公共治理，可以整体提升地方公共治理质量，推动区域整合。借助以大数据为代表的智慧化城市管理既是现实的需求，也是未来城市和城市群可持续发展与长治久安的要求。

从区域公共治理层面来讲，城市管理的智慧化能增进城市间的联系，强化城市群的协同管理。数字化使城市间的公共服务和发展得以在基础层面实现根本性的互通，为城市群建设和城市间协同管理与发展奠定信息基础。在智慧城市群里，数字化技术能够实现人与物、物与物之间的智能联系，从而搭建起更广泛与坚实的基础服务设施平台，实现医保、社保、工资、洗衣、购物等一系列的服务，能够极大地缩小城乡差距、地域差距。

在区域数字化治理过程中，以大数据为基础的数字式公共服务、政府运行和公众参与式城市治理可以倒逼区域传统治理模式向现代化的转型，能进一步推进区域内公共治理的协同运作。例如，数字化可推动区域政务信息公开透明常态化，提高政府公信力；数字化与区域行政体制改革协动可以深化简政放权，培养区域治理的大数据思维和行动能力，推进以大数据为基础的多元参与和合作共治等。这些综合式数字化治理模式将通过对区域治理协同模式的建设，极大推动区域高质量发展。

治理是一个具有强烈国家特性的概念。它依托于一个国家的文化和民族特征。国家治理的现代化如此，区域层面的公共治理更是如此。只有植根于中华民族的传统文化，并以此为基础，坚持开放的态度，与时俱进，兼容并蓄，吸收其他先进的经验，才能真正实现国家和区域治理的现代化，真正推进国家的经济社会转型，实现中华民族全面复兴。

中华文明源远流长，积累了丰富的治理经验。社会主义核心价值观所倡导的“富强、民主、文明、和谐，自由、平等、公正、法治，爱国、敬业、诚信、友善”简练又丰富，汲取了中华民族的优秀文化精髓，蕴含着深刻的国家治理现代化的哲学理念。在习近平中国特色社会主义理论的指引下，以德治和强烈的人文关怀为代表的中华民族的这些优秀治理成果将被充分发扬，推动国家治理体系和治理能力的现代化转型，成为中华民族复兴的一个关键。

坚持对人的自然属性和社会属性的尊重，对人的存在意义和价值的基本肯定是公共治理现代化的基本原则。传统的儒释道对以人为本做了初步阐释。儒家以人为本的核心价值观在于“仁”，强调人与人之间的良好互动关系，道家的核心价值观在于“自然无为”，强调天人合一。这种以人为本的治理观与现代社会以人为本的价值观有原则上的一致性，具有超越时代和国家的普适意义。

以人为本的人文精神是中国传统治理文化和思想的一个最根本特征。它一方面强调百姓的安居乐业，如大禹治水三过家门而不入和“民惟邦本，本固邦宁”（《尚书・五子之歌》）；另一方面强调通过道德的自觉自律，不断提升自身的德行，实现社会的和谐，如“修身、齐家、治国、平天下”（《大学》）、“君子役物，小人役于物”（《荀子・修身》）、“大学之道，在明明德，在亲民，在止于至善”（《大学》）等，不一而足。

以人为本的中国特色现代化意味着以生产力的高度发展为坚实基础，实现民富与国富。随着我国全方位迈入小康社会，以民众的富裕为基础，实现国家的富强，是实现以人为本的中国特色现代化的重要一步。在实现国富的过程中，民众要有自主创造、实现和拥有财富的权利和条件。物质财富的丰富除了能够持续满足每个社会成员的基本需求，普遍提升社会成员的生活水准与生活质量外，也有助于满足公民不同的更高层次的物质和精神需求。

在物质极大发达，科技唱主角的现代社会，往往容易忽略人文关怀，忽视人与人之间、人与社会组织之间的道德秩序的建设。这很容易造成社会道德秩序的缺失，社会基础不稳固，成为社会和谐与进步的隐患。因此，在借鉴西方公共治理的经验时，必须注意汲取和提炼中国传统文化中的精粹，加强适应中国国情的道德和人文秩序的建设，以期实现社会的长治久安。

随着中国从中等收入国家向高收入国家迈进，对公民权益的尊重和保护将随着社会经济发展越来越完善。在实现国富与民富的同时，要坚持以习近平法治思想为指导，建设社会主义法治社会，通过立法逐步完善对公民权益的保护，通过将公民道德与公民权益有机结合，真正实现现代社会的以人为中心，以社会每个成员的自由与发展为最高目标的人的现代化。通过人的现代化激发社会活力，从根本上保持现代社会的先进性，推动社会不断发展与进步。

参考文献

中文文献

[1] 中共中央、国务院：《长江三角洲区域一体化发展规划纲要》，2019。

[2] 中共中央、国务院：《粤港澳大湾区发展规划纲要》，2019。

[3] 中共中央政治局：《京津冀协同发展规划纲要》，2015。

[4] 国务院：《中国制造 2025》，2015。

[5] 国务院：《关于积极推进“互联网+”行动的指导意见》，2015。

[6] 河北省人民政府、国家发展改革委：《河北雄安新区总体规划（2018—2035 年）》，2018。

[7] 工业和信息化部、北京市人民政府、天津市人民政府、河北省人民政府：《京津冀产业转移指南》，2016。

[8] 北京市人民政府、天津市人民政府、河北省人民政府：《关于加强京津冀产业转移承接重点平台建设的意见》，2017。

[9]《中共中央关于坚持和完善中国特色社会主义制度、推进国家治理体系和治理能力现代化若干重大问题的决定》，人民出版社，2019。

[10] 薄贵利：《推进政府治理现代化》，《中国行政管理》2014 年第 5 期。

[11] 保建云：《新公共治理变革与世界秩序重塑——中国面临的挑战、机遇及战略选择》，《人民论坛》2020 年第 11 期。

[12] 曹正汉、聂晶、张晓鸣：《中国公共事务的集权与分权：与国家治理的关系》，《学术月刊》2020 年第 4 期。

[13] 蔡恒进：《AI 快速发展呼唤基于区块链的公共治理》，《人民论坛（学术前沿）》2020 年第 5 期。

[14] 蔡潇彬：《中国社会组织高质量发展：困境与路径》，《新视野》2020 年第 3 期。

[15] 陈顶芳：《风险社会视域下政府网络意识形态治理》，《学理论》2019年第10期。
[16] 陈华：《论非营利组织的公共责任机制》，《学术界》2007年第6期。
[17] 陈锦文：《可持续发展导向的区域环境联动治理：场景与整合》，《天津行政学院学报》2020年第3期。
[18] 戴昕：《理解社会信用体系建设的整体视角：法治分散、德治集中与规制强化》，《社会科学文摘》2020年第2期。
[19] 党国英、卢宪英：《新中国乡村治理研究回顾与评论》，《理论探讨》2019年第5期。
[20] 邓海娟、黄利红：《非政府组织参与公共治理对传统行政法的影响》，《法学杂志》2006年第2期。
[21] 邓大才：《走向善治之路：自治、法治与德治的选择与组合——以乡村治理体系为研究对象》，《社会科学研究》2018年第4期。
[22] 董国权：《区域经济一体化中区域行政指导规范的制定程序论》，《河北法学》2020年第3期。
[23] 范建鏋：《扎实推进相关改革进程 实现公共服务供给多元化》，《中国发展观察》2020年第C8期。
[24] 格里·斯托克：《作为理论的治理：五个论点》，华夏风译，《国际社会科学杂志》（中文版）1999年第1期。
[25] 顾建光：《关于实现公共管理根本目标的建设性思考》，《公共管理高层论坛》2006年第1期。
[26] 韩万渠：《跨界公共治理与平台型政府构建》，《科学社会主义》2020年第1期。
[27] 韩志红、付大学：《地方政府之间合作的制度化协调——区域政府的法治化路径》，《北方法学》2009年第2期。
[28] 何哲：《公共治理研究：历史为什么是重要的?》，《中国行政管理》2020年第6期。
[29] 胡晓燕：《社会转型的制度化阐释及其治理反思》，《探索》2009年第5期。
[30] 黄杨森、王义保：《全球风险社会：治理观照与中国方案》，《中国软科学》2020年第8期。

[31] 鄞益奋：《网络治理：公共管理的新框架》，《公共管理学报》2007年第1期。
[32] 雷云飞、郝智浩：《关于风险社会逻辑构架的理论探讨》，《未来与发展》2016年第8期。
[33] 李理：《以人民安全为宗旨 推进应急管理体系和能力现代化》，《求知》2020年第3期。
[34] 李炜光、柳妍、唐权：《现代公共治理的路径与选择》，《学术界》2020年第1期。
[35] 李约瑟：《中国科学技术史》第二卷《科学思想史》，何兆武等译，科学出版社、上海古籍出版社，1990。
[36] 林阿妙、蔡雪雄：《城乡融合发展中地方政府职责体系的优化研究》，《经济问题》2020年第11期。
[37] 林永亮：《全球治理的规范缺失与规范建构》，《世界经济与政治论坛》2011年第1期。
[38] 刘霞：《公共管理学科前沿与发展趋势》，《公共管理学报》2004年第2期。
[39] 刘亚男、王跃：《新世纪以来国内全球治理研究述评——基于CSSCI数据库的分析》，《社会主义研究》2019年第4期。
[40] 娄成武、张建伟：《从地方政府到地方治理——地方治理之内涵与模式研究》，《中国行政管理》2007年第7期。
[41] 吕杨：《对现代化风险的思考——读〈风险社会〉有感》，《法制与社会》2015年第26期。
[42] 马海韵、杨晶鸿：《大数据驱动下的公共治理变革：基本逻辑和行动框架》，《中国行政管理》2018年第12期。
[43] 毛寿龙、李梅：《稳定发展的制度平台》，《重庆行政》1999年第4期。
[44] 苗树彬、方栓喜：《以统筹城乡发展为重点推进新农村建设的建议》，《经济研究参考》2006年第64期。
[45] 年猛：《中国城乡关系演变历程、融合障碍与支持政策》，《经济学家》2020年第8期。
[46] 聂国良、张成福：《中国环境治理改革与创新》，《公共管理与政策评

论》2020 年第 1 期。

[47] 彭莹莹、燕继荣：《从治理到国家治理：治理研究的中国化》，《治理研究》2018 年第 2 期。

[48] 彭澎、梁显佳：《整体性治理视角下中国跨域公共治理转型：问题讨论、动力机制与推进策略》，《广西社会科学》2020 年第 1 期。

[49] 钱海梅：《关于多元治理主体责任界限模糊性的思考》，《改革与战略》2007 年第 6 期。

[50] 邱峙澄：《空间正义：新型城镇化发展中的城乡融合治理》，《齐齐哈尔大学学报》（哲学社会科学版）2020 年第 7 期。

[51] 沙勇忠、解志元：《论公共危机的协同治理》，《中国行政管理》2010 年第 4 期。

[52] 孙柏瑛、李卓青：《政策网络治理：公共治理的新途径》，《中国行政管理》2008 年第 5 期。

[53] 孙斐：《基于公共价值创造的网络治理绩效评价框架构建》，《武汉大学学报》（哲学社会科学版）2017 年第 6 期。

[54] 孙军军：《非政府组织与公共物品的供给》，《前沿》2008 年第 1 期。

[55] 孙永正、王秀秀：《中国城市化和城市治理的反思与转型》，《城市问题》2016 年第 1 期。

[56] 锁利铭：《以城乡共治破解城乡发展“非融合”》，《国家治理》2020 年第 21 期。

[57] 唐天伟、曹清华、郑争文：《地方政府治理现代化的内涵、特征及其测度指标体系》，《中国行政管理》2014 年第 10 期。

[58] 陶亮：《地方能力建设与公共治理创新》，《商业经济》2009 年第 14 期。

[59] 滕世华：《公共治理视野中的公共物品供给》，《中国行政管理》2004 年第 7 期。

[60] 滕世华：《公共治理理论及其引发的变革》，《国家行政学院学报》2003 年第 1 期。

[61] 王浦劬：《国家治理、政府治理和社会治理的含义及其相互关系》，《国家行政学院学报》2014 年第 3 期。

[62] 王瑞成：《略论我国区域经济一体化背景下的区域公共治理》，《南京

政治学院学报》2006 年第 6 期。
[63]《王阳明全集》，上海古籍出版社，2011。
[64] 王雍君：《全球视野中的财政透明度：中国的差距与努力方向》，《国际经济评论》2003 年第 4 期。
[65] 谢岳、葛阳：《市场化、民间组织与公共治理》，《学习与探索》2006 年第 6 期。
[66] 谢友倩：《风险社会治理：传统、无为或协商》，《市场周刊（理论研究）》2011 年第 8 期。
[67] 徐勇、魏启智：《论中国农村村民自治的创造性和独特性》，《求索》1997 年第 4 期。
[68] 薛澜：《顶层设计与泥泞前行：中国国家治理现代化之路》，《公共管理学报》2014 年第 4 期。
[69] 杨永伟、夏玉珍：《风险社会的理论阐释——兼论风险治理》，《学习与探索》2016 年第 5 期。
[70] 郁建兴、关爽：《从社会管控到社会治理——当代中国国家与社会关系的新进展》，《探索与争鸣》2014 年第 12 期。
[71] 郁建兴、吕明再：《治理：国家与市民社会关系理论的再出发》，《求是学刊》2003 年第 4 期。
[72] 俞可平等：《中国离“善治”有多远——“治理与善治”学术笔谈》，《中国行政管理》2001 年第 9 期。
[73] 臧乃康：《中国区域公共治理一体化中政治协调的内在机理与路径选择》，《甘肃行政学院学报》2010 年第 2 期。
[74] 曾令发：《整体型治理的行动逻辑》，《中国行政管理》2010 年第 1 期。
[75] 詹佳昌：《公共服务的“智能化”建设：发展现状、实践困境与优化路径》，《现代管理科学》2020 年第 2 期。
[76] 张康之：《论科学技术进步与风险社会》，《江汉论坛》2020 年第 6 期。
[77] 张首魁、赵宇：《中国区域协调发展的演进逻辑与战略趋向》，《东岳论丛》2020 年第 10 期。
[78] 张学本、孔竞：《“服务主导逻辑”视角下的新公共治理理论探究》，《理论界》2020 年第 1 期。

[79] 赵宗博：《民间组织的公共治理功能思考》，《区域治理》2020 年第 3 期。

[80] 朱德米：《网络状公共治理：合作与共治》，《华中师范大学学报》（人文社会科学版）2004 年第 2 期。

英文文献

[1] Alain Touraine, "Post-Industrial Classes", In James D. Faubion (eds.), *Rethinking the Subject: An Anthology of Contemporary European Social Thought*, Boulder: Westview Press, 1985.

[2] Alain Touraine, "Social Movements, Revolution and Democracy", *Graduate Faculty Philosophy Journal*, 10 (2), 1985.

[3] Alain Touraine, "An Introduction to the Study of Social Movements", *Social Research*, 52, 1985.

[4] Alexis de Tocqueville, *Democracy in America*, 1, 1835.

[5] Alexis de Tocqueville, *Democracy in America*, 2, 1835.

[6] Alexis de Tocqueville, Alexis, *Alexis De Tocqueville on Democracy, Revolution, and Society: Selected Writings*, Chicago: University of Chicago Press, 1980.

[7] Alfred Marshall, *Principles of Economics*, London: MacMillan, 1890.

[8] Alfred Weber, *Theory of the Location of Industries*, Santa Barbara: CSISS Classics, 1909.

[9] Amy Poteete, Marco Janssen and Elinor Ostrom, *Working Together: Collective Action, The Commons, and Multiple Methods in Practice*, Princeton: Princeton University Press, 2010.

[10] Anders Malmberg and Peters Maskell, "Towards An Explanation of Regional Specialization and Industrial Agglomeration", *European Planning Studies*, 5 (1), 1997.

[11] Anthony Giddens, *The Consequences of Modernity*, Redwood City: Stanford University Press, 1990.

[12] Anthony Giddens and Christopher Pierson, *Conversations with Anthony Giddens: Making Sense of Modernity*, Redwood City: Stanford University Press, 1998.

[13] Anthony Giddens, "Modernity, History, Democracy", *Theory and Society*,

22 (2), 1993.

[14] Asbjørn Røiseland et al. , "Taking Stock of Regional Governance in the Nordic Countries", *Scandinavian Journal of Public Administration*, 19 (4), 2015.

[15] Ashley Symes, "Creating Public Value: Strategic Management in Government: (Cambridge, MA: Harvard University Press) by Mark Moore", *International Public Management Journal*, 2, 1999.

[16] Barry Bozeman, "Public Value Science", *Issues in S&T July*, 2020.

[17] Barry Bozeman, "Public Values: Citizens' Perspective", *Public Management Review*, 21 (6), 2019.

[18] Barry Bozeman and Japera Johnson, "The Political Economy of Public Values", *The American Review of Public Administration*, 45 (1), 2014.

[19] Barry Bozeman and Daniel Sarewitz, "Public Value Mapping and Science Policy Evaluation", *Minerva*, 49 (1), 2011.

[20] Barry Bozeman, "Public Values Theory: Three Big Questions", *International Journal of Public Policy*, 4, 2009.

[21] Barry Bozeman, "Debate: Public Value Trade-Offs and Methodological Trade-offs", *Public Money & Management*, 28, 2008.

[22] Barry Bozeman, *Public Values and Public Interest: Counterbalancing Economic Individualism*, Washington DC: Georgetown University Press, 2007.

[23] Barry Bozeman, "Public-Value Failure: When Efficient Markets May Not Do", *Public Administration Review*, 62, 2002.

[24] Barry Wellman and Lee Rainie, *Networked: The New Social Operating System*, Cambridge: the MIT Press, 2014.

[25] Bob Edwards, Michael Foley and Robert Putnam, "Much Ado about Social Capital", *Contemporary Sociology*, 30 (3), 2001.

[26] Brian Levy and Francis Fukuyama, "Development Strategies: Integrating Governance and Growth", *World Bank Policy Research Working Paper Series*, 2010.

[27] B. H. Roberts, *The Role of Industry Clusters in Driving Innovation and Competitiveness of Regions*, Regional Development Australia National Forum, 2018.

[28] Christian Ketels, "Cluster Policy, and Swedish Competitiveness in the Global Economy", *Expert Report No. 30 To Sweden's Globalisation Council*, 2009.

[29] Christopher Hood et al., *A 1999 Regulation Inside Government*, Oxford: Oxford University Press, 1999.

[30] Christopher Hood and Guy Peters, "The Middle Aging of New Public Management", *Journal of Public Administration Research and Theory*, 14, 2004.

[31] Christopher Hood, "The 'New Public Management' in the 1980s: Variations on A Theme. Accounting", *Organizations and Society*, 20, 1995.

[32] Christopher Hood and Michael Jackson, *Administrative Argument*, Aldershot, Dartmouth, UK, 1991.

[33] Christopher Hood, "A Public Management for All Seasons?", *Public Administration*, 69, 1991.

[34] Christopher Hood, "Public Administration and Public Policy: Intellectual Challenges for the 1990s", *Australian Journal of Public Administration*, 48, 1989.

[35] Dan Corry and Gerry Stoker, "New Localism: Refashioning the Centre-local Relationship", *New Local Government Network*, 2002.

[36] Daniel Bell, The Social Framework of the Information Society. Dertoozos, M. L., Moses, J. (eds.), *The Computer Age: A Twenty-Year View*, Cambridge, MA: MIT Press, 1979.

[37] Daniel Bell, *The Cultural Contradictions of Capitalism*, New York: Basic Books, 1976.

[38] Daniel Bell, *The Coming of Post-Industrial Society*, New York: Basic Books, 1973.

[39] David Osborne and Ted Gaebler, *Reinventing Government: How The Entrepreneurial Spirit Is Transforming The Public Sector*, Brooklyn: Plum, 1993.

[40] Elinor Ostrom, "Organizational Economics: Applications to Metropolitan Governance", *Journal of Institutional Economics*, 6, 2010.

[41] Elinor Ostrom, “Beyond Markets and States: Polycentric Governance of Complex Economic Systems”, Nobel Prize Committee, *Nobel Prize in Economics documents*, 100, 2009.

[42] Elinor Ostrom and Harini Nagendra, “Governing the Commons in the New Millennium: A Diversity of Institutions for Natural Resource Management”, *Re-inventing Construction*, Portland: Ruby Press, 2010.

[43] Eric Pawson, “Gottmann, J. 1961: Megalopolis. The Urbanized Northeastern Seaboard of the United States. New York: The Twentieth Century Fund”, *Progress in Human Geography*, 32, 2008.

[44] Eric Ross, *Megalopolis*, Jean Gottmann, 1-4, 2019.

[45] Eriko Fukumoto and Barry Bozeman, “Public Values Theory: What Is Missing?”, *The American Review of Public Administration*, 49 (6), 2008.

[46] E. J. Malecki, *Technology and Economic Development: The Dynamics of Local, Regional and National Competitiveness*, (2nd ed.), London: Addison Wesley Longren, 2007.

[47] E. S. Savas, “Entrepreneurship and Economic Development: The Changing Role of Government”, *The Konstantinos Karamanlis Institute for Democracy Yearbook*, 2011.

[48] E. S. Savas, “Urban Systems Analysis and Urban Policy”, *System Modeling and Optimization*, 32, 2005.

[49] E. S. Savas, “A Positive Urban Policy for the Future”, *Urban Affairs Review*, 18, 447-453, 1983. 10. 1177/004208168301800403.

[50] E. S. Savas, “Intracity Competition Between Public and Private Service Delivery”, *Public Administration Review*, 41 (46), 1981.

[51] Eugene Bardach and Mark Moore, “Creating Public Value: Strategic Management in Government”, *The American Political Science Review*, 1997.

[52] European Centre for Disease Prevention and Control, *Public Health Emergency Preparedness-core Competencies for EU Member States*, 2017.

[53] European Union, “State of the Union 2017-Industrial Policy Strategy: Investing in a Smart”, *Innovative and Sustainable Industry*, 2017.

[54] Eva Sørensen, "Leadership in the Age of Governance", *Interactive Political Leadership: The Role of Politicians in the Age of Governance*, Oxford: Oxford University Press, 2020.

[55] Eva Sørensen and Jacob Torfing, "The Copenhagen Metropolitan 'Finger Plan': A Robust Urban Planning Success Based on Collaborative Governance", Hart, P., Compton. M. (eds.), *Great Policy Successes*, Oxford Scholarship Online, 2019.

[56] Eva Sørensen and Jacob Torfing, "Enhancing Public Innovation through Collaboration, Leadership and New Public Governance", *New Frontiers in Social Innovation Research*, London: Palgrave Macmillan, 2015.

[57] Eva Sørensen and Jacob Torfing, "Metagoverning Collaborative Innovation in Governance Networks", *The American Review of Public Administration*, 47 (7), 2016.

[58] Eva Sørensen and Jacob Torfing, "Co-initiation of Collaborative Innovation in Urban Spaces", *Urban Affairs Review*, 54 (2), 2016.

[59] Eva Sørensen, "Democratic Theory and Network Governance", *Administrative Theory and Praxis*, 24, 2008.

[60] Eva Sørensen, "Democratic Theory and Network Governance", *Administrative Theory and Praxis*, 24, 2002.

[61] Francis Fukuyama, "Why National Identity Matters", *Journal of Democracy*, 29, 2018.

[62] Francis Fukuyama, "Governance: What Do We Know, and How Do We Know It?", *Annual Review of Political Science*, 19, 2016.

[63] Francis Fukuyama, "Westernization vs. Modernization", *New Perspectives Quarterly*, 26, 2009.

[64] Francis Fukuyama, "Still Disenchanted: The Modernity of Postindustiral Capitalism", *CSES Working Paper Series*, 2003.

[65] Francis Fukuyama, "Social Capital and Development: The Coming Agenda", *SAIS Review*, 22, 2002.

[66] Francis Fukuyama, "Culture and Economic Development: Cultural Concerns", *International Encyclopedia of the Social and Behavioral*

Sciences, Oxford: Pergamon, 2001.

[67] Francis Fukuyama, "Social Capital and Civil Society", *IMF Working Papers*, WP/00/74, 2000.

[68] Francis Fukuyama, *Trust: The Social Virtues and the Creation of Prosperity*, New York: Free Press, 1996.

[69] Geert Hofstede, "Comparing Behaviors Across Nations-Some Suggestions to Levine and Norenzayan", *Cross-Cultural Psychology Bulletin*, 35 (3), 2001.

[70] Georg Simmel, *The Philosophy of Money*, London: Routledge, 2009.

[71] Georg Simmel, *Sociology: Inquiries Into the Construction of Social Forms*, Leiden: Brill, 2009.

[72] Georgia Sorenson, "Theory and practice: James MacGregor Burns", *Leadership and the Humanities*, 3, 2015.

[73] Gerry Stoker, "The Leadership Issue in Local Government", *Scottish Affairs*, 25, 1998.

[74] Gerry Stoker and Karen Mossberger, "The Post-Fordist Local State: The Dynamics of its Development", *Local Government in the* 1990*s*, London: Palgrave, 1995.

[75] Giacomo Becattini, "Sectors and/or Districts: Some Remarks on the Conceptual Foundations of Industrial Economics", E. Goodman, J. Bamford (eds.), *Small Firms and Industrial Districts in Italy*, Routledge, London, 1989.

[76] Goran Hyden and Julius Court, "Governance and Development", *World Governance Survey Discussion Paper 1*, Tokyo: UNU, 2002.

[77] Hans Blumenberg, "Money or Life: Metaphors of Georg Simmel's Philosophy", *Theory*, *Culture and Society*, 29 (7-8), 2012.

[78] Harold Wolman, Gerry Stoker and Judge David, *Theories of Urban Politics*, London: Sage Publications, 1995.

[79] Helen Margetts and Patrick Dunleavy, "The Second Wave of Digital-Era Governance: A Quasi-Paradigm for Government on the Web", *Philosophical Transactions Royal Society A*, 2013.

[80] I. A. Vershinina, "Jan Gottman's Concept of Megalopolis", *Vestnic Maskovskogo Universiteta: Seriâ 18, Sociologiâi Politologiâ*, 3, 2019.

[81] International Monetary Fund, World Economic Outlook Database, 2020.

[82] James M. Burns, *Leaders Who Changed the World*, New Delhi: Penguin Viking, 2003.

[83] James M. Burns, *Leadership*, New York: Harper & Row, 1978.

[84] Janet Denhardt and Robert Denhardt, "The New Public Service Revisited", *Public Administration Review*, 75 (5), 2015.

[85] Janet Denhardt and Kelly Campbell, "The Role of Democratic Values in Transformational Leadership", *Administration & Society*, 38, 2006.

[86] Jarmo Vakkuri and Jan-Erik Johanson (eds.), *Hybrid Governance, Organisations and Society: Value Creation Perspectives*, London: Routledge, 2021.

[87] Johannes Steizinger, "In Defence of Epistemic Relativism: The Concept of Truth in Georg Simmel's Philosophy of Money", *Proceedings of the 38th International Ludwig Wittgenstein-Symposium*: 300-302, 2015.

[88] John Benington and Mark Moore, *Public Value in Complex and Changing Times*, London: Macmillan Education UK, 2011.

[89] John Dryzek and Patrick Dunleavy, "Post-modernism", *Theories of the Democratic State*, London: Macmillan Education UK, 2009.

[90] Lee Rainie, "How the Internet will Change the World-even More", *Science News*, 2010.

[91] Lee Rainie and Barry Wellman, "Future of theNetworked", *The New Scientist*, 215, 2012.

[92] Lee Rainie and Barry Wellman, "The Individual in A Networked World: Two Scenarios", *The Futurist*, 46, 2012.

[93] Lee Rainie and Barry Wellman, "The Looming Battle of A Networked World", *New Scientist*, 215, 2012.

[94] Linda DeLeon and Robert Denhardt, "The Political Theory of Reinvention", *Public Administration Review*, 60, 2002.

[95] Lorraine McCall et al., "Social Capital, Civic Engagement, and Civic

Literacy: Reviewing, Refining, and Defining the Concepts", *Public Performance & Management Review*, 25 (4), 2002.

[96] Mark Moore et al., *Selected Publications Books and Monographs Creating Public Value; Strategic Management in Government 2nd Edition* , Cambridge: Harvard, 2020.

[97] Mark Moore, "Public Value Accounting: Establishing the Philosophical Basis", *Public Administration Review*, 74 (4), 2014.

[98] Mark Moore and Anthony Braga, "Police Performance Measurement: A Normative Framework", *Criminal Justice Ethics*, 23, 2004.

[99] Mark Moore, *Creating Public Value: Strategic Management in Government Reprint Edition*, Cambridge: Harvard University Press, 1995.

[100] Marla Parker and Barry Bozeman, "Social Media as A Public Values Sphere", *Public Integrity*, 20, 2018.

[101] Mary Feeney and Barry Bozeman, "Public Values and Public Failure: Implications of the 2004 - 2005 Flu Vaccine Case", *Public Integrity*, 9, 2007.

[102] Max Scheler, *On Feeling, Knowing, and Valuing: Selected Writings*, Chicago: University of Chicago Press, 1992.

[103] Max Scheler, *Formalism in Ethics and Non-Formal Ethics of Values*, Evanston: Northwestern University Press, 1973.

[104] Max Scheler, *Man's Place in Nature*, Boston: Beacon Press, 1961.

[105] Max Weber, *Readings and Commentary on Modernity*, Stephen Kalberg (eds.), Hoboken: Wiley-Blackwell, 2005.

[106] Max Weber and Hans H. Gerth, "The Religion of China, Confucianism and Taoism", *Philosophy*, 28 (105), 1953.

[107] Max Weber, A. M. Henderson and Talcott Parsons, "The Theory of Social and Economic Organization", *Philosophical Review*, 57 (5), 1948.

[108] Max Weber, Talcott Parsons and R. H. Tawney, *The Protestant Ethic and the Spirit of Capitalism*, New York: Charles Scribnerr's Sons, 1930.

[109] Michael J. Enright, "Regional Clusters: What We Know and What We Should Know", *Innovation Clusters and Interregional Competition*, Berlin,

Heidelberg: Springer, 2003.

[110] Michael Jackson and Christopher Hood, *The New Public Management, Hazard Management and Emergency Planning*, London: James and James, 1992.

[111] Michael Jackson and Christopher Hood, "The New Public Management: A Recipe for Disaster?", *Canberra Bulletin of Public Administration*, 64, 1991.

[112] Michael Mcginnis and Elinor Ostrom, "Reflections on Vincent Ostrom, Public Administration, and Polycentricity", *Public Administration Review*, 72, 2011.

[113] Michael Porter, "The Competitive Advantage of Nations, Harvard Business Review", *March-April*, 1990.

[114] Michael Porter, "Clusters and the New Economics of Competition", *Cambridge: Harvard Business Review*, 76 (6), 1998.

[115] New Zealand Treasury, *The Wellbeing Budget 2019*, 2019.

[116] New Zealand Ministry of Health, *New Zealand Influenza Pandemic Plan-a Framework for Action*, 2017.

[117] Nigel Dodd, "Simmel's Perfect Money: Fiction, Socialism and Utopia in the Philosophy of Money", *Theory, Culture and Society*, 29 (7-8), 2012.

[118] OECD, *Regions Matter for Innovation, and Innovation Matters for Regions*, Paris: OECD Publishing, 2019.

[119] OECD, *Regions at A Glance*, Paris: OECD Publishing, 2016.

[120] OECD, Better Life Index, https://www.oecd.org/statistics/better-life-initiative.htm, 2020

[121] OECD, Public Governance Database, 2020.

[122] Patrick Dunleavy and Mark Evans, "Digital Transformation", *From Turnbull to Morrison-the Trust Divide*, Melbourne: Melbourne University Press, 2019.

[123] Patrick Dunleavy, "Digital Change, Modern Bureaucracy and Big Data", European Group for Public Administration, Annual Conference, Milan

Polytechnic, Italy, 2017.

[124] Patrick Dunleavy and Helen Margetts, "Design Principles for Essentially Digital Governance", American Political Science Association, Annual Conference, San Francisco, 2015.

[125] Patrick Dunleavy et al., *Digital Era Governance: IT Corporations, The State, and E-Government*, Oxford: Oxford University Press, 2011.

[126] Patrick Dunleavy and Helen Margetts, "The Second Wave of Digital Era Governance: A Quasi-Paradigm for Government on the Web", *Philosophical Transactions of The Royal Society A Mathematical Physical and Engineering Sciences*, 371 (1987), 2013.

[127] Patrick Dunleavy and Christopher Hood, "From Old Public Administration to New Public Management", *Public Money & Management*, 14, 2009.

[128] Patrick Dunleavy, "Governance and State Organization in the Digital Era", *The Oxford Handbook of Information and Communication Technologies*, Oxford: Oxford University Press, 2009.

[129] Patrick Dunleavy et al., "New Public Management Is Dead-Long Live Digital-Era Governance", *Journal of Public Administration Research and Theory*, 16, 2006.

[130] Paul Andrisani, Simon Hakim and E. S. Savas, *The New Public Management: Lessons from Innovating Governors and Mayors*, Kluwer Academic Publishers, 2002.

[131] Paul Fénelon, "Megalopolis de Jean Gottmann", *Annales de Géographie*, 72, 1963.

[132] Paul C. Light, *The New Public Service*, Washington DC: Brookings Institution Press, 1999.

[133] Perri et al., *Towards Holistic Governance: The New Reform Agenda*, London: Red Globe Press, 2002.

[134] Pierre Bourdieu, "The Forms of Capital", *in* J. G. Richardson (eds), *Handbook of Therory and Research for Sociology of Education*, New York: Greenwood Press, 1986.

[135] Pierre Bourdieu and Loic P. D. Wacquant, *An Invitation to Reflexive*

Sociology, Chicago: University of Chicago Press, 1992.

[136] Pierre Bourdieu, *Distinction: A Social Critique of the Judgement of Taste*, Harvard: Routledge and Kagan Paul Ltd, 1984.

[137] Richard Florida, Tim Gulden and Charlotta Mellander, "The Rise of the Mega-Region", *Cambridge Journal of Regions, Economy and Society*, 1 (3), 2008.

[138] Robert Denhardt and Janet Denhardt, "The New Public Service: Serving Rather Than Steering", *Public Administration Review*, 60 (6), 2000.

[139] Robert Putnam, "Social Capital: Measurement and Consequences", *Canadian Journal of Policy Research*, 2, 2001.

[140] Robert Putnam, "Social Capital and Economic Development: Toward A Theoretical Synthesis and Policy Framework", *Theory and Society*, 27 (2), 1998.

[141] Roberto P. Camagni and Carlo Salone, "Network Urban Structures in Northern Italy: Elements for A Theoretical Framework", *Urban Studies*, 30 (6), 1993.

[142] Robin Wensley and Mark Moore, "Choice and Marketing in Public Management: The Creation of Public Value?", *Public Value: Theory and Practice*, London: Red Globe Press, 2010.

[143] Roland Robertson, "Globalisation or Glocalisation?", *Journal of International Communication*, 18, 2012.

[144] Scott Douglas et al., "Understanding Collaboration: Introducing the Collaborative Governance Case Databank", *Policy and Society*, 20 (4), 2020.

[145] Sebastiano Brusco, "The Emilian Model: Productive Decentralisation and Social Integration", *Cambridge Journal of Economics*, 6 (2), 1982.

[146] Simon Slavin, "Megalopolis. By Jean Gottmann. New York: The Twentieth Century Fund, 1961", *National Association of Social Workers*, 8, 1963.

[147] Stephen Goldsmith and William D. Eggers, *Governing by Network: The New Shape of the Public Sector*, Washington DC: Ash Center and Brookings Institution Press, 2004.

[148] Stuart Rosenfeld, "Discussion at Implementing Clusters Workshop", *Federal Reserve Bank of Chicago*, 2010.

[149] Tigran Haas and Hans Westlund, *In The Post-Urban World-Emergent Transformation of Cities and Regions in the Innovative Global Economy*, London: Routledge, 2018.

[150] Torben Jørgensen and Barry Bozeman, "Public Values An Inventory", *Administration & Society*, 39, 2007.

[151] Torben Jørgensen and Barry Bozeman, "Public Values Lost? Comparing Cases on Contracting Out from Denmark and the United States", *Public Management Review*, 4, 2002.

[152] Ulrich Beck, *The Cosmopolitan Vision*, Cambridge: Polity Press, 2006.

[153] Ulrich Beck, "The Cosmopolitan Society and Its Enemies", *Theory, Culture & Society*, 19 (1/2), 2002.

[154] Ulrich Beck, *World Risk Society*, Cambridge: Polity Press, 2000.

[155] Ulrich Beck, *The Risk Society: Towards A New Modernity*, London: Sage Publications, 1992.

[156] United Nations Development Programme, Human Development Index, http://hdr.undp.org/en/content/human-development-index-hdi.

[157] William Miller, Malcolm Dickson and Gerry Stoker, "The Limits of Local Identity", *Models of Local Governance: Public Opinion and Political Theory in Britain*, London: Palgrave MacMillan, 2000.

[158] World Bank, *Clusters for Competitiveness—A Practical Guide & Policy Implications for Developing Cluster Initiatives*, 2009.

[159] World Trade Organization, *Dispute Settlement*, https://www.wto.org/english/tratop_e/dispu_e/dispu_status_e.htm.

[160] Yijia Jing and E. S. Savas, "Managing Collaborative Service Delivery: Comparing China and the United States", *Public Administration Review*, 69, 2009.

[161] Zoltan J. Acs, "The Regional Entrepreneurship and Development Index (REDI): The Case of Spain", *GMU School of Public Policy Research Paper*, 4, 2012.

图书在版编目（CIP）数据

区域整合与公共治理 / 杨光著 . --北京：社会科学文献出版社，2021.8

ISBN 978-7-5201-8870-8

Ⅰ.①区… Ⅱ.①杨… Ⅲ.①公共管理-研究-中国 Ⅳ.①D63

中国版本图书馆 CIP 数据核字（2021）第 167010 号

区域整合与公共治理

著　　者 / 杨　光

出 版 人 / 王利民
责任编辑 / 岳梦夏
文稿编辑 / 许文文

出　　版 / 社会科学文献出版社 · 政法传媒分社（010）59367156
地址：北京市北三环中路甲 29 号院华龙大厦　邮编：100029
网址：www.ssap.com.cn
发　　行 / 市场营销中心（010）59367081　59367083
印　　装 / 三河市尚艺印装有限公司

规　　格 / 开　本：787mm × 1092mm　1/16
印　张：17.25　字　数：281 千字
版　　次 / 2021 年 8 月第 1 版　2021 年 8 月第 1 次印刷
书　　号 / ISBN 978-7-5201-8870-8
定　　价 / 128.00 元